Deutsche Gesellschaft für Ur- und Frühgeschichte e.V.
(Herausgeber)

Archäologische Berichte 20

Selbstverlag der
Deutschen Gesellschaft für Ur- und Frühgeschichte e.V.

in Kommission bei Dr. Rudolf Habelt GmbH, Bonn

Andrea Lorenz

Der spätbronzezeitliche Hortfund von Stadtallendorf unter besonderer Berücksichtigung seiner Gläser

Bonn 2006

ISBN 10: 3-7749-3401-0
ISBN-13: 978-3-7749-3401-6

Ein Titelsatz ist bei der deutschen Bibliothek erhältlich
(http://www.ddb.de)

Satz & Layout: awtext, 58455 Witten

Herstellung: Druckerei Martin Roesberg, 53347 Alfter-Impekoven

Vertrieb: Dr. Rudolf Habelt GmbH, Am Buchenhang 1, D-53115 Bonn
sowie
Deutsche Gesellschaft für Ur- und Frühgeschichte e.V.
i.A. Dr. des. Birgit Gehlen M.A., Archäologie & Graphik
An der Lay 4, D-54578 Kerpen-Loogh, bgehlen.archgraph@t-online.de

© Copyright 2006 by Deutsche Gesellschaft für Ur- und Frühgeschichte e.V.

Vorwort

Die vorliegende Studie untersucht spätbronzezeitliche Glasperlen im Hinblick auf ihre chemische Zusammensetzung mit dem weiteren Ziel, über Fragen der Rohstoffverwendung und -mixtur den kulturellen Ursprung der Gläser zu eruieren. Die Perlen stammen aus dem endurnenfelderzeitlichen Depotfund von Stadtallendorf bei Marburg in Hessen. Dieser Fundkomplex besitzt eine einzigartige Zusammensetzung, die sich primär in der Typenvielfalt der Glasperlen und daneben in der Wahl der deponierten Bronzeartefakte fassen lässt. Im Rahmen meiner Magisterarbeit wurde der Fund 1998 neu aufgenommen, deren Resultate waren der Ausgangspunkt der vorliegenden Arbeit. Hinsichtlich der Glasperlen wurden die Grenzen einer rein typenchronologischen Bearbeitung schnell deutlich und weitere Erkenntnisse konnten nur durch eine naturwissenschaftliche Untersuchung gewonnen werden.

Das Verfassen der Dissertationsschrift sowie die naturwissenschaftlichen Untersuchungen sind durch ein zweijähriges Promotionsstipendium der Graduiertenförderung NRW gefördert worden. Die Arbeit lag im Oktober 2004 im Fach Ur- und Frühgeschichte der Fakultät für Geschichtswissenschaft der Ruhr-Universität Bochum vor.

Meinem akademischen Lehrer Prof. Dr. V. Pingel (†) gilt mein besonderer Dank, er hatte mich zu dieser Arbeit ermutigt und mein Vorhaben stets unterstützt. Ferner möchte ich Dr. G. Junghans für seine freundliche Aufnahme und die Bereitstellung der Funde herzlich danken; er ermöglichte die Publikation der Studie in den Archäologischen Berichten. Einen großen Beitrag zu dieser Untersuchung lieferte Dr. H.-J. Bernhardt, der die Analysen durchführte und mir bei der Auswertung hilfreich zur Seite stand. Viele Anregungen verdanke ich den Diskussionen mit Prof. Dr. S. Hansen und Prof. Dr. W. Ebel-Zepezauer. Meiner Familie und meinen Freunden bin ich herzlich verbunden.

Andrea Lorenz

Juni 2006

Inhaltsverzeichnis

I.	Einleitung	1
II.	Fundgeschichte	3
III.	Topographie	7
IV.	**Bronzen**	11
	1. Waffen und Geräte	11
	1.1. Lanzenspitze	11
	1.2. Beile	12
	1.3. Meißel	13
	1.4. Kleine Geräte	14
	1.5. Rasiermesser	14
	2. Ringgehänge und Ringe	16
	2.1. Ringgehänge	16
	2.2. Ringe	19
	3. Zierblech	20
	3.1. Zierblech	20
	3.2. Blechfragmente	22
	4. Schmuck und Trachtbestandteile	22
	4.1. Armringe	22
	4.2. Anhänger	23
	4.3. Ringe	24
	4.4. Knopfscheiben	24
	4.5. Drahtspiralen	25
	4.6. Spiralröllchen	26
V.	**Glasperlen**	27
	1. Typenchronologische Betrachtung	27
	1.1. Monochrome Glasperlen	27
	1.2. Polychrome Glasperlen – Grundfarbe Blau	29
	1.3. Polychrome Glasperlen – Grundfarbe Schwarz	30
	2. Die Glasanalysen	32
	2.1. Problemstellung	32
	2.2. Forschungsgeschichte	32
	2.2.1. Ursprung der Glastechnologie	32
	2.2.2. Entwicklung der Glasanalytik	35
	3. Analyseverfahren	38
	3.1. Messprinzip	38
	3.2. Probenpräparation	39

Inhaltsverzeichnis

		3.3. Messbedingungen	39
		3.4. Datenaufbereitung	40
	4.	Ergebnisse	41
		4.1. Glasherstellung	41
		4.2. Die Grundgläser im Vergleich	42
		4.2.1. Glasgruppe 1	43
		4.2.2. Glasgruppe 2	47
		4.3. Die Rohstoffe der Grundgläser	51
		4.3.1. Kieselsäure: Sand und Kiesel	52
		4.3.2. Alkalien: Pflanzenaschen und Minerale	53
		4.3.3. Die Rohstoffe der Glasgruppe 1	56
		4.3.4. Die Rohstoffe der Glasgruppe 2	61
		4.4. Die färbenden Bestandteile	67
		4.4.1. Die färbenden Bestandteile der Glasgruppe 1	67
		4.4.2. Die färbenden Bestandteile der Glasgruppe 2	71
		4.5. Zusammenfassung	76
		4.5.1. Ergebnisse Glasgruppe 1	76
		4.5.2. Ergebnisse Glasgruppe 2	78

VI. Bernsteinschmuck ... **81**

   1. Bernsteinperlen ... 81

   2. Bernsteinschieber ... 82

VII. Gagatperlen ... **83**

VIII. Scheibenperlen ... **85**

IX. Datierung und kulturelle Bezüge ... **87**

X. Bezüge zur Archäologie des Umlandes ... **89**

XI. Kompositionsmuster ... **91**

XII. Zusammenfassung – Summary ... **95**

XIII. Literaturverzeichnis ... **99**

XIV. Anhang I ... **107**

XV. Anhang II ... **119**

XVI. Anhang III ... **123**

XVII. Katalog ... **127**

Tafeln

I. Einleitung

Setzt man sich mit der Urnenfelderkultur und ihren Erscheinungen auseinander, so trifft man neben unterschiedlichen Siedlungsformen, in der Größe und im Habitus variierenden Gräberfeldern, auf eine Vielzahl an Hortfunden. Während man sich bei der Untersuchung der Siedlungsbereiche mit dem täglichen Leben und dessen Anforderungen an den damaligen Menschen konfrontiert sieht, gewähren die Gräberfelder und deren Fundstoff Einblick in den kulturellen und sozialen Rahmen der Verstorbenen. Beide Bereiche erlauben Rückschlüsse und Vergleiche, die noch in einem Bezug zu unserer heutigen Lebensweise stehen.

Hinsichtlich der großen Anzahl an Depots und der Frage nach der Intention der Niederlegung sind solche Verbindungen nicht zu ziehen, sondern der Erkenntnisgewinn wird zum einen an dem einzelnen Fund, zum anderen durch den Abgleich der an der Vielzahl der Funde festzustellenden Muster und Gemeinsamkeiten erzielt. So bestimmt die in einem Hortfund angetroffene Fundkomposition weitestgehend den Rahmen der Aussagemöglichkeiten. Vor dem Hintergrund späturnenfelderzeitlicher Depots mit einem regional typischen Ausstattungsmuster, wie zum Beispiel Beil-Sichel-Armring im Rhein-Main-Gebiet, tauchen Horte auf, die über diese Grundzusammensetzung weit hinausgehen und sich ihr zum Teil entziehen[1]. Im Mittelpunkt dieser Arbeit steht ein solch untypischer Hortfund, es handelt sich um das urnenfelderzeitliche Depot von Stadtallendorf bei Marburg.

Der Fund zeichnet sich durch die Vielfalt der deponierten Artefakte und deren Materialien aus. Er setzt sich aus ca. 140 Einzelstücken zusammen, die aus Bronze, Glas, Bernstein, und Gagat gefertigt wurden. Die Spanne der deponierten Artefakte reicht von Beilen, Lanzenspitze und Geräten über Armringe und Drahtschmuck bis zu Ringgehänge, einem einzigartigen Zierblech und besonders zu unterstreichen einer Vielzahl an Perlen aus unterschiedlichen Materialien, vornehmlich Glas.

Der Hortfund wurde 1943 vom Reichsarbeitsdienst im Sprengstoffwerk Allendorf im Kreis Marburg bei Wegebauarbeiten entdeckt. Die Publikation des gesamten Fundkomplexes nahmen O. Uenze und Th. E. Haevernick Ende der vierziger Jahre vor[2]. Im Rahmen eines Aufsatzes erschienen Photographien der einzelnen Fundstücke sowie kurze Beschreibungen und Diskussion des Großteils der Bronzen durch O. Uenze und des Schmucks durch Th. E. Haevernick, die ein besonderes Augenmerk auf die Glasperlen richtete. P. Reinecke befasste sich ebenfalls mit den Glasperlen[3] und zeitlich anschließend erfolgte eine mineralogische Untersuchung zur Materialbestimmung einer Perlengruppe durch G. Rein[4]. Ferner wurde noch eine experimentelle Untersuchung zur Herstellungstechnik der Ringgehänge durchgeführt[5]. Hiermit sind jedoch schon alle Arbeiten erfasst, die sich mit dem Allendorfer Hort in Einzelaspekten oder in seiner Gesamtheit befasst haben. Anzuschließen sind noch die Aufnahmen einzelner Objekte in die Reihe Prähistorischer Bronzefunde[6].

Die Reichhaltigkeit dieses Fundkomplexes im Zusammenhang mit seiner isolierten Lage im nördlichen Verbreitungsgebiet der süddeutschen Urnenfelderkultur gab den Anlass, den Fund unter aktualisierten Forschungsaspekten in zwei Schritten neu zu untersuchen. Im Rahmen der Magisterarbeit erfolgte zunächst eine umfassende Neuvorlage der einzelnen Fundstücke, die in diese Arbeit unter Einbindung neuerer Literatur einfloss. Die beiden folgenden Kapitel befassen sich mit der nun weitgehend rekonstruierten Fundgeschichte sowie der topographischen Lage des Fundareals. Ausgehend von einer differenzierteren Materialbasis werden in den anschließenden Kapiteln alle Fundstücke hinsichtlich ihrer Typologie, chronologischen Stellung und geographischen Verbreitung eingehend dargestellt. Die ca. 140 Objekte werden zunächst grob nach den Materialien geschieden, dass heißt in Bronze-, Glas-, Bernstein-, Gagat- und Scheibenperlen unbenennbaren Materials unterteilt. Impliziert ist eine Feineinteilung der Bronzen, orientiert an ihrer jeweiligen Funktion, in die Gruppen Waffen und Geräte sowie Schmuck- und Trachtbestandteile.[7] Die Ringgehänge und das Zierblech werden keiner Gruppe zugeordnet, da der Verwendungszweck nicht eindeutig geklärt werden kann.

---

[1] Hansen 1991, 158 f.

[2] Uenze 1949/50; Haevernick 1949/50. – Eine Aquarellzeichnung des Schmucks erschien als Frontinspitz in der Arbeit von Sprockhoff 1956.

[3] Reinecke 1957.

[4] Rein 1957.

[5] Vorlauf 1990.

[6] Zu den Armringen Richter 1970, 158, 939; 162, 1005; zu dem Rasiermesser Jockenhövel 1971, 222 f.; zu dem Zierblech Kilian-Dirlmeyer 1975, 98 f.; die Anhänger bei Wels-Weyrauch 1978, 128, 756-759; zu den Beilen und dem Meißel Kibbert 1984, 94, 391. 392; 190, 952.

[7] Eine ähnliche Gliederung bei Uenze 1949/50, 203.

I. Einleitung

Diese Einteilung entspricht der Systematik des Kataloges.

Der Fokus der Arbeit richtet sich auf die Glasperlen. Da hier eine unglaubliche Vielfalt an Perlentypen vorliegt, die auf unterschiedliche und weitreichende kulturelle Beziehungen verweist, wird diese Gruppe in einem wesentlich weiter gefassten Rahmen untersucht. So folgen auf rein typenchronologische Betrachtungen, die hinsichtlich der Gläser schnell Grenzen aufzeigen, naturwissenschaftliche Untersuchungen an ausgewählten Einzelstücken. Anhand von Mikrosondenanalysen wird das chemische Profil der einzelnen Gläser bestimmt, so dass Fragen hinsichtlich des technologischen und kulturellen Ursprungs differenziert beantwortet werden können.

Die abschließenden Kapitel befassen sich auf der Basis dieses aktualisierten Forschungsstandes mit Problemen, die den Hortfund in seiner Gesamtheit betreffen. Dazu zählen die Datierung des Depots, die Bezüge zur Fundsituation des Umlandes sowie die Diskussion des Ausstattungsmusters vor dem Hintergrund zeitgleicher Horte.

II. Fundgeschichte

Aus der Erstpublikation von O. Uenze ist zu entnehmen, dass das Depot 1943 vom Reichsarbeitsdienst bei Wegebauarbeiten im damaligen Sprengstoffwerk zufällig entdeckt wurde. Die Funde lagen in einer Tiefe von 50–60 cm, jedoch war das Fundareal durch die Arbeiten bereits enterdet. Über den Fundort wird gesagt, dass er sich einige hundert Meter südlich des Allendorfer Bahnhofes bei den so genannten Müllerwegstannen befindet.

So vermeintlich genau, wie hier der Fundort beschrieben wird, ist er leider nicht überliefert. Nähere Details dazu und zur weiteren Fundgeschichte konnten der Ortsakte des Landesamtes für Denkmalpflege Hessen, Abteilung für archäologische Denkmalpflege, Außenstelle Marburg entnommen werden[8]. Demnach wurde der Fund am 28.1.1943 auf dem Gelände des Sprengstoffwerkes der DAG im heutigen Stadtallendorf entdeckt. Bei dem Bau eines Weges arbeitete man unter anderem am Wurzelstock einer starken Kiefer, in dessen Bereich einzelne Fundstücke auftauchten. Als Arbeiter dem Unterfeldmeister F. Reuter zwei Fundstücke übergaben, war das Fundareal bereits durch Hack- und Schaufelarbeiten zerwühlt. Die Arbeiten wurden gestoppt und zahlreiche Einzelstücke wurden aus dem zerwühlten Areal und dem Abraum geborgen. Die Abbildung 1 zeigt einen Teil der Funde nach der Auffindung am 28.1.1943 im Dienstzimmer des Abteilungsleiters Oberfeldmeister Guth[9].

Am 1.2.1943 wurde dem damaligen stellvertretenden Leiter des Landesamtes für Vor- und Frühgeschichte/ Marburg, Prof. Martin der Fund gemeldet. Am 2.2.1943 besichtigten Prof. Martin und Präparator Lange das im Munitionswerk abgesteckte Areal von einem Meter Durchmesser und konnten noch einzelne Fundstücke, unter anderem das Zierblech, von einem Spatenstich eingedrückt, bergen. Eine Untersuchung der angrenzenden gewachsenen Bodenschichten ergab keine weiteren Funde oder Befunde.

Es konnten keine Vermessungen durchgeführt werden, da sich der Fund auf dem Gelände der Munitionsfabrik befand, die der Geheimhaltung unterlag. Präparator Lange fertigte eine Skizze der Fundsituation an. Eine genaue Einmessung sollte später noch nachgeholt werden, so dass der genaue Fundort heute leider nicht überliefert ist. Allerdings kann man die vorhandenen Informationen soweit bündeln, dass der Fund sehr wahrscheinlich auf dem heutigen Gelände des Ferrero-Werkes zu lokalisieren ist[10].

Der Fundkomplex verblieb bis zum 5.2.1943 zur Besichtigung im Lager und wurde anschließend zur Reinigung und Präparation nach Marburg gebracht[11]. Der Hortfund wurde im damaligen Universitätsmuseum im Ernst-von-Hülsen-Haus aufbewahrt. Innerhalb der Zeitspanne zwischen Auffindung und Erstpublikation wurde der Hortfund im Rahmen der Ausstellung „Altertümer aus kurhessischem Boden" im Staatsarchiv Marburg präsentiert. Von 1955 bis 1956 befand sich der gesamte Fundkomplex zur Abformung im RGZM in Mainz. Dort wurden die Scheibenperlen Nr. 136–140 zur Materialbestimmung eingehend mineralogisch untersucht[12].

Anschließend gelangte der Hortfund erneut nach Marburg und war dort bis 1980 im Universitätsmuseum im Ernst-von-Hülsen-Haus ausgestellt. Er befindet sich seit Ende 1981 in der Dauerausstellung der vorgeschichtlichen Abteilung des Universitätsmuseums für Kunst- und Kulturgeschichte. Leiter der Abteilung ist Dr. G. Junghans[13]; die Funde sind bis auf Nr. 29, 43, 44, 46, 52, 53, 69, 70, 71, 102, 118, 119, 120, 133–135, 136–140[14] im Wilhelmsbau des Schlosses zu besichtigen. Ferner war das Ringgehänge Nr. 8 seit 1990 Bestandteil der Wanderausstellung „Experimentelle Archäologie in Deutschland".

---

[8] Soweit nicht anders zitiert, sind die folgenden Ausführungen der Ortsakte Allendorf des Landesamtes für Denkmalpflege, Außenstelle Marburg entnommen worden.

[9] Auf der Abb.2 sind u.a. ein Stein und eine Scherbe zu erkennen, die von Präparator Lange auch auf der Fundliste aufgeführt wurden. Sie sind heute jedoch nicht mehr aufzufinden und wurden auch in der Erstpublikation von Uenze 1949/50 nicht erwähnt.

[10] Auch ein von mir 1995 geführtes Gespräch mit dem letzten lebenden Zeugen Pastor S. Kaun aus Haan ergab keine weiteren Angaben, jedoch konnte er mir die Lage des Fundes auf der von Präparator Lange angefertigten Skizze, die einige Verständnisschwierigkeiten barg, bestätigen. Genauer zu suchen ist er nach Lange in den Forstdistrikten 141–135 oder 142–136. Dies entspricht etwa dem Werksgelände von Ferrero. Vgl. dazu die Karte: Stadtallendorf. 1:10000. E. v. Wagner / J. Mitterhuber Städteverlag 5. Auflage (Stuttgart).

[11] Zur Präparation des Zierblechs und deren Beurteilung vgl. Kapitel 4.1.3.

[12] Vergl. dazu Kapitel 4.5.

[13] An dieser Stelle möchte ich Hr. Dr. G. Junghans und seiner Ehefrau sehr herzlich für Ihre großzügige Unterstützung danken.

[14] Diese Fundstücke sind aufgrund des schlechten Zustandes zur Zeit nicht ausgestellt.

II. Fundgeschichte

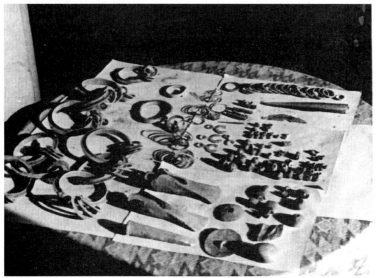

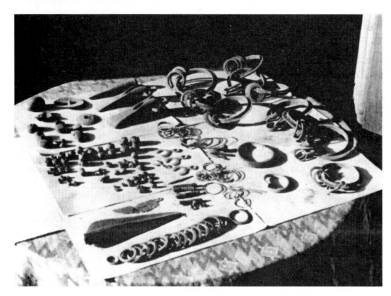

Abb. 1:
Der Fundstoff direkt nach der Bergung

II. Fundgeschichte

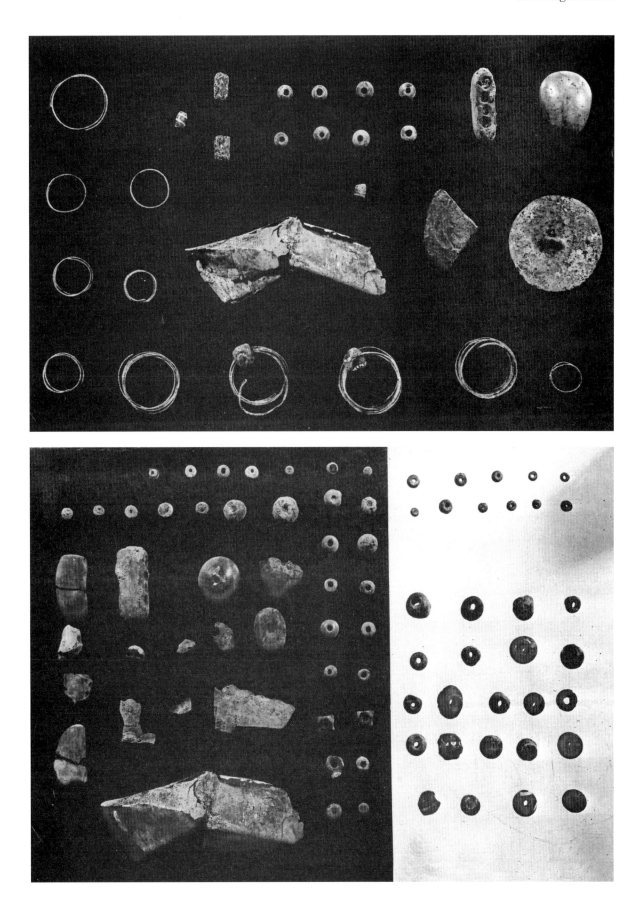

Abb. 2: Einzelne Fundstücke nach der Bergung, Kopien der Originalphotos aus der Ortsakte.

III. Topographie

Der Hortfund wurde im heutigen Stadtallendorf, Kreis Marburg-Biedenkopf, im Regierungsbezirk Gießen gefunden[15]. Das Fundareal ist sehr wahrscheinlich auf das heutige Werksgelände von Ferrero einzugrenzen, da dies jedoch nicht gänzlich gesichert ist, beziehen sich die nachfolgenden Ausführungen auf das gesamte Gelände des ehemaligen Sprengstoffwerkes.

Die Region östlich des oberen Mittellaufes der Lahn lässt sich großräumig betrachtet dem Westrand einer Zone zuordnen, die man geomorphologisch als Hessische Senke bezeichnet. Diese ist Bestandteil einer Einbruchzone im Erdmantel, die sich in Süd-Nord Richtung vom Rhônetal und dem Oberrheingraben bis nach Norwegen erstreckt. Die Hessische Senke zeigt keine Einbruchsfelder in der Deutlichkeit des Rhône-Oberrheingebietes, vielmehr ist sie als Bestandteil des Mittelgebirgsraumes stärker strukturiert und wesentlich komplizierter aufgebaut[16]. So wechseln Erhebungen mit Tälern und Niederungsgebieten ab, wobei dem Amöneburger Becken aufgrund seiner Nähe zum Fundort und der dort zahlreich vertretenen urnenfelderzeitlichen Fundstellen besondere Beachtung zukommt, dies verdeutlicht Abb. 3.

Dieses tertiäre Sedimentationsbecken wird neben den Lahnbergen im Westen, dem Vogelsberg im Süden und dem Burgwald im Norden, im Nordosten durch den Neustadter Sattel begrenzt. Das Fundareal des Allendorfer Depots lässt sich auf einem der westlichen Ausläufer dieser Formation, unmittelbar am Übergang in das Amöneburger Becken, wenige Kilometer südwestlich der Rhein-Weser-Wasserscheide lokalisieren. Der hier angesprochene Teil des Neustadter Sattels fällt nach Süden und Westen hin in die Täler der Bäche Joßklein und Klein ab.

Das bezüglich des Allendorfer Hort in Frage kommende Gebiet lässt sich mit folgenden Gauß-Krüger Koordinaten umreißen: TK 5119 Kirchhain / 5120 Neustadt, Rechtswert: r 3499–3501,5; Hochwert: h 5630,5–5632, dies zeigt Abb. 4.

Das Gelände des ehemaligen Sprengstoffwerkes stellt sich nicht als ebene Fläche dar, vielmehr weist es zum Teil erhebliche Höhenunterschiede auf. So steigt das Gelände von Süden und Westen aus dem Kleintal von zunächst etwa 215–220 m ü. NN. auf bis zu 255 m ü. NN. an. Danach erfolgt ein Abfall des Terrains auf 230, stellenweise sogar bis auf 220 m ü. NN. Schließlich steigt das Areal nach Nordosten, zur Allendorfer Höhe hin, wieder bis auf 240 m ü. NN. an.

---

[15] F. Müller (Hrsg.), Müllers großes deutsches Ortsbuch. 26. Aufl. (Neuss 1996/97) 1007.

[16] E. Neef (Hrsg.), Das Gesicht der Erde. Taschenbuch der physischen Geographie. 4. Aufl. (Frankfurt a: M. 1977) 67 ff.

III. Topographie

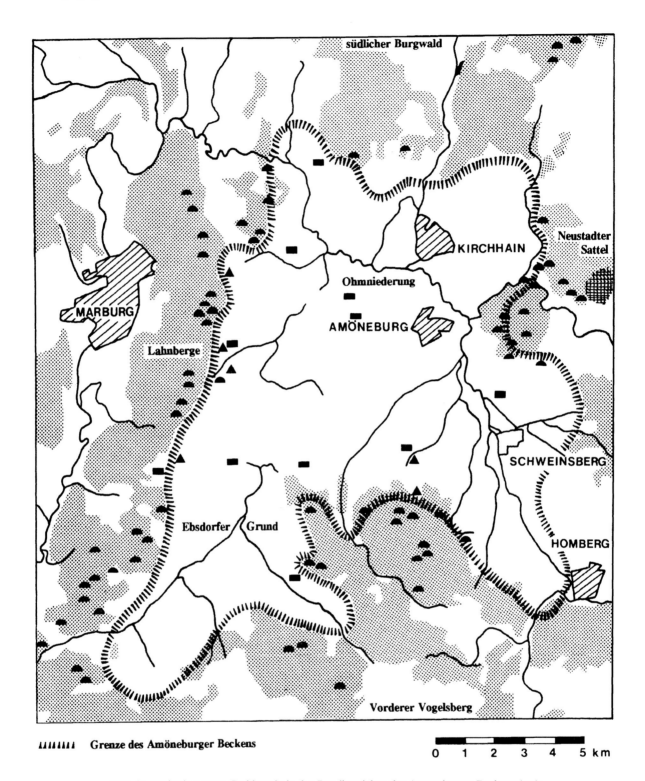

Abb. 3: Verbreitung von Grabhügeln in den Randbereichen des Amöneburger Beckens (●);
bisher nachgewiesene urnenfelderzeitliche Siedlungsstellen (▲);
urnenfelderzeitliche „Flachgräber" im Amöneburger Becken (■);
Fundareal des Allendorfer Hortes (▦) (nach Dobiat 1994 mit Ergänzung).

III. Topographie

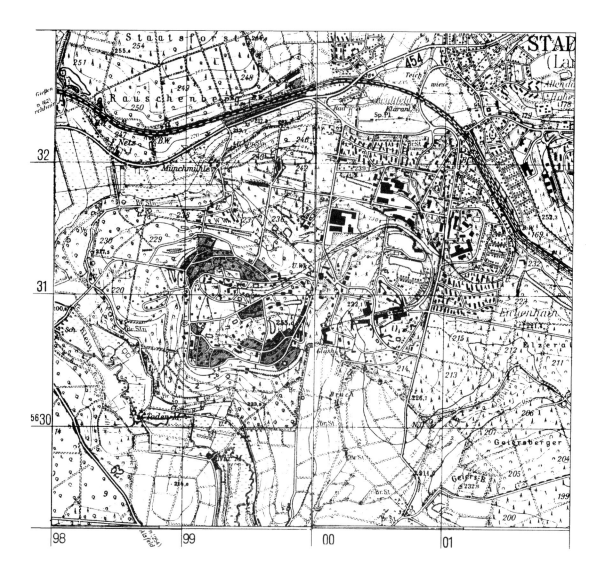

Abb. 4: Auszug aus TK 5119 Kirchhain / 5120 Neustadt

IV. Bronzen

1. Waffen und Geräte

1.1. Lanzenspitze

Die aus dem Allendorfer Hortfund stammende Lanzenspitze Nr. 1 (Taf. 1,1) wurde in fragmentiertem Zustand deponiert, unterhalb des Blattansatzes ist die Tülle noch maximal 0,9 cm erhalten; auf der kürzeren Seite zeigt sich ein Biegesaum, so dass hier von einer intentionellen Fragmentierung gesprochen werden kann. Die feinen Linien auf den Schneidenblättern stammen von einer Glättung der Oberfläche nach dem Guss in zweischaliger Form. O. Uenze wies bereits auf das Fehlen zeitgleicher Funde und die Verbindungen des Allendorfer Stückes nach Ungarn und Istrien hin. Er bezog sich in diesem Zusammenhang auf die plastische Verzierung der Tülle, welche die nächste Entsprechung in der Verzierung einiger Lanzenspitzen aus der Fliegenhöhle von St. Kanzian in Istrien findet[17]. Jedoch ist unter diesen Stücken kein Exemplar vertreten, das beide Zierelemente des Allendorfer Stückes trägt. Vier der Lanzenspitzen, deren Tüllen jeweils das aus einem tiefer gelegten Kompartiment bestehende Zierelement tragen, fehlen jedoch die plastischen Winkel auf den Tüllen im Bereich des Blattansatzes[18]. Zwei Lanzenspitzen tragen diese in einfacher Ausführung, jedoch geht hier aus dem Zwickel eine erhabene Mittelrippe hervor, die den Verlauf der Tülle ziert[19]. Alle angeführten Stücke unterscheiden sich ferner durch die geschwungene Blattform vom Allendorfer Fundstück[20]. Die von O. Uenze herangezogenen Vergleichsfunde aus Ungarn stammen aus der frühen und älteren Urnenfelderzeit[21]. Er sah in ihnen die typologischen Vorläufer zu den Lanzen aus Istrien, die er wiederum zeitlich vor dem Allendorfer Stück ansiedelte[22]. Eine direkte Ableitung des Allendorfer Exemplars aus Ungarn lehnte er infolge dessen aufgrund der zeitlichen Differenz und der formalen Unterschiede ab[23].

Lanzenspitzen mit profilierter Tülle sind in Südosteuropa von ca. 60 Fundorten bekannt und ihre Verbreitung konzentriert sich weitgehend im Theißgebiet[24].

Grundlegend befasste sich jedoch erst G. Jacob-Friesen 1967 mit einer Typisierung und chronologischen Einordnung der bronzezeitlichen Lanzenspitzen aus Nordeuropa. Im Rahmen dieser Arbeit stellte er auch die Frage nach dem Ursprung des Winkelmotivs auf Tüllenlanzenspitzen und leitete dieses ebenfalls aus Südosteuropa her[25].

S. Hansen löste die Allendorfer Lanzenspitze aus dem zeitlichen Kontext des gesamten Hortfundes und griff die von O. Uenze bereits vermuteten Bezüge des Stückes zum südosteuropäischen Raum erneut auf. Er datierte die Allendorfer Lanzenspitze über den Vergleich mit ungarischen und rumänischen Fundstücken, sowie einer Lanzenspitze aus Dietzenbach, Kreis Offenbach in die Stufe HaA[26]. Allerdings besitzen die angeführten Beispiele aus Südosteuropa, die zum Großteil in die ältere Urnenfelderzeit datiert werden, alle eine profilierte Mittelrippe. Das Dietzenbacher Exemplar trägt auf der Tülle nur eine gravierte Girlandenzier, die jedoch am Blattansatz das Winkelmotiv wiederholt, das am Allendorfer Stück plastisch wiedergegeben ist. Es findet sich hier außerdem erstmalig eine Übereinstimmung bezüglich der Blattform, die bei den bislang angeführten Vergleichsstücken nicht gegeben war[27]. S. Hansen konnte im Rahmen seiner Ausführungen zur Entwicklung der Blattform der Lanzenspitzen in Hessen deutlich machen, dass diese von stark geschweiften und straff gespannten Formen der frühen Urnenfelderzeit zu schlanken und spannungslosen Blättern mit weidenblattförmigem Umriss der späten Urnenfelderzeit verläuft. Die Allendorfer Lanzenspitze entspricht hinsichtlich der Lage des Schwerpunktes im unteren Blattdrittel sowie dem unmerklichen Einzug zur

---

[17] Vgl. Uenze 1949/50, 206.

[18] J. Szombathy, Altertumsfunde aus Höhlen bei St. Kanzian im österr. Küstenlande. Mitt. Prähist. Komm. Österr. Akad. 2, 1908, Abb. 19–22.

[19] Ebd. Abb. 24–25.

[20] Die Lanzenspitzen aus der Fliegenhöhle stammen nicht aus einem geschlossenen Fund, jedoch findet die Mehrzahl der Funde gute Entsprechungen in der Stufe Ha B1, vgl. Hansen 1991, 40 m. Anm. 115.

[21] Vgl. Uenze 1949/50, 205 m. Anm. 20, hier ergeben sich ähnliche Differenzen bezüglich des Dekors und der Blattform zum Allendorfer Stück, wie bei den Lanzenspitzen aus der Fliegenhöhle.

[22] Da es sich bei den istrischen Funden nicht um einen geschlossenen Fundkomplex handelt, ist deren Datierung unsicher, vgl. dazu Schopper 1995, 26 ff.; Hansen 1991, 39 f.

[23] Uenze 1949/50, 205. – Zur Datierung und Verbreitung der Lanzenspitzen mit profilierter Tülle s. Hansen 1994, 67 f. Anm. 45 Abb. 37.

[24] Hansen 1994, 67 m. Abb. 37.

[25] Vgl. dazu Jacob-Friesen 1967, 198 f. 238; in diesem Zusammenhang findet auch die Allendorfer Lanzenspitze hier Erwähnung, ebd. 199.

[26] Hansen 1991, 39 f. Taf.18, 50.

[27] Ebd. 39 f. Taf. 18, 1; vgl. ebenfalls die Blattform der Ha A2-zeitlichen Lanzenspitzen aus Oberbimbach, Kr. Fulda: ebd. 43 Taf. 17, 14. 15.

IV. Bronzen

Spitze hin und der gestrafften Blattform dem Dietzenbacher Exemplar, das aus einem HaA-zeitlichen Grabkontext stammt[28].

F. Schopper äußerte sich gegenteilig zu diesem Datierungsansatz. Er griff die Diskussion um das Allendorfer Fundstück 1995 erneut auf, da er im Gräberfeld von Künzig in Niederbayern eine Lanzenspitze vorfand, die ebenfalls in diesen Diskussionsrahmen gehört und sich vom Allendorfer Exemplar zunächst einmal nur durch die profilierte Mittelrippe sowie die Blattform unterscheidet. Diese Lanzenspitze stammt aus einem eindeutigen HaB3-zeitlichen Grabkontext, findet aber analog zum Allendorfer Stück Entsprechungen in einem Teil der istrischen Funde in der Fliegenhöhle[29]. Schopper lehnte jedoch eine direkte Verbindung der beiden Lanzenspitzen zu den istrischen Funden und deren von Hansen vorgeschlagene Datierung in die Stufe HaB1 ab. Er sah in dem Künziger und Allendorfer Exemplar HaB3-zeitliche Artefakte, die zwar deutliche Bezüge zum südosteuropäischen Raum aufweisen, aber trotzdem nicht als Altfunde zu interpretieren und somit aus den geschlossenen Fundverbänden zeitlich herauszulösen sind[30].

Festzuhalten bleibt an dieser Stelle, dass Lanzenspitzen mit profilierter Tülle aus Südosteuropa, vornehmlich aus dem Theißgebiet stammen und die Masse der Funde dort in die frühe und ältere Urnenfelderzeit datiert wird[31]. Die hier besprochenen Funde aus der Fliegenhöhle stellen hinsichtlich der Verzierung die besten Vergleiche zur Allendorfer Lanzenspitze dar. Betrachtet man am Allendorfer Stück die Lage des Schwerpunktes im unteren Blattdrittel sowie dessen Form, so steht es analog zur Verzierung in älterurnenfelderzeitlichem Kontext[32]. Fasst man die hier angeführten Kriterien zusammen, so ist das Allendorfer Fundstück als deponiertes Altstück aus dem Horizont HaA zu interpretieren. Dieser Vorschlag wird durch das gleichzeitige Fehlen vergleichbarer Fundstücke in den Stufen HaB1 und HaB3 gestützt.

Ein weiterer wichtiger Aspekt dieses Fundstückes sind die deutlichen Bezüge zum südosteuropäischen Raum. Betrachtet man allerdings die in Neckartailfingen gefundene Gussform für profilierte Tüllenlanzenspitzen mit Mittelrippe[33], so ist der Gedanke an eine lokale Produktion, die südosteuropäische Formen aufgriff, auch nicht unbegründet.

1.2. Beile

Von den zwei im Hort enthaltenen Lappenbeilen Nr. 2 und Nr. 3 (Taf. 2;2; 3,3) wurde letzteres in fragmentiertem Zustand niedergelegt[34]. Beide Beile zeigen Abnutzungsspuren an je einer Schneidenhälfte, so dass sie vor der Deponierung genutzt wurden. Die Schäftung war so ausgelegt, dass die Öse nach oben wies[35]. Ferner finden sich jeweils einseitig zahlreiche Bearbeitungsspuren auf den Arbeitsflächen, die von einem Treibhammer herzurühren scheinen, der zur Oberflächenverdichtung eingesetzt wurde[36]. Es könnte sich aber auch um Bearbeitungsspuren handeln, die mit einer Nutzung der Beilarbeitsfläche als Amboss zu verbinden sind.

O. Uenze ordnete diese Beile der großen Gruppe oberständiger Lappenbeile mit Öse zu, in denen er die dominierende Beilform der südwestdeutschen Urnenfelderkultur sah. Ihm war diese Form aus späturnenfelderzeitlichen Horten bekannt, so dass er von einer vorherigen Nutzung ausging, da eine Herstellung der Beile „nur" zur Verwendung als Votivgabe für ihn nicht in Betracht kam[37]. Dies scheint sich zumindest bezüglich der Allendorfer Beile an den Abnutzungsspuren der Schneiden zu bestätigen.

Im Rahmen der Edition Prähistorischer Bronzefunde untersuchte K. Kibbert die Äxte und Beile im mittleren Westdeutschland und unternahm unter anderem eine differenzierte Klassifizierung der großen Gruppe urnenfelderzeitlicher Lappenbeile[38]. Die Beile aus Stadtallendorf ordnete er der Gruppe ober- bis endständiger Lappenbeile mit Öse vom Typ Homburg zu[39]. Kennzeichnend für diese Gruppe sind die schlanke Form mit S-förmig geschwungenem Umriss

---

[28] Ebd. 39 f. 43 f.

[29] Schopper 1995, 26 ff. Taf. 172, 4.

[30] Ebd. 27 f.; gegenteiliger Meinung ist Hansen, 1991, 39 f. – Hinsichtlich des Künziger Exemplares scheint Schoppers Kritik dadurch gestützt zu werden, dass die hier vertretene schmale und schlanke Blattform in die späte Urnenfelderzeit verweist. s. dazu: Hansen 1991, 48.

[31] Hansen 1994, 67 f. m. Abb. 37.

[32] Zur Entwicklung der Blattformen der Lanzenspitzen in Hessen vgl. Hansen 1991, 34 ff. besonders 43 f.

[33] Darauf hatte schon Uenze 1949/50, 206 hingewiesen; zuletzt Schopper 1995, 28; Fundber. Schwaben N.F. 12, 1952, 29 u. 30 Abb.11.

[34] Hier stellt sich die Frage, ob ein derart fragmentierter Lappen, vgl. (Taf.3,3) schon eine Nutzung des Beiles ausschließt.

[35] Uenze 1949/1950, 204 f.

[36] Bezüglich der Interpretation als Treibhammerspuren zuletzt S. Hansen, Die Beile von Sabenice – Formenkundliche Aspekte. In: J. Blazek/S. Hansen, Die Hortfunde von Sabenice in Nordwestböhmen. Beiträge zur Ur- und Frühgeschichte Nordwestböhmens Bd. 4 (Most 1997) 37 Abb. 19.

[37] Uenze 1949/50, 203 f.

[38] Vgl. Kibbert 1984, 76–114.

[39] Ebd. 85; 94 f. 391.392.

sowie eine flach bogenförmige bis gerade Schneide und eine Schaftmulde in unterschiedlicher Form[40]. K. Kibbert sah, wie schon Müller-Karpe 1959, in dieser Beilform einen Leittypus der späten Urnenfelderzeit und datierte sie unter anderem aufgrund ihrer Vergesellschaftung mit Vollgriffschwertern vom Typ Mörigen, kleinköpfigen Vasenkopfnadeln und astragaliertem Ringschmuck in die Stufe Wallstadt (HaB3)[41]. Die Allendorfer Exemplare finden ihre räumlich nächsten Entsprechungen in den Depots von Gambach und Rockenberg im Wetteraukreis[42].

Lappenbeile haben eine sehr weiträumige Verbreitung, sie finden sich auf den Britischen Inseln, in Frankreich sowie in einem sehr großen Teil von Deutschland. Darüber hinaus streuen sie im Osten bis nach Böhmen und Österreich. Verbreitungsschwerpunkte dieser Beilform finden sich am Ende der Urnenfelderkultur in der Westschweiz im Bereich der Seerandstationen sowie im Rhein-Main-Gebiet, da sich hier die Depotfunde häufen[43]. Jedoch handelt es sich hier um zwei unterschiedliche Beilgruppen mit lokalen Varianten, die sich nicht miteinander verbinden lassen[44].

K. Kibbert vermutete hinter dem großen Fundniederschlag im Gebiet zwischen dem Rhein bei Mainz, Gambach und Hanau ein lokales Produktionszentrum im so genannten „Bleibeskopfdreieck". Die Allendorfer Fundstücke liegen jedoch nördlich davon in isolierter Lage[45]. Geklärt ist zumindest, dass es sich bei den Funden im Rhein-Main-Gebiet nicht um Bronzen aus den Pfahlbauten handelt, sondern dass sie lokal entwickelt wurden[46].

1.3. Meißel

Der Meißel Nr. 4 (Taf. 4,4) gehört zur großen Gruppe der Tüllenmeißel, die sich grob aufteilen lassen in Gerad- und Hohlmeißel[47]. Innerhalb dieser zwei Gruppen ist eine größere typologische Vielfalt auszumachen, die sowohl zeitlich als auch funktional bedingt ist.

Das Gerät aus Allendorf gehört der ersten Gruppe an. Die Herstellung erfolgte in einem zweiteiligen Schalenguss, die Gussnähte sind im Schäftungsbereich noch deutlich vorhanden[48]. Generell dienten Tüllenmeißel der Holz- und Metallbearbeitung, wobei die unterschiedlichen Gestaltungen der Arbeitsflächen differenzierte Nutzungen belegen[49]. Die halbrunde Schneide des Allendorfer Stückes könnte schon im Guss angelegt worden sein oder aber durch Abnutzung und Nachschärfen entstanden sein, diese Frage lässt sich heute nicht mehr eindeutig beantworten.

Bei einer großen Zahl der Tüllengeradmeißel handelt es sich um einfache und unverzierte Geräte. Unterschiede sind vor allem in der Länge sowie hinsichtlich der Schneidenbreite auszumachen. Aufgrund dessen sind sie bislang typologisch und somit chronologisch nicht genau einzuordnen[50]. Generell sind Tüllengeradmeißel von der Stufe Reinecke A2 bis zum Ende der Urnenfelderkultur nachzuweisen[51], allerdings mit größeren formalen Unterschieden. Die Datierung des Allendorfer Meißels erfolgt über den Gesamtkontext des Hortes.

Vergleichbare Meißel stammen aus Südwestdeutschland, sie tauchen hier in Horten der Stufe HaB3 auf[52]. Innerhalb dieses Zeithorizontes scheint zumindest in Mitteldeutschland der Schwerpunkt der Fundniederlegung zu liegen. O. Uenze hatte schon auf die weite und lockere Verbreitung dieser Meißelform auch

---

[40] Ebd. 84.

[41] Müller-Karpe 1959, 129; 225 Abb. 62; Kibbert 1984, 104 f. – Kibbert trennte vom Typ Homburg noch drei weitere Formen ab, u.a. die dem Kerntyp Homburg verwandte Form Geseke-Biblis, die er ebenfalls in die Stufe Wallstadt setzte, ebd. 80 ff.; Hansen 1991, 89, konnte dagegen jedoch nachweisen, dass die oberständigen Lappenbeile mit Öse der Form Geseke-Biblis früher anzusetzen sind, d.h. dass sie schon in HaA2- und HaB1-Zusammenhängen auftreten.

[42] Vgl. diesbezüglich Kibbert 1984, 90 f. 331, 334; 92, 363; 95, 410.

[43] Vgl. die Verbreitungskarte bei Hundt, 1978, 140 Abb.11; zur Ergänzung dieser s. Bernatzky-Goetze 1987, 87 Anm. 343 f.; sowie Kibbert 1984, Taf. 87. – Mayer 1977, 167, datiert die zehn österreichischen Funde u.a. über den Allendorfer Komplex.

[44] Ausführlich dazu V. Rychner, Rezension zu: K. Kibbert, Die Äxte und Beile im mittleren Westdeutschland II. PBF IX, 13 (München 1984). Germania 64, 1986, 615 ff.

[45] Kibbert 1984, 88 f. Taf. 87; kritisch dazu Hansen 1991, 90.

[46] In diesem Zusammenhang scheint Uenze 1949/50, 203 f. die Beile noch gesehen zu haben; ausführlich dazu Kibbert 1984, 83 f.

[47] Kibbert 1984, 189 ff.

[48] Eine tönerne Gussform für einen Meißel mit zwei Wülsten am Tüllenrand stammt aus Mörigen, jedoch scheint es sich hier um einen Hohlmeißel zu handeln: Bernatzky-Goetze 1987, Taf. 140, 1.

[49] Ausführlicher dazu: R. Wyss, Bronzezeitliches Metallhandwerk (Bern 1967) 5; 10 Abb. 4.

[50] Die bislang einzige umfassende Untersuchung zu Meißeln bei K.-H. Willroth, Zu den Meißeln der älteren nordischen Bronzezeit. Offa 42, 1985, 393–430. Willroth untersuchte die Tüllenmeißel unter Einbeziehung der Tüllenbeile. Eine zeitliche Abfolge scheint sich hier an der Länge und der Gestaltung der Mündungswülste der Meißel und Beile zu ergeben, ebd. 410 Tab.1; 416. Eine solche Bearbeitung der mitteleuropäischen Funde fehlt leider bislang.

[51] Kibbert 1984, 193.

[52] Ebd. 193 Taf. 69, 951. 959. 960. 962. Weiter Vergleichsstücke bei Mayer 1977 Taf. 89, 1322, dieser Meißel ist jedoch nicht zu datieren; Bernatzky-Goetze 1987, Taf. 129, 4: ein urnenfelderzeitliches Exemplar; Willroth (s. Anm. 50) 414, Abb. 14, 1: ein Periode III-zeitliches Stück.

IV. Bronzen

über die Grenzen der südwestdeutschen Urnenfelderkultur hinaus hingewiesen[53]. Deutlich scheint beim derzeitigen Forschungsstand jedoch nur die Verbreitung der Tüllenhohlmeißel hervorzutreten, die sich auf Westeuropa einschließlich der Britischen Inseln konzentriert, nach Osten nehmen die Funde deutlich ab[54]. Ob sich der Tüllengeradmeißel als die typische Form Mittel- und Osteuropas erweist, kann beim derzeitigen Forschungsstand nur vermutet werden[55].

1.4. Kleine Geräte

O. Uenze hatte die beiden Geräte Nr. 5 und Nr. 6 (Taf. 4,5.6) als Punzen benannt und aufgrund der zweckbedingten einfachen Form sah er von einer zeitlichen sowie räumlichen Einordnung ab[56]. Der Begriff Punze impliziert jedoch eindeutig eine Gerätenutzung zum Einschlagen von Dekors in Metall[57]. Diese Eindeutigkeit ist hier nicht gegeben.

In der Tat lassen sich diese Geräte kaum näher einordnen, da schon die ersten Probleme bei der Funktionsbestimmung und der anschließenden Benennung auftauchen. Häufig ist nicht zu entscheiden, welches Ende genutzt und welches geschäftet war bzw. ob beiden Enden eine Nutzung zuzuschreiben ist. So tauchen diese Geräte allgemein in der Literatur unter den Begriffen Punze, Ahle, Pfriem, Schneidpfriem, Stichel und Meißel auf[58].

Das Allendorfer Stück Nr. 6 (Taf. 4,6) besitzt an einem Ende eine fragmentierte Schneide und am entgegengesetzten eine Spitze. Falls dieses Gerät geschäftet war, dann wohl im Bereich der Spitze[59]. Es handelt sich unter dieser Prämisse terminologisch um einen Schneidpfriem[60].

Das kleinere Gerät Nr. 5 (Taf. 4,5) verfügt über eine Spitze und einen Dorn. Ob hier jemals eine Schäftung vorhanden war bzw. ob nur ein Ende als Arbeitskante anzusprechen ist, lässt sich nicht entscheiden, da sowohl der Spitze als auch dem Dornende verschiedene Funktionsweisen zugeordnet werden können[61].

Generell nutzte man die Geräte zur Bearbeitung von Holz, Knochen, Ton, Leder sowie Stein und Metall. Geschäftet waren sie in organischen Griffen aus Holz, Knochen und Geweih.

In der Literatur bezeichnete man unter anderem die Allendorfer Stücke als Tätowiernadeln. Dies geht im weitesten Sinne auf die Vergesellschaftung dieser Geräte mit Toilettebestandteilen in bronzezeitlichen Gräbern zurück, die als Argument gegen eine Gerätefunktion und für eine Nutzung als Tätowiernadel herangezogen wurde[62]. Es gibt jedoch keinerlei archäologische Belege, die diese These stützen könnten.

Vergleichsfunde zu den Allendorfer Stücken finden sich z.B. in einem Exemplar aus dem Rhein bei Mainz[63] sowie mehrfach in den Seerandstationen Mörigen[64] und Auvernier[65].

Typologisch und somit chronologisch sind die besprochenen Geräte nicht näher einzugrenzen. Vielmehr finden sie sich in der gesamten Bronzezeit und darüber hinaus[66].

1.5. Rasiermesser

Das Rasiermesser Nr. 7 (Taf. 4,7) zeigt keinerlei Hinweise auf eine Herstellung im Gussverfahren. Es ist davon auszugehen, dass das Stück aus Bronze-

---

[53] Vgl. Uenze 1949/50, 205.

[54] Dazu A. Jockenhövel, Westeuropäische Bronzen aus der späten Urnenfelderkultur in Südwestdeutschland. Arch. Korrbl. 2, 1972, 107 f. Eine Verbreitungskarte speziell zu den französischen Funden, die die Tendenz aber deutlich erkennen lässt bei W. Menghin (Hrsg.), Die Funde der Bronzezeit aus Frankreich (Berlin 1993) Taf. 50.

[55] Jockenhövel (s. Anm. 54) sieht als typische mitteleuropäische Form den Tüllenmeißel mit vierkantiger Tülle und gerader Schneide an, gemeint ist hier aber wohl der vierkantige untere Teil der zitierten Meißel, da alle über eine runde Tülle verfügen.

[56] Vgl. Uenze 1949/50, 207.

[57] Dazu: W. Hirschberg/A. Janata, Technologie und Ergologie in der Völkerkunde (Mannheim 1966) 99.

[58] Kibbert 1984, 186, bezeichnete die Allendorfer Stücke als Ahlen, ungeachtet dessen, dass Nr.6 über eine Schneide verfügt. Generell führte er alle in Mitteldeutschland aufgenommenen Geräte summarisch unter dem Begriff Meißel ebd. 180 ff.

[59] Mayer 1977, 215, nimmt für ähnliche Geräte die Schäftung ebenfalls an der Spitze an.

[60] Vgl. zur Benennung und Funktion dieser Geräte Mayer 1977, 212–216.

[61] Sie können als Ahle, Pfriem und als Punze fungiert haben, s. W. Hirschberg u.a. (Anm.57) 165. Gleiches gilt auch für Gerät Nr. 6, falls es nicht oder am anderen Ende geschäftet war.

[62] Z.B. P. Schauer/P.S. Betzler, Die Funde von der Steinzeit bis zum Frühen Mittelalter. Höchster Geschichtshefte 11/12, 1967, 20 f.; H.-J. Hundt, Katalog Straubing I (Kallmünz/Opf 1958) 11; W. Torbrügge, Die Bronzezeit in der Oberpfalz (Kallmünz/Opf 1959) 66 f. – Allerdings scheint man hier Geräte wie das Allendorfer Stück Nr. 5 mit zwei spitzen Enden vor Augen gehabt zu haben.

[63] Kibbert 1984, Taf. 68, 935. 935A.

[64] Vgl. Bernatzky-Goetze 1987, Taf. 130, 2–4, 10. 15. 28. 29.

[65] Vgl. Rychner 1979, Taf. 126, 10. 11. 15.

[66] Ausführlich dazu Kibbert 1984, 184 f. Anm. 6.

blech geschnitten wurde. In einem zweiten Arbeitsschritt wurde dann die Verzierung eingraviert. Beidseitig finden sich auf dem Blatt Bearbeitungsspuren, die zur Schneide hin zunehmen. Die Schneide war durch Gebrauch stumpf geworden, so dass man sie durch Dengeln nachschärfen musste[67].

Die Ansprache solcher Geräte als Rasiermesser erfolgt in der Literatur ab 1870. Vorherige Schwierigkeiten einer terminologischen Zuweisung gingen auf Probleme bezüglich der Bestimmung der Gerätefunktion zurück[68]. Der Begriff Rasiermesser impliziert jedoch eine eingeschränkte Nutzung zur Gestaltung der Haar- und Barttracht. Experimente ergaben erhebliche Schwierigkeiten, eine ordentliche Rasur mit einem solchen Messer durchzuführen[69].

Bleibt der Terminus in der Literatur auch bestehen, so sieht man in der neueren Forschung diese Messer als multifunktionale Schneid- und Schabgeräte an. Vor dem Hintergrund des bekannten bronzezeitlichen Inventars scheinen jedoch nur sie für die Haar- und Bartpflege in Betracht zu kommen[70].

Das Allendorfer Rasiermesser wird zu den einschneidigen Rasiermessern mit seitlichem Ringgriff gezählt. Es ist nicht geklärt, ob diese Messer grundsätzlich eine Griffergänzung besaßen, wie sie z.B. an zwei Stücken, einmal in Horn und einmal in Metall ausgeführt, überliefert sind[71]. Zumindest der Horngriff des Auvernier Rasiermessers scheint die Handhabung durch den so geschaffenen größeren Griff deutlich vereinfacht zu haben.

A. Jockenhövel hatte die Gruppe der einschneidigen Rasiermesser zunächst typologisch anhand der Griffangel und des Ringgriffes in zwei Gruppen geschieden. Im Anschluss wurden diese Gruppen jedoch in eine Vielzahl von Varianten unterteilt[72]. Hier benannte er im speziellen die Variante Allendorf, die mit elf Exemplaren vertreten sei[73]. Diese Variante unterscheidet sich laut Autor nur durch den winkligen Ansatz des Ringgriffes an der Blattkante von der ansonsten identischen Variante Mörigen[74], die mit siebenundzwanzig Stücken vorhanden ist[75]. Beiden gemeinsam ist die dreieckige Blattform, der seitlich ansetzende Ringgriff und die Rückenvertiefung. Diese Aufspaltung erscheint wenig sinnvoll, ist hier doch darauf hinzuweisen, dass die Blattform des eponymen Fundstückes aus Allendorf nur drei Entsprechungen innerhalb der elf angeführten Exemplare findet[76]. Das Allendorfer Rasiermesser besitzt kein dreieckiges Blatt, wie vom Autor festgelegt. Die Schenkel links und rechts der Rückenvertiefung verlaufen annähernd waagerecht und fallen nicht schräg zur Schneide ab, wie bei den übrigen Allendorfer und Mörigener Rasiermessern. A. Jockenhövel zog zur Definition der einzelnen Typen nur die „konstanten" Teile eines Rasiermessers heran, die Blattform ließ er weitgehend unberücksichtigt, da sie durch Gebrauch und Korrosion starken Veränderungen unterliege[77]. Dies scheint eine grundsätzlich richtige Prämisse, trifft jedoch bezüglich der Rückengestaltung und somit der Blattform des Allendorfer Stückes nicht zu, da dieser zudem verziert wurde[78].

Deshalb wird im folgenden die Variante Allendorf vernachlässigt und das Allendorfer Stück wird zur großen Gruppe der Rasiermesser mit seitlichem Ringgriff bzw. seitlicher Griffangel gezählt.

Diese finden sich zum Großteil in den Seerandstationen der Westschweiz. Darüber hinaus streuen sie locker nach Südwest-, Nord-, und Nordwestdeutschland, in den unteren Donauraum, nach Westfrankreich, Belgien und Südengland[79]. A. Jockenhövel lehnte die These ab, dass diese Rasiermesserform ihren Ursprung in den schweizer Seerandstationen besitzt und erklärte den gehäuften Fundanfall durch die dortige Forschungssituation. Neuere Kartierungen ergeben jedoch, dass dieser Rasiermesserform sowohl im Osten als auch im Westen Europas zeitgleiche andere Formen gegenüberstehen[80], so dass die Seerandstationen der Westschweiz durchaus als Herkunftsgebiet gelten können[81].

---

[67] Jockenhövel 1971, 5.

[68] Ebd. 245–249; ders. 1980, 10 f.

[69] Ders. 1971, 247. Untersuchungen zur Nutzung von zweischneidigen Rasiermessern ergaben ähnliche Probleme: D. Vorlauf, Ein bronzenes zweischneidiges „Rasiermesser" der älteren Urnenfelderzeit im archäologischen Experiment. In: Experimentelle Archäologie in Deutschland (Oldenburg 1990) 371–376; vgl. ferner U. Ruoff, Von der Schärfe bronzezeitlicher „Rasiermesser". Arch. Korrbl. 13, 1983, 459.

[70] S. dazu M. Gedl, Die Rasiermesser in Polen. PBF VIII, 4 (München 1981) 1.

[71] Jockenhövel 1971, Taf. 33, 453. 469.

[72] Ders.1971, 218–229; ders. 1980, 143–147.

[73] Ders. 1971, 22 f. 454–463; ders. 1980, 144, 494.

[74] Ders. 1971, 222.

[75] Ebd. 218 f. 419–437A; ders. 1980, 143 f. 489–493.

[76] Ders. 1971, Taf. 33, 455. 456. 457.

[77] Ebd. 7 f.

[78] In ähnlicher Weise ist ein Messer aus Zürich, Alpenquai verziert: Jockenhövel 1971, 223, 460; Taf. 33, 460.

[79] Ders. 1980, Taf. 54A.

[80] Vgl. H. Hennig, Einige Bemerkungen zu den Urnenfeldern im Regensburger Raum. Arch. Korrbl. 16, 1986, Abb. 12; 289 f. mit berechtigter Kritik zur Aufsplitterung einer Fundgruppe in zahlreiche Varianten.

[81] Ebenso Uenze 1949/50, 207.

IV. Bronzen

Datiert werden die einschneidigen Rasiermesser mit seitlichem Ringgriff bzw. seitlicher Griffangel einheitlich an das Ende der Urnenfelderkultur unter anderem über ihre Vergesellschaftung mit Homburg-Beilen und Vollgriffschwertern vom Typ Mörigen in den Horten von Hanau und Allendorf[82]. Sie lösen somit die vorher in Westeuropa übliche Form der zweischneidigen Rasiermesser ab.

2. Ringgehänge und Ringe

2.1. Ringgehänge

Unter den zahlreichen Bronzegegenständen des Hortes befanden sich in bislang einmaliger Anzahl die vier Ringgehänge Nr. 8–11 (Taf. 5,8; 6,9; 7,10; 8,11). Fast allen gemeinsam ist der T-förmige Querschnitt der großen als auch der kleinen eingehängten Ringe. Nur bei Nr. 11 sind die achtzehn eingehängten Ringe von einfachem rundstabigen Querschnitt. Es handelt sich hier zudem um das größte bislang bekannte Exemplar.

Die Ringgehänge Nr. 9 und Nr. 10 gleichen sich in der Anzahl der Ringe und deren Komposition: drei große Ringe wurden ineinander gefügt und in diese hatte man zusätzlich drei kleinere eingepasst. Ringgehänge Nr. 8 wurde nach einem ähnlichen Gestaltungsprinzip hergestellt: in einen großen Ring wurden vier kleinere eingefügt. Das größte Gehänge Nr. 11 zeigt eine Erweiterung dieses Prinzips: in jeweils einen der drei kleinen eingehängten Ringe wurden zusätzlich drei weitere Ringe eingepasst.

Die Herstellungstechnik dieser Ringgehänge wurde durch ein experimentelles Gussverfahren weitgehend geklärt[83]. Aufgrund der zu beobachtenden Gussrückstände bzw. Gussnähte an den originalen Fundstücken erarbeitete D. Vorlauf eine vierteilige Schalenform für die großen Ringe und eine zweiteilige für die einzuhängenden Exemplare[84]. Nach Herstellung der kleinen Ringe in zweiteiliger Form werden diese über den flexiblen Teil der vierteiligen Form gezogen. Diese wird anschließend zusammengesetzt und der große Ring wird in die kleinen „eingegossen". Die Verbindung der großen Ringe muss man sich in einem gleichen Arbeitsgang vorstellen.

Horizontal verlaufende Gussnähte an den Innenrändern finden sich an allen großen und kleinen Ringen mit T-förmigem Querschnitt der vier Gehänge, deren Erhaltung ist jedoch abhängig von der Glättung durch Überarbeitung und Abrieb bzw. von der Veränderung durch Korrosion. So sind diese Nähte an den großen Ringen der Gehänge Nr. 9 und Nr. 10 nur partiell auszumachen, an den Ringen Nr. 1 und Nr. 2 von Gehänge Nr. 11 und am großen Ring von Nr. 8 heute jedoch noch umlaufend zu sehen[85]. Ähnliches gilt für die kleinen Ringe[86]. Diese Nähte bestätigen die zweiteilige Schalenform.

Die von D. Vorlauf entwickelte vierteilige Form, die der Verbindung der einzelnen Ringe dient, stützt sich auf die vertikalen Gussnähte, die an Ring Nr. 2 von Gehänge Nr. 9 zu beobachten sind[87]. Diese unterteilen den großen Mittelring deutlich in einen Drittel- und einen Zweidrittelbogen. Jedoch ist nur eine der Nähte umlaufend vorhanden[88]. Weitere Senkrechtnähte finden sich an den Ringen Nr. 1 und Nr. 2 von Gehänge Nr. 11, davon ist die erste einseitig, die zweite umlaufend vorhanden[89]. Ringgehänge Nr. 8 und Nr. 10 zeigen keinerlei Hinweise auf Vertikalnähte. D. Vorlaufs Konstruktion der vierteiligen Gussform mit Drittelbögen findet nur an Ring Nr. 2 von Gehänge Nr. 9 Bestätigung. Auch die von ihm veröffentlichten Röntgenbilder der vier Gehänge ergeben keine weiteren Hinweise auf eventuell vorhandene Vertikalnähte, die demnach nicht an der Ringoberfläche zu erkennen wären[90].

Die Aufteilung einer solchen Gussform in z.B. zwei gleich große Hälften lässt sich an Ring 1 von Nr. 9 ableiten. Hier sind zwar keine Vertikalnähte zu beobachten, jedoch ist der Ring in zwei etwa gegenüberliegenden Bereichen im Umriss verzogen, deutlich wird dies im unteren Bereich, hier „springt" der umlaufende Grat aus dem kreisförmigen Umriss[91].

---

[82] Jockenhövel 1971, 234 ff; ders. 1980, 152 f. Nur das Rasiermesser von Heimbach scheint HaA-zeitlich zu sein, es besitzt außerdem zwei Rückenvertiefungen: ebd. 143, 498.

[83] Vorlauf 1987; ders. 1990; ders. 1996.

[84] Ders. 1987 Abb. 3; 6; ders. 1990, 368 Abb. 7; 8; ders. 1996, Abb. 206.

[85] Vgl. Katalog Nr. 8–11.

[86] Alle kleinen Ringe mit T-förmigem Querschnitt der vier Gehänge zeigen partiell erhaltene Horizontalnähte. Nur die Ringe Nr. 1c und 1d von Nr. 8 weisen keine mehr auf.

[87] Vgl. (Taf. 6,9) Aufsicht Ring 2.

[88] Katalog Nr. 9 Ring 2.

[89] Vgl. (Taf. 8,11), Katalog Nr. 11 Ring 1. 2.

[90] Hierzu Vorlauf 1990, Abb. 2; 3. An dieser Stelle möchte ich Hr. Dr. D. Vorlauf, Vorgeschichtliches Seminar der Universität Marburg, dafür danken, dass er mir die Röntgenbilder freundlichst zur Verfügung stellte. Dass auf den Bildern nur jene Nähte zu erkennen sind, die auch im obigen Text angegeben sind, ist durch die unterschiedlich nahe Auflage der Ringe auf der Röntgenplatte bedingt. Detailliertere Röntgenaufnahmen könnten an dieser Stelle weiterhelfen.

[91] Vgl. (Taf. 6,9) Aufsicht und Profil von Ring Nr.1. Die Röntgenbilder können dies aufgrund ihrer Qualität leider nicht bestätigen.

Dass generell von einer vierteiligen Form auszugehen ist, scheint dennoch plausibel. Ähnliches hatte schon A. Goetze 1913 für die Verbindung von Kettengliedern angenommen[92]. Denkbar wäre auch die Herstellung der kleinen Ringe in solch einem Verfahren, so dass die äußeren großen Ringe in zweiteiligen Formen hergestellt werden könnten. Dies würde das Fehlen von vertikalen Nähten an den großen Außenringen von Nr. 8, 9, 10 und an Ring Nr. 3 von Nr. 11 erklären. Jedoch sind an den jeweiligen kleinen Ringen nur horizontal verlaufende Gussnähte zu finden[93]. Will man sich der Konstruktion von D. Vorlauf anschließen, so muss man davon ausgehen, dass einzelne der großen Ringe teilweise exakter gegossen und sehr gut überarbeitet worden sind, so dass heute keine Vertikalnähte mehr zu sehen sind.

Diese oben vorgeschlagene einfachere Herstellungsweise könnte sich zumindest an Gehänge Nr. 11 bestätigen. Die achtzehn kleinen Ringe sind alle von rundstabigem Querschnitt und weisen je eine Verdickung auf, die von der Verbindung eines Wachsmodells herrühren könnte, oder aber als Gusszapfenrest zu interpretieren ist[94]. Der Guss dieser Ringe erfolgte in verlorener Form. Denkbar wäre demnach eine Verbindung der großen Außenringe nur über den Mittelring, so dass nur dieser in einer vierteiliger Gussform hergestellt werden musste. Jedoch besitzt auch Ring Nr.1 Reste einer Vertikalnaht, so dass von einer mehrfachen Verwendung der vierteiligen Form auszugehen ist. Man wollte so ein annähernd identisches Aussehen der großen Ringe gewährleisten.

Dass mehrfach ein und dieselbe Form sowohl für die großen als auch für die kleinen Ringe benutzt wurde, bestätigt sich an den Maßen der einzelnen Ringe. Die jeweiligen Maße von Innen- und Außendurchmesser in den unten angegebenen Tabellen 1–4 verdeutlichen dies durch nur geringfügige Differenzen. Diese sind auf Abrieb und Nachbearbeitung der Gussnähte und Gussüberstände zurückzuführen.

Ring Nr.	Innen⌀ max. in cm	Außen⌀ max. in cm	Höhe max. in cm
1	6,41	8,10	1,00
1a	2,41	3,20	0,34
1b	2,44	3,24	0,36
1c	2,41	3,28	0,32
1d	2,49	3,20	0,35
max. Differenz	0,08	0,08	0,04

Tab. 1: Maße der einzelnen Ringe von Gehänge Nr. 8

Ring Nr.	Innen⌀ max. in cm	Außen⌀ max. in cm	Höhe max. in cm
1	6,90	8,90	0,88
2	7,00	8,90	1,40
3	6,90	8,80	1,10
max. Differenz	0,10	0,10	0,52
1a	2,70	3,80	0,52
1b	2,75	3,90	0,51
1c	2,70	3,80	0,41
2a	2,70	3,80	0,47
2b	2,70	3,75	0,44
2c	2,70	3,75	0,40
3a	2,80	3,80	0,36
3b	2,75	3,80	0,40
3c	2,80	3,85	0,41
max. Differenz	0,10	0,15	0,16

Tab. 2: Maße der einzelnen Ringe von Gehänge Nr. 9

Ring Nr.	Innen⌀ max. in cm	Außen⌀ max. in cm	Höhe max. in cm
1	7,80	9,55	1,20
2	7,80	9,40	1,17
3	7,80	9,55	1,14
max. Differenz	0,00	0,15	0,06
1a	3,35	4,45	0,55
1b	3,40	4,40	0,51
1c	3,30	4,45	0,61
2a	3,20	4,35	0,50
2b	3,35	4,45	0,57
2c	3,20	4,30	0,52
3a	3,30	4,45	0,60
3b	3,40	4,50	0,51
3c	3,35	4,45	0,58
max. Differenz	0,20	0,20	0,11

Tab. 3: Maße der einzelnen Ringe von Gehänge Nr. 10

---

[92] A. Götze, Die Technik gegossener Bronzeketten. Festschrift Oscar Montelius (Stockholm 1913) 155–175; ders. s.v. Bronzeguss in: M. Ebert, Reallexikon der Vorgeschichte. Bd. II (Berlin 1925) 147–162.

[93] Vgl. (Anm. 86). Auch hier ergeben die Röntgenbilder keine detaillierteren Sachverhalte.

[94] Dazu Katalog Nr. 11 (Taf. 8,11); so auch interpretiert von Vorlauf 1990, 368.

IV. Bronzen

Ring Nr.	Innen⌀ max. in cm	Außen⌀ max. in cm	Höhe max. in cm
1	7,50	9,80	1,48
2	7,71	9,62	14,30
3	7,70	9,90	1,30
max. Differenz	0,21	0,28	0,18
1a	2,80	3,50	0,39
1b	2,80	3,50	0,40
1c	2,71	3,32	0,40
2a	2,72	3,40	0,34
2b	2,65	3,40	0,38
2c	2,71	3,40	0,36
3a	2,62	3,40	0,35
3b	2,60	3,40	0,41
3c	2,68	3,30	0,40
max. Differenz	0,20	0,20	0,07
1b1–3	2,00	2,70	0,32
2b1–3	2,00	2,52	0,34
3b1–3	2,02	2,70	0,37
max. Differenz	0,02	0,18	0,05

Tab. 4: Maße der Einzelringe von Gehänge Nr. 11

Die relativ großen Differenzen im Bereich der Höhe gehen auf die unterschiedlich starke Abnutzung durch Abrieb zurück. Die großen Differenzen an den kleinen und kleinsten Ringen von Nr. 11 sind dadurch bedingt, dass für jeden Ring ein einzelnes Modell und somit eine eigene „Form" angefertigt werden musste.

Die Funktion bzw. Nutzung dieser und ähnlicher Ringgehänge ist bislang ungeklärt. In der Literatur werden sie teilweise zum Pferdegeschirr gezählt[95] oder als Rasselringe, an einem langen Stab befestigt, interpretiert[96].

Dass diese Ringgehänge genutzt wurden, zeigt sich an den deutlichen Abnutzungsspuren der Gehänge Nr. 8–10. So ist an den großen und kleinen Ringen der umlaufende Grat in unterschiedlichen Ausmaßen, die jedoch keine Regelhaftigkeit erkennen lassen, abgerieben[97]. Diese Nutzungsspuren erlauben allerdings keine Aussagen hinsichtlich einer Trageweise

oder Funktion der Ringgehänge[98]. Die Veränderungen an den Außenrändern der großen Ringe aller vier Gehänge sind nur auf Korrosionen zurückzuführen.

Das Gehänge Nr. 11 ist hingegen in unbenutztem Zustand deponiert worden. Dies wird am exakten Profil der großen Ringe sowie der umlaufend vorhandenen Gussnähte im inneren Bereich deutlich[99].

Es mangelt nicht an Vergleichsfunden[100]. Gehänge Nr. 8 findet eine gute Entsprechung in dem fünfteiligen Ringensemble aus dem Depot von Hellwitt auf Alsen in Dänemark, das in die Periode V der nordischen Bronzezeit datiert wird[101]. Auch hier ist der Querschnitt der einzelnen Ringe T-förmig. Der Außen- und Innenrand des großen Ringes sind jedoch gekerbt. Dreiteilige Ringgehänge mit T-förmigem Querschnitt stammen zum Teil ebenfalls aus Hessen. Hier ist der Lesefund vom Haimberg bei Fulda zu nennen[102]. Drei großen Ringen wurden einmal drei, einmal zwei und ein einzelner kleiner Ring eingehängt. Eine Ansicht des Stückes ergab am mittleren Ring eine partiell vorhandene umlaufende Gussnaht. Ein weiteres Exemplar stammt aus dem Depotfund von Gambach im Kreis Friedberg, der in die Stufe HaB3 datiert wird. Drei große ineinander hängende Ringe haben insgesamt sechs kleinere rundstabige Ringe aufgenommen[103]. Aus Norddeutschland ist ebenfalls ein Vergleichsstück überliefert. In Uelzen im Kr. Uelzen wurde angeblich in einem Grabhügel ein dreiteiliges Gehänge entdeckt[104]. In die großen

---

[95] Z.B. Thrane 1975, 122 f.; Sprockhoff 1956, 262.

[96] Uenze 1949/50, 218.

[97] Vgl. z.B. die Profilansichten von: Nr. 8, 1. 1a. 1d (Taf. 5,8); Nr. 9, 1. 1a. 1b. 2a. 3. 3a (Taf. 6,9); Nr. 10, 1b. 1c. 2. 2b. 3. 3c (Taf. 7,10).

[98] Anderer Meinung ist hingegen Uenze 1949/50, 218, er versuchte die Abnutzungsspuren systematisch zu erfassen und Regelhaftigkeiten zu erkennen, um Rückschlüsse auf eine Trage- bzw. Funktionsweise zu ziehen. Dies kann von mir nicht bestätigt werden.

[99] Vgl. dazu Profilansichten der Ringe Nr. 11, 1–3 (Taf. 8,11).

[100] Die zum Teil sehr schematischen und schlechten Abbildungen sowie die nur knappen Beschreibungen der im folgenden Text genannten Vergleichsfunde erlauben leider keine weiterführenden Ausführungen hinsichtlich der Herstellungstechnik.

[101] S. Thrane 1975, 123 f. Abb. 76; W. Splieth, Inventar der Bronzealterfunde aus Schleswig-Holstein (Kiel/Leipzig 1900) Taf. 7, 236: hier werden keine weiteren Angaben zum Fundort gemacht; Sprockhoff 1956, Taf. 58, 5.

[102] J. Vonderau, Neuere Untersuchungen und Funde am Haimberg bei Fulda. Germania 13, 1929, 19 ff. Abb. 5, 8.

[103] Vgl. G. Behrens, Die Bronzezeit in Süddeutschland (Mainz 1916) 48 f. Behrens spricht hier von drei großen und sechs kleinen Ringen, erörtert jedoch nicht deren Komposition. Herrmann 1966, Taf. 195, 5, bildet drei große Ringe ab, die zweimal über zwei und einmal über einen eingehängten Ring verfügen. Bei Jacob-Friesen 1967, Taf. 126, 8 sind drei große Ringe mit der Kombination von einmal zwei und zweimal einem kleinen eingehängten Ring zu finden.

[104] Dazu L. Lindenschmit, Die Altertümer unserer heidnischen Vorzeit II,X (Mainz 1870) Taf. 2, 1. Weitere Angaben zu dem Grabhügel sind dieser Literatur leider nicht zu entnehmen. Ebenso unbefriedigend sind die Aussagen dazu bei K.-H. Jacob-Friesen,

Außenringe sind jeweils drei kleine Ringe eingepasst worden. Alle Ringe besitzen einen T-förmigen Querschnitt. Ein weiteres Ringgehänge, das in seiner Komposition genau den Allendorfer Stücken Nr. 9 und Nr. 10 entspricht, fand sich im Depot von Rataje südlich von Prag, das an den Übergang von HaB zu HaC datiert wird[105]. Auch hier ist der Querschnitt der großen Ringe T-förmig, der der kleineren ist anscheinend rund[106].

Allen hier aufgeführten Ringkombinationen ist der Querschnitt der großen und z.T. der kleinen Ringe gemeinsam. Ein weiteres verbindendes Element der großen Ringgehänge ist die Zahl der großen Ringe, sowie die der kleinen eingehängten. Hier wird nie die Anzahl drei überschritten. Dagegen besitzen die einteiligen Ringensembles aus Allendorf und Alsen vier kleine Ringe.

Ferner stammen alle Fundstücke bis auf den vermeintlichen Grabfund aus Uelzen und den Lesefund vom Haimberg aus Depotfunden vom Ende der Urnenfelderkultur. Die Allendorfer Ringgehänge können aufgrund der Datierung des gesamten Fundkomplexes sowie der zeitlichen Ansätze der gesicherten Vergleichsfunde ebenfalls in die Stufe HaB3 datiert werden.

F.-R. Herrmann stellte 1967 die hier angegebenen Gehänge zusammen und sprach sich gegen O. Uenzes Vermutung, dass die Gehänge eine Wetterauer Sonderform darstellen, aus[107].

H. Thrane verifizierte die häufig aufgestellte These, dass die Ringgehänge zum Pferdegeschirr zu rechnen sind[108]. Im Hort von Plonéour-Lanveru, Dép. Finistère befand sich unter anderem ein dreiteiliges Ringgehänge. Jedoch waren hier keine kleinen Ringe sondern Anhänger, so genannte „rattle pendants" vom Hovetypus eingefügt worden. Für diese Anhänger scheint der Zusammenhang mit dem Pferdegeschirr, dass heißt dem Zaumzeug, belegt. Ähnlich stellte H. Thrane sich die Funktion der Gehänge, wie sie z.B. in Allendorf vorliegen, vor[109]. Jedoch sind diese Anhänger als auch die sie verbindenden Ringösen wesentlich kleiner und demnach auch leichter als die Bestandteile der hier diskutierten Ringgehänge.

H. Thrane benannte die Ringgehänge mit T-förmigem Querschnitt nach dem Allendorfer Fundkomplex als Typus und unterschied sie von Gehängen mit dreieckigem Querschnitt und von unprofilierten Ringensembles[110]. Seine Kartierung dieser Gehänge ergab einen deutlichen Verbreitungsschwerpunkt des Typs Allendorf in Hessen[111]. Das Exemplar aus Alsen interpretierte er als Importstück aus diesem Raum[112].

Die Frage nach der Funktion dieser Artefakte lässt sich nicht beantworten. Ihre Zurechnung zum Pferdegeschirr scheint allerdings zweifelhaft, da sowohl die Form als auch das Gewicht dagegen sprechen. Vielmehr muss man abwarten, ob die zukünftige Forschung vergleichbare Stücke in einem die Funktion erklärenden Befund aufdecken wird. Allerdings scheint der Ursprung dieses Typus in Hessen gesichert, so dass die Frage nach der Nutzung sich in Zukunft hier klären könnte.

2.2. Ringe

Im Allendorfer Hort befanden sich zusätzlich zu den vier Ringgehängen die fünfzehn Einzelringe Nr. 12–26 (Taf. 9,12–19; 10, 20–26) und ein Ringfragment Nr. 27 (Taf. 10, 27). Alle sechzehn Exemplare besitzen einen T-förmigen Querschnitt und eine zum Teil ganz, zum Teil nur partiell erhaltene innen umlaufende Gussnaht. Die Herstellung dieser Ringe erfolgte analog zu den eingehängten kleinen Ringen der Gehänge Nr. 8–10 im zweiteiligen Schalenguss. Nr. 16 und Nr. 22 zeigen noch Gusszapfenreste. Aus der Tabelle Nr.5 geht deutlich hervor, dass die Ringe Nr. 12 – Nr. 24 aus einer Gussform stammen. Ein Vergleich der abgenommenen größten Innen- und Außendurchmesser ergibt eine jeweilige Abweichung von 0,9 mm bzw. 1,7 mm. Innerhalb der Höhe weichen die Ringe um 0,1 cm voneinander ab.

Diese Werte korrespondieren mit jenen Werten, die D. Vorlauf im Rahmen seiner Gussexperimente zu den Ringgehängen feststellen konnte[113]. Die Abweichungen werden durch unsaubere Güsse, die an-

---

Einführung in Niedersachsens Urgeschichte II (Hildesheim 1963) Abb. 331.

[105] M. Solle, Halstatský Hromadný Nález z Rataji nad Sazávou. Pam. Arch. 43, 1947–48, 102–104 Abb. 1, 8.

[106] Ebd. Solle beschreibt die kleinen Ringe im Text als rundstabig, auf der Abbildung erscheinen sie T-förmig.

[107] F.-R. Herrmann, Zur Geschichte des Hortfundes von Gambach. Wetterauer Geschichtsblätter 16, 1967, 1–18; besonders 13 Abb. 5; 6; 7.

[108] Thrane 1975, 123 ff.

[109] Ebd. 126.

---

[110] Ebd. 123 f. 278 Liste 6–8.

[111] Ebd. Abb. 74. – Thrane nahm in seine Kartierung auch die Einzelringe aus dem Depot von Wallstadt auf.

[112] Ebd. 126.

[113] Vgl. Vorlauf 1990, Abb. 9.

IV. Bronzen

schließend unterschiedlich stark nachbearbeitet werden müssen, hervorgerufen[114].

KatNr.	Innen⌀ max. in cm	Außen⌀ max. in cm	Höhe max. in cm	Gewicht max. in g
12	2,88	3,82	0,39	9,05
13	2,96	3,80	0,30	6,25
14	2,92	3,87	0,36	7,00
15	2,89	3,92	0,35	7,15
16	2,87	3,83	0,40	7,95
17	2,91	3,81	0,37	8,65
18	2,93	3,85	0,30	5,45
19	2,90	3,80	0,34	5,95
20	2,91	3,81	0,37	6,80
21	2,93	3,85	0,33	5,15
22	2,93	3,75	0,38	6,40
23	2,96	3,82	0,34	4,35
24	2,91	3,83	0,35	5,90
max. Differenz	0,09	0,17	0,10	4,70
25	2,45	3,35	0,41	5,10
26	2,42	3,30	0,41	5,45

Tab. 5: Maße der Einzelringe Nr. 12–26

Das Fragment Nr. 27 ist aufgrund der erhaltenen Maße und der Krümmung zu den Ringen Nr. 12–24 zu zählen. Die zwei Ringe Nr. 25 und Nr. 26 stammen jedoch aus einer kleineren Gussform. Die beträchtliche Differenz der Gewichte ist meines Erachtens auf unterschiedliche Legierungen zurückzuführen[115].

Bei diesen sechzehn Exemplaren handelt es sich um solche Ringe, wie sie in den oben besprochenen Ringgehängen Verwendung fanden. Sie sind unter dieser Prämisse als unbenutzt anzusprechen, da kein Abrieb des umlaufenden Grates an den einzelnen Exemplaren festzustellen ist. Allerdings finden sich keine Entsprechungen der oben angegebenen Maße zu denen der eingehängten Ringe der Gehänge Nr. 8 – Nr. 11.

Vergleichbare Einzelringe, ebenfalls mit T-förmigem Querschnitt liegen aus dem HaB3-zeitlichen Depot von Wallstadt vor[116]. Die Datierung der Allendorfer Ringe erfolgt über den gesamten Fundkomplex und den Vergleichsfund.

3. Zierblech

3.1. Zierblech

Das Blech Nr. 28 (Taf. 11,28) wurde aus 0,6 mm dünnem Blech geschnitten und mit verschiedenen Ziertechniken gestaltet. Alle bandförmigen Zierelemente bestehen zunächst einmal aus feinen eingeritzten Linienbündeln, die zum Teil von kleinen eingeschlagenen Dreiecken oder von getriebenen Perlreihen begleitet werden. Ferner finden sich einzelne getriebene Buckel in der Mitte des Bleches und im Bereich der Mäander sowie getriebene plastische Leisten an den seitlichen Fortsätzen. Die Dekoration des Bleches war nicht symmetrisch angelegt, da trotz der starken Fragmentierung auf der rechten Hälfte maximal zwei die Mäander verbindende Bögen angenommen werden können[117]. Im Gegensatz dazu befinden sich auf der linken Seite drei dieser Bögen.

Das Zierblech gehört zu den wenigen Fundstücken des Hortes, die erst am 2.2.1943 bei der Nachsuche entdeckt wurden. Das Zierblech wurde in aufgerolltem Zustand und vom Spaten eingedrückt im Abraum aufgefunden[118]. Die Abb. 2 zeigt den Fund direkt nach der Bergung, deutlich ist noch zu erkennen, dass im originären Zustand vor der Präparation nicht nur der getriebene große Buckel in der Mitte erhaben gestaltet war, sondern auch der hier anschließende Teil des Bleches im Bereich der umschließenden ersten sieben Ritzlinien. Man kann weiter vermuten, dass das gesamte Blech ehemals eine gewisse Wölbung besaß, deren Ausmaß heute jedoch nicht mehr zu rekonstruieren ist, da das Stück nach der Reinigung[119] ob seiner fragilen Blechstärke fest auf Karton montiert wurde[120]. Dabei ging die gesamte Wölbung des Zierbleches verloren, erhalten blieben nur die

---

[114] Ebd. 369.

[115] Vgl. die Gewichte von Nr. 12 und Nr. 23. Der Ring Nr. 23 zeigt eine von den übrigen Ringen abweichende Patinafärbung, was auch als Indiz für eine anders geartete Legierung gesehen werden kann.

[116] Kimmig 1935, 117 Taf. 7, Abb.1, 1–5.

[117] Vgl. dazu (Taf. 11,28) Auf der linken Seite ist ca. 0,7 cm mehr Platz vorhanden.

[118] Vgl. Kapitel 2.

[119] Das Stück muss rezent gereinigt worden sein, da das obere Viertel vermehrt Kratzspuren und eine bronzefarbene Oberfläche zeigt, vgl. dazu die Beschreibung im Katalog Nr. 28.

[120] Uenze 1949/50, 210.

3. Zierblech

Buckel in ihrer Plastizität. Einzelne Fragmente des Bleches wurden bei der Montage falsch ergänzt[121].

Wie kritisch diese Montage aus heutiger Sicht zu beurteilen ist, zeigt sich, wenn die Frage nach der Funktion dieses Stückes beantwortet werden soll. O. Uenze sprach das Blech unter anderem als Gürtelschmuckplatte an, wies jedoch gleichzeitig darauf hin, dass sich keinerlei Vorrichtungen für eine Befestigung finden lassen, die ob der Fragilität bei einer Nutzung als Gürtelplatte zu erwarten wären. Da die Rückseite des Bleches nicht zu betrachten ist, können keine Aussagen hinsichtlich einer in diesem Zusammenhang von O. Uenze vermuteten Klebemasse gemacht werden. Er sah auch in den nur fragmentarisch erhaltenen Seitenfortsätzen eine Möglichkeit zur Befestigung[122], was ebenfalls als Spekulation zu bewerten ist. I. Kilian-Dirlmeier nahm das Zierblech in ihre Arbeit über Gürtel der Bronzezeit in Mitteleuropa auf, machte aber ebenfalls darauf aufmerksam, dass eine Nutzung als Gürtelblech nicht einwandfrei zu belegen ist[123].

An dieser Stelle muss betont werden, dass das Allendorfer Zierblech beim heutigen Forschungsstand als einzigartig zu bezeichnen ist, es existieren bislang keine Vergleichsfunde. In der Literatur wurde jedoch immer wieder auf die Bügelplattenfibel von Wittenhusen im Kreis Minden verwiesen[124]. Der Bügel dieser Fibel besitzt einen annähernd gleichen Umriss wie das Allendorfer Blech. Jedoch ist die Fibel nur ca. 6 cm breit, das Blech hingegen ca. 18 cm. Die Fibel wurde ferner gegossen und auch die Verzierung ist zum Großteil anders gestaltet. In geritzter Technik finden sich hier allerdings kleine Kreise umgeben von Ritzlinien und Punktreihen.

Allerdings lassen sich an den Zierelementen überregionale Bezüge ablesen; O. Uenze sah in dem Blech eine Kombination verschiedener Einflüsse. Für die Treibtechnik benannte er die süddeutsche Urnenfelderkultur, während er für das Dekor den nordischen Kreis anführte[125]. Insbesondere zum Mäandermotiv nannte er vorwiegend Vergleichsfunde aus der Periode V der nordischen Bronzezeit. Es handelte sich dabei um Pinzetten, ein Bronzebecken sowie die Endplatten von Halsreifen[126]. Das Motiv bleibt aber nicht auf Nordeuropa beschränkt, sondern findet sich darüber hinaus ebenfalls schon in der jüngeren Urnenfelderzeit in Ostfrankreich und der Schweiz auf Gürtelhaken vom Typ Larnaud[127]. Ferner ist eine mit Mäandern verzierte Nadelkopfplatte aus dem Depot von Goncelin, Dép. Isère in Ostfrankreich hier anzuführen[128].

Die Verwendung der Dreieckspunze konnte O. Uenze ebenfalls aus dem nordischen Kreis ableiten[129]. Die Verzierung der Blechmitte mit einem zentralen Buckel mit umlaufenden Ritzlinien stellt ein Dekorelement dar, das sich z.B. auf jüngerurnenfelderzeitlichen Gürtelblechen vom Typ Kapelna findet[130]. Ferner findet sich dieses Element als Zentralscheibe benannt auf zweiteiligen Blattbügelfibeln aus Mähren, die an den Beginn der jüngeren Urnenfelderzeit datiert werden[131]. Die mit Perlreihen gesäumten Ritzlinienbänder finden sich auf einigen süddeutschen Blattbügelfibeln[132].

Will man das Allendorfer Blech als Bestandteil einer Fibel interpretieren, so sind meines Erachtens die großen Blechbügel der oben angegebenen Blattbügelfibeln eher heranzuziehen, als das Wittenhusener Exemplar. Diese Bügel wurden ebenfalls aus Blech und zum Teil in erstaunlicher Größe gefertigt. Sie weichen hinsichtlich des Umrisses vom Allendorfer Blech etwas ab, jedoch finden sich einzelne Bestandteile dessen Verzierung in anderer Komposition hier wieder. Verfolgt man diesen Gedanken weiter, so könnte man sich die fehlenden Seitenfortsätze des Zierbleches wie z.B. an der mährischen Fibel von Stramberk denken[133]. Hier gehen die Seitenteile in

---

[121] Vgl. dazu die genaue Beschreibung dessen im Katalog Nr. 28. Kritisch dazu ebenfalls Hansen 1991, 126 Anm. 10.

[122] Uenze 1949/50, 210.

[123] S. Kilian-Dirlmeier 1975, 98 f. 395 m. Taf. 35, 395. Das Blech ist hier in einigen Details falsch wiedergegeben.

[124] Ebd. 99; Uenze 1949/50, 210 m. Anm. 32.

[125] Vgl. ebd. 210 f.

[126] Ebd. 212 m. Anm. 36–38. Diesen Vergleichsfunden können noch weitere Einzelstücke angeschlossen werden: O. Montelius, Minnen från vår Forntid. (Stockholm 1917) Taf. 80, 1228; Taf. 72, 1118. 1122; Taf. 91, 1361. 1362. 1364. Hier findet sich teilweise nur das sich um Buckel windende Band statt eines geschlossenen Mäanders.

[127] Vgl. Kilian-Dirlmeier 1975, 78 f. 99 Taf. 23, 276 Taf. 24, 280.

[128] F. Andouze/ J.-C. Courtois, Les Epingles du Sud-Est de la France. PBF XIII, 1 (München 1970) Taf. 8, 217. Das Stück wird in die Zeitstufe bronze final III datiert, ebd. 31.

[129] Uenze 1949/50, 212 m. Anm. 42. Weitere Beispiele bei Montelius (Anm. 125) Taf. 68, 1023. 1032; Taf. 72, 1105; Taf. 80, 1228; Taf. 82, 1242; Taf. 83, 1255. Es handelt sich hierbei um Artefakte aus den Perioden IV und V der nordischen Bronzezeit.

[130] Vgl. Kilian-Dirlmeyer 1975, 96 f. m. Taf. 35, 393. 394.

[131] Dazu J. Říhovský, Die Fibeln in Mähren. PBF XIV, 9 (Stuttgart 1993) 44 ff. Taf. 5, 47. 48. 49; Taf. 6, 51. S. ferner E. Sprockhoff, Die Spindlersfelder Fibel. In: Festschrift G. v. Merhart. Marburger Studien (Darmstadt 1938) 205–233 Taf. 88, 1. 4; Taf. 89, 5. Ebenso Uenze 1949/50, 210 f. m. Anm. 33–35.

[132] Vgl. P. Betzler, Die Fibeln in Süddeutschland, Österreich und der Schweiz. PBF XIV, 3 (München 1974) 55 f. 116–119; Taf. 8, 116. 117. 118. 119. Diese Fibeln datieren in die Zeitspanne vom Ende der älteren bis in die jüngere Urnenfelderzeit.

[133] Dazu Říhovský (Anm. 131) Taf. 5, 49. Gemeint ist in diesem Zusammenhang der linke, rechteckige Fortsatz des Bügels.

IV. Bronzen

den Draht über, der die Spiralen bildet. Die hier ausgeführten Thesen sind derzeit noch nicht zu belegen, neue Ergebnisse könnte nur eine vollständige Restauration des Bleches ergeben.

Es wird allerdings deutlich, dass die einzelnen Dekorelemente, bis auf die gepunzten Dreiecke, in der südlichen Urnenfelderkultur beheimatet sind und dort schon in der älteren Urnenfelderzeit beginnen. Ebenso entstammt die Verwendung eines dünnen Bleches diesem Raum. Bezüglich des Mäandermotives liegen die besten Parallelen aus dem nordischen Kreis vor. Für den Umriss des Bleches fehlen bislang weitgehend Vergleichsstücke, als dass man es hinsichtlich seiner Funktion sicher rekonstruieren könnte. Demnach kann dieses Stück bislang nur als Zierblech benannt werden, da dieser Begriff weiteren Spielraum für zukünftige Interpretationen lässt. Deutlich wird an diesem Artefakt das Zusammenspiel von Gestaltungsprinzipien unterschiedlicher Kulturräume. Die Datierung des Stückes kann nur über den Gesamtkontext des Hortes erfolgen.

3.2. Blechfragmente

Es fanden sich zusätzlich zu dem Zierblech zwei kleine, an allen Kanten fragmentierte Blechstücke, die unter der Nr. 29 (Taf.12,29) im Katalog aufgeführt werden. Sie entsprechen zwar hinsichtlich der Blechstärke dem Zierblech, können aber aufgrund ihrer Verzierung[134] und der starken Fragmentierung nicht ergänzt werden. Vielmehr scheint es sich hier um Reste eines weiteren aus Bronzeblech gearbeiteten Artefaktes zu handeln.

4. Schmuck und Trachtbestandteile

4.1. Armringe

Der Armring Nr. 30 (Taf. 12,30) wurde massiv gegossen und mit paarweise eingetieften Kerben verziert. Die heute jedoch nur noch partiell erhaltene Astragalierung ist auf das längere Tragen des Ringes, vielleicht in einem Ringsatz[135], zurückzuführen.

O. Uenze ordnete dieses Stück der von W. Kimmig 1935 beschriebenen Ringgruppe mit D-förmigem Querschnitt und feiner Rippenzier zu, die er in den Abschnitt HaB einordnete[136]. E. Vogt benannte unter anderem an diesem Typ seinen Rippenstil für die späten Pfahlbaufunde[137]. 1970 wurde von I. Richter im Rahmen der PBF-Edition der bronzezeitliche Arm- und Beinschmuck Hessens vorgelegt und ist somit gut zu überblicken. I. Richter benannte diese Ringform als Typus Homburg nach ihrem gehäuften Vorkommen in den eponymen Hortfunden[138].

Diese Ringform findet sich in Hessen sowohl in massiver als auch in hohler Form. Der Querschnitt und die Endenbildung unterliegen einer größeren Variationsbreite. So existieren neben glatten und verjüngten Enden solche mit Pfötchenbildung. Letztere finden sich auch am Allendorfer Stück und scheinen zumindest in Hessen zu überwiegen[139]. K. Pászthory konnte für die schweizerischen Funde nachweisen, dass glatte Enden in der Regel nur an Beinringen dieses Typus auftreten[140]. Die Typenbenennung erfolgte jedoch ausschließlich über den Zierstil, da sich gleiche Querschnitte und Endenbildungen natürlich auch an anderen Ringtypen aufzeigen lassen.

Die Benennung des Allendorfer Ringes als Armring kann nur über den Innendurchmesser erfolgen. M. Bernatzky-Goetze hatte für den in Mörigen gefundenen Ringschmuck bestimmte Innendurchmesser zur Definition der Trageweise vorgeschlagen. Für Handgelenkringe nahm sie 5–7 cm, für Fußgelenkringe 8–10 cm und für Kinderringschmuck maximal 4,5 cm an[141]. Das Allendorfer Stück Nr. 30 besitzt einen Innendurchmesser von 6,25 cm und ist demnach als Armring anzusprechen. Allerdings liegen in Mörigen zum Großteil offene Ringformen vor, die natürlich bei einem geringeren Innendurchmesser übergestreift werden konnten als geschlossene Ringformen. An dem Allendorfer Stück liegen die Enden jedoch so nahe beieinander, dass er entweder als geschlossener Ring zu betrachten ist und somit zum Überstreifen ein größerer Innendurchmesser notwendig war, als er von M. Bernatzky-Goetze vorgeschlagen wurde. Oder aber der Ring wurde erstmalig offen übergestreift und anschließend angepasst, so dass er permanent getragen werden konnte bzw. musste.

---

[134] Vgl. die Beschreibung dessen im Katalog Nr. 29.

[135] Belege für die Trageweise von Ringsätzen liegen u.a. aus dem Depot I vom hessischen Bleibeskopf vor. Sechs Schaukelringe vom Typ Homburg waren mit Schlagmarken versehen worden und ergaben einen ursprünglichen Satz von sieben Ringen. Allerdings handelt es sich hier um Beinringe, vgl. A. Müller-Karpe, Neue Bronzefunde der späten Urnenfelderzeit vom Bleibeskopf im Taunus. Fundber. Hessen 14, 1974, 204 ff. Abb. 2A.

[136] Uenze 1949/50, 207 vgl. dazu Kimmig, 1935, 118 f.

[137] E. Vogt, Der Zierstil der späten Pfahlbaubronzen. Zeitschr. Schweizer. Arch. u. Kunstgesch. 4, 1942, 195 ff. z. B. Taf. 77, 5.

[138] Richter 1970, 155 ff.

[139] Ebd. 155 f.

[140] Pászthory 1985, 173.

[141] Vgl. Bernatzky-Goetze 1987, 73 f.

Generell überwiegen innerhalb der hessischen Funde von Homburgringen deutlich die Beinringe[142].

Datiert wurde der Ringtypus Homburg von I. Richter in die Stufe Wallstadt (HaB3) über sein Vorkommen in den endurnenfelderzeitlichen Horten von Frankfurt, Hochstadt, Homburg und Ockstadt[143].

Die Verbreitung dieser Ringform erstreckt sich auf Hessen, Baden-Württemberg sowie die Schweiz und Frankreich. Darüber hinaus finden sich Homburgringe vereinzelt im Saarland, in Bayern und Mitteldeutschland[144]. Eine deutliche Fundkonzentration zeichnet sich jedoch in Hessen ab, hierher stammen allein fünfundfünfzig Exemplare[145]. K. Pászthory nahm für die schweizerischen Funde zwar eine lokale Produktion an, vermutete die Herkunft dieser Form jedoch ebenfalls im südwestdeutschen Raum, aufgrund der hier zu verzeichnenden höheren Fundzahlen[146].

W. Kimmig sprach 1935 davon, dass die hohl gegossenen Ringe dieses Typus aus dem westschweizerisch-ostfranzösischen Raum stammen, während die massiven Ringe einer „mehr östlich gelegene Zone" angehören würden[147], er führte diese These jedoch nicht weiter aus. Zumindest der Vergleich der hessischen und schweizerischen Funde scheint dies nicht zu bestätigen, da in beiden Gebieten die massiven Ringe überwiegen[148]. Detailliertere Aussagen könnten nur auf der Basis großräumiger Aufarbeitungen getroffen werden, die jedoch noch weitgehend fehlen.

Bei dem kleineren Ring Nr. 31 (Taf. 12,31) kann aufgrund der stark beanspruchten Oberfläche die ursprüngliche Verzierung nicht mehr mit Sicherheit erschlossen werden. Im Bereich der übereinander gebogenen Enden sind noch Strichbündelverzierungen zu erkennen, von denen eine schräg geführt wurde. Da sich auf dem umlaufenden Ringkörper noch Reste gerader Strichbündel finden, lässt sich an dieser Stelle nur vermuten, dass der Ring ehemals mehrere davon trug bzw. analog zu Nr. 30 umlaufend damit verziert war.

Aufgrund der heute nicht mehr erhaltenen Typenmerkmale kann der kleinere Allendorfer Ring keiner Ringgruppe zugeordnet werden. Aufgrund seines Innendurchmessers von 4,05 cm ist er als Kinderring anzusprechen. Die umgebogenen Enden können als Anpassung eines zu großen Ringes an ein Kinderhandgelenk interpretiert werden oder der Ring wurde in dieser Weise verengt, so dass er permanent getragen wurde.

4.2. Anhänger

Zu dem Inventar des Hortes zählen vier rasiermesserförmige Anhänger, von denen Nr. 32–34 (Taf. 12,32–34) aus einer Gussform stammen, da sie sich in Form, Größe und Querschnitt gleichen. Die Herstellung erfolgte in einem zweiteiligen Schalenguss. Dies lässt sich an der Verschiebung der Gusshälften gegeneinander ablesen. Das Exemplar Nr. 35 (Taf. 12,35) ist kleiner und die Öse ist anders gestaltet[149].

O. Uenze war der Meinung, dass die Anhänger in unbenutztem Zustand deponiert wurden[150]. Dies lässt sich jedoch an den Objekten nicht eindeutig ablesen.

Ferner rechnete er die Anhänger zu jener großen Gruppe von Klapperblechen unterschiedlicher Formen, die W. Kimmig 1935 kurz umrissen hatte[151]. Dieser sprach in diesem Zusammenhang von offenen und geschlossenen Formen, die von G. Kossak später als Rasiermesser- und Scheibenanhänger benannt und hinsichtlich ihrer Verbreitung untersucht wurden. Zeitlich ordnete G. Kossak die Rasiermesseranhänger einheitlich in die Stufe HaB ein und sah ihren Ursprung in Frankreich und der Westschweiz. Die hessischen Funde deutete er als Importe[152]. G. Jacob-Friesen erweiterte die Kartierung und es verdeutlichten sich die Verbreitungsschwerpunkte im mittleren Ostfrankreich, der Westschweiz und in Südwestdeutschland[153].

U. Wels-Weyrauch arbeitete im Rahmen der PBF-Edition unter anderem die Anhänger in Südwestdeutschland auf. Sie fasste die größeren geschlosse-

---

[142] Dazu Richter 1970, 156, 898 ff.

[143] Ebd. 159.

[144] Vgl. Pászthory 1985, 175 f. mit einer Verbreitungskarte der schweizerischen Funde auf Taf. 187B. Eine solche Kartierung der hessischen Funde fehlt bislang, jedoch scheinen sie sich im Rhein-Main-Gebiet, dem Verbreitungsschwerpunkt der Hortfunde, zu konzentrieren.

[145] Richter 1970, 156 ff.

[146] Pászthory 1985, 176.

[147] Kimmig 1935, 118 f.

[148] Vgl. dazu Richter 1970, 156–159: 49 massive Ringe (Nr. 898–946) und 6 hohl gegossene (Nr. 947–952); vgl. ferner Pászthory 1985, 173–175: 32 massive Ringe (Nr. 1107–1138) und 5 hohl gegossene Exemplare (Nr.1139–1143).

[149] Vgl. Kat.-Nr. 32–35.

[150] Uenze 1949/50, 219.

[151] Ebd.; Kimmig 1935, 121.

[152] G. Kossak, Studien zum Symbolgut der Urnenfelder- und Hallstattzeit Mitteleuropas. (Berlin 1954) 76; 96 f. Liste E Taf. 25.

[153] G. Jacob-Friesen, Skerne und Egemose. Acta Archaeologica 40, 1969, 149 Abb. 7.

IV. Bronzen

nen Scheibenanhänger und die kleineren Rasiermesseranhänger, wie sie in Allendorf vorliegen, zur Gruppe der Rasiermesseranhänger zusammen und bestätigte die Ergebnisse von G. Kossak und G. Jacob-Friesen[154]. Die im Rahmen dieser Arbeit aufgenommenen Funde stammen alle aus Depots oder Siedlungen, so dass eine Aussage zur Funktion der Anhänger nur schwer zu treffen ist. Im Depot von Wallerfangen sind zweimal zwei geschlossene Anhänger durch einen offenen Bronzering verbunden, so dass sie vielleicht als Klapperschmuck befestigt waren[155]. Inwieweit dies auf die kleineren und unverzierten Exemplare aus Allendorf übertragen werden kann, ist derzeit nicht zu beantworten.

Die besten Parallelen finden die Allendorfer Stücke in den Depots von Brebach im Saarland, Kaiserslautern in Rheinland-Pfalz sowie in einem Einzelfund aus dem Bereich der Ringwallanlage des Bleibeskopfes bei Bad Homburg in Hessen[156]. Ein weiteres Exemplar stammt aus einem frühurnenfelderzeitlichen Grabkontext in Niederbayern[157]. Weitere Vergleichsfunde stammen aus einzelnen schweizer Seerandstationen[158]. Generell werden die Rasiermesseranhänger über ihr Vorhandensein in endurnenfelderzeitlichen Horten datiert[159].

4.3. Ringe

Die zwei kleinen geschlossenen Ringe Nr. 36 und Nr. 37 (Taf. 13,36..37) sind in zweischaligen Formen massiv gegossen worden. Diese Ringlein finden sich im gesamten Raum der mitteleuropäischen Urnenfelderkultur. Sie liegen aus Depots[160], Gräbern[161] und in besonders großer Zahl aus den schweizer Seerandstationen[162] vor.

Als so genanntes „Ringgeld" sind sie Anfang des Jahrhunderts bekannt geworden. Diese Interpretation geht auf Funde aus den Seerandstationen zurück, in denen man mehrere kleine Ringe auf einen größeren aufgefädelt vorfand[163]. In der heutigen Forschung geht man davon aus, dass diese Ringe als Einzelbestandteile in unterschiedlichen Schmuckensembeln fungierten. Im Gegensatz zu dem ersten Interpretationsansatz liegen für diesen archäologische Befunde in größerer Zahl vor. Abnutzungsspuren an den in Mörigen gefundenen Ringen sprechen für eine solche Trageweise[164], z.B. als Bestandteil von Ringketten oder von Schmuckgehängen[165]. Zum Teil können einzelne Ringe wohl auch als Fingerringe angesprochen werden[166].

Das Allendorfer Stück Nr. 36 liegt mit einem Außendurchmesser von 2,1 cm genau innerhalb der als typisch ermittelten Werteskala von 1,5–2,5 cm[167].

Die Zeitstellung dieser Ringe umfasst die gesamte Urnenfelderkultur, so dass die Allendorfer Stücke über den Gesamtkontext des Hortes datiert werden.

4.4. Knopfscheiben

Von den zwei Knopfscheiben wurde Nr. 38 (Taf. 13,38) in intaktem Zustand deponiert, wohingegen Nr. 39 (Taf. 13,39) in der Mitte alt ausgebrochen war und durch zwei sekundär angebrachte Löcher

---

[154] Wels-Weyrauch 1978, 125 ff.

[155] Ebd. 128. An dieser Stelle muss noch einmal auf die Zusammenfassung von Scheiben- und Rasiermesseranhängern durch Wels-Weyrauch (Anm. 153) eingegangen werden. So scheint Kossak (Anm. 151) 96 f. Liste E die Scheibenanhänger in Zusammenhang mit den Tinntinabula gesehen zu haben, da er sie hier gemeinsam aufführte. Wels-Weyrauch 1978, 123 m. Anm. 1 unterschied die mit Tinntinabula in Verbindung stehenden Anhänger ob der Größe und der Art der Aufhängevorrichtung von jenen Scheibenanhängern, die sie als Rasiermesseranhänger benannte. Hier stellt sich die Frage, wie sinnvoll es ist, formal etwas anders gestalteten und kleineren Anhänger, wie sie in Allendorf vorliegen, ebenfalls zu den Rasiermesseranhängern zu zählen. Denn für einen Teil der Scheibenanhänger oder auch Rasiermesseranhänger, je nach Benennung, scheint der Bezug zu den Tinntinabula belegt, die kleineren Anhänger scheinen jedoch generell nicht in diesen Zusammenhang zu gehören.

[156] Wels-Weyrauch 1978, 127 f. 754. 755. 760. 761.

[157] H.-J. Hundt, Katalog Straubing II (Kallmünz/Opf 1964) 13 f.; 63 Grab 31; Taf. 62, 18; s. ferner dazu U. Wels-Weyrauch, Die Anhänger in Südbayern. PBF XI, 5 (Stuttgart 1991) 82, 702; Taf. 28, 702.

[158] Z. B. Rychner-Faraggi 1993, Taf. 80, 21–23; Rychner 1979, Taf. 97, 18. 19. 21. 22. Darunter befindet sich auch ein verziertes Exemplar.

[159] Wels-Weyrauch 1978, 128.

[160] Vgl. z.B. Herrmann 1966, Taf. 187, 14–21: acht Ringe mit dreieckigem Querschnitt aus den Homburg-Horten; ebd. Taf. 198, 10: zwei Ringe hängen durch ein Bronzeband verbunden an einem Nadelkopf, Hort von Ockstadt, Kr. Friedberg; s. ferner Müller-Karpe 1948, Taf. 37, 18–23: der Hortfund von Hanau, Dunlopgelände, neunzehn rundstabige Einzelringe und drei kleine Gehänge.

[161] Im älterurnenfelderzeitlichen Grab von Gammertingen, Kr. Sigmaringen fanden sich vierzig Exemplare, s. dazu Kimmig / Schiek 1957, Taf. 19, 1–40. S. ferner Dobiat 1994, Taf. 7, 4; Taf. 47, 11–12; Taf. 83, 4. Diese Grabfunde stammen aus der Zeitspanne HaA2–B1.

[162] Z.B. Bernatzky-Goetze 1987, Taf. 163, 87–164; Taf. 164, 125. 126; Taf. 165, 1–7; Aus der Seerandstation Hauterive-Champréveyres liegen drei Depots solcher Ringe mit 250, 270 und 400 Exemplaren vor, s. dazu Rychner-Faraggi 1993, 57 ff. Taf. 101–111. s. ferner Rychner 1979, Taf. 94 f.

[163] Kimmig 1940, 113 f.; Bernatzky-Goetze 1987, 100.

[164] Vgl. Bernatzky-Goetze 1987, 100.

[165] Dazu Rychner-Faraggi 1993, 59 m. Abb. 59.

[166] Vgl. Bernatzky-Goetze 1987, 100 m. Anm. 451.

[167] Ebd. 101 Abb. 106. Ähnliche Werte ermittelte Rychner-Faraggi 1993, 60 Abb. 64.

weitergenutzt werden konnte. Hier ist also nur von einer Teilfragmentierung zu sprechen, die die weitere Nutzung des Stückes nicht ausschloss.

Die Benennung der zwei Stücke als Knopfscheiben ist darauf zurückzuführen, dass sowohl eine Funktion als Knopf z.B. zur Gewandschließung als auch als Zierscheibe möglich ist[168].

Zur Befestigung von Nr. 38 diente die rückseitig angegossene Öse, durch die z.B. ein Lederriemen gezogen werden konnte. Für das Stück Nr. 39 ist für den originären Zustand ebenfalls eine solche Öse anzunehmen, die nach Ausbruch durch zwei Löcher ersetzt wurde. Wie die Befestigung dieser Knöpfe bzw. deren Nutzung tatsächlich aussah, ist bislang strittig. Man geht zum Teil davon aus, dass sie zur Dekoration auf Kleidung oder Gürteln befestigt wurden[169]. Ferner werden sie allgemein zum Pferdegeschirr gerechnet[170].

G. v. Merhart befasste sich mit der Herkunft und Verbreitung sowie mit der Klassifizierung solcher Scheiben, die er als Faleren benannte. Er hatte dabei jedoch die größeren und verzierten Stücke vor Augen. Er wies bereits darauf hin, wie strittig die Zuweisung dieser Artefaktgruppe zum Pferdegeschirr ist[171]. M. Bernatzky-Goetze konnte hingegen einige frühurnenfelderzeitliche Gräber sowie HaB3-zeitliche Horte anführen, in denen Faleren mit Pferdegeschirr vergesellschaftet auftauchen, so dass zumindest für einen Teil dieser großen Gruppe eine Zugehörigkeit zum Pferdegeschirr nicht auszuschließen ist[172]. Für die großen und verzierten Stücke konnte A. Jockenhövel belegen, dass sie seit Beginn der Urnenfelderzeit in reichen Gräbern auftauchen[173] und P. Schauer vermutete für solche Exemplare eine Befestigung auf Lederharnischen[174].

Die Diskussion um die Funktion der Faleren kann hier nicht weiter ausgeführt werden. Festzuhalten bleibt, dass die oben angeführten Funktionsvorschläge sich an den großen und zum Teil prächtig verzierten Stücken orientieren. Die Allendorfer Exemplare sind zwar im weitesten Sinn zu den Faleren zu rechnen, doch ihre schlichte Form legt die Benennung als Knopf oder Knopfscheibe nahe, da die hier implizierte Funktion den schlichten Artefakten gerechter wird.

Diese Scheibenknöpfe sind für die gesamte Spätbronzezeit belegt und stammen aus Gräbern[175], Depots[176] und in größerer Anzahl aus den Seerandstationen der Schweiz[177]. Datiert werden die beiden recht unspezifischen Stücke aus Allendorf über den Gesamtkontext des Hortes.

4.5. Drahtspiralen

Im Allendorfer Depot befanden sich die sieben Drahtspiralen Nr. 40 – Nr. 46 (Taf. 14,40–43; 15,44–46), von denen sich die Stücke Nr. 40 – Nr. 43 ähneln. Ihre Innendurchmesser liegen zwischen 3,2 und 3,7 cm. Typisch für diese Schmuckform sind die Endenbildungen: Eines wurde schleifenartig umgelegt, so dass der Draht doppelt geführt werden konnte, das andere Ende wurde umeinander gedreht[178]. Alle sieben Stücke sind aus rundstabigem Draht gefertigt worden. Nr. 40 und Nr. 41 sind durch eine aufgefädelte Kreisaugenperle verziert worden[179].

Allgemein werden solche Spiralen in der Literatur unter den Begriffen Lockenspirale, Schleifenring oder Noppenring geführt[180]. Ob ein Teil dieses Schmucks wirklich im Haar getragen wurde, lässt sich aufgrund fehlender Befunde nicht entscheiden. Sie sind aber mit Sicherheit zur Trachtausstattung zu zählen, da sie in älterurnenfelderzeitlichen Bestattungen mit Brandspuren auftauchen, so dass sie mit dem oder der Toten verbrannt wurden[181]. Aufgrund der geringen Größe wird ein Teil dieser Spiralen auch als Finger- oder Ohrschmuck angesprochen[182]. Dies

---

[168] Anderer Meinung ist Bernatzky-Goetze 1987, 94, die ab einem Durchmesser von 4 cm nicht mehr von Knöpfen, sondern von Scheiben spricht.

[169] Vgl. Hansen 1991, 129; Bernatzky-Goetze 1987, 94.

[170] Uenze 1949/50, 207; Hansen 1991, 129.

[171] G. v. Merhart, Über blecherne Zierbuckel (Faleren). Jahrb. RGZM 3, 1956, 28 ff. Die Allendorfer Stücke bzw. dieser schlichte Typus findet hier keine Erwähnung.

[172] S. Bernatzky-Goetze 1987, 94 m. Anm. 397.

[173] Vgl. Jockenhövel 1974, 59.

[174] Dazu P. Schauer, Deutungs- und Rekonstruktionsversuche bronzezeitlicher Kompositpanzer. Arch. Korrbl. 12, 1982, 335 ff.

[175] S. (Anm. 173); ein schlichtes Exemplar stammt aus dem Grab von Gammertingen, Kr. Sigmaringen, s. dazu Kimmig/Schiek 1957, 69, Taf. 18, 34; s. ferner Herrmann 1966, Taf. 71, 20–21; Taf. 114, A.

[176] So z.B. in den Homburg-Horten in unterschiedlichen Ausführungen: Herrmann 1966, Taf. 188. Das Depot I von Wallerfangen im Saarland enthielt mehrere Knopfscheiben: Kibbert 1984, Taf. 96, 18–25; in Hort VII vom Bleibeskopf bei Bad Homburg fand sich ein Exemplar, das dem Allendorfer Stück Nr. 38 entspricht, Kibbert 1984, Taf. 92, 4; s. ferner Müller-Karpe 1948, Taf. 37, 11. 14. 17 der Hort von Hanau/Dunlopgelände.

[177] Z.B. Rychner 1979, Taf. 101, 21–39; Taf. 102, 1–7. 15; s. ferner Rychner-Faraggi 1993, Taf. 85–88.

[178] Kimmig 1940, 112.

[179] Die detaillierte Diskussion der Glasperlen erfolgt in Kapitel V.

[180] Vgl. Haevernick 1949/50, 214; Stein 1976, 172; von Berg 1987, 134; Kimmig 1940, 112.

[181] Dazu Dobiat 1994, 133.

[182] Vgl. Kimmig 1940, 112.

IV. Bronzen

könnte auf das kleine Allendorfer Stück Nr. 45 zutreffen.

Eine umfassende und großräumige Bearbeitung dieser Schmuckform fehlt bislang. Man geht zwar in der Literatur davon aus, dass diese in der südwestdeutschen Urnenfelderkultur selten vertreten ist[183], jedoch zeichnen sich für das Neuwieder Becken und Rheinhessen größere Fundzahlen ab, so dass man hier eine regional begrenzte Trachtform vermutete[184].

Weitere Parallelen zu den Allendorfer Stücken finden sich vereinzelt in älteren Gräbern des Marburger Raumes[185]. Auch aus dem süddeutschen Gebiet lassen sich Vergleichsfunde nennen[186]. Entsprechende Stücke aus hessischen Hortfunden sind mir nicht bekannt.

Eine Parallele zu den mit Glasperlen verzierten Stücken stammt aus Niedersachsen. Hier fand sich in der Lichtensteinhöhle bei Osterode im Landkreis Osterode am Harz eine Spirale aus flachem bis spitzovalem Draht. Eine einfache blaue Glasperle war auf dünnen Bronzedraht aufgefädelt in die Spirale eingehängt worden. Dieser Fund stammt aus der jüngeren nordischen Bronzezeit[187].

4.6. Spiralröllchen

Von den sechs Spiralröllchen Nr. 47 – Nr. 53 (Taf. 15,47–53) wurde Nr. 53 aus flachem, die übrigen aus flach dreieckigem Bronzeband aufgerollt. Die Stücke Nr. 47 – Nr. 50 entsprechen sich ferner hinsichtlich der Anzahl der Windungen.

Dieser Spiralschmuck gehörte während der gesamten Bronzezeit zur Trachtausstattung und findet sich seit der Hügelgräberbronzezeit in Rhein-Mainischen Grabinventaren[188].

Da diese Schmuckform gleich bleibend gestaltet wurde, ist sie chronologisch nicht zu differenzieren und die Allendorfer Stücke werden über den Kontext des gesamten Hortes datiert. Vergleichsfunde aus endurnenfelderzeitlichen Horten sind sehr selten[189]. Dahingegen sind Spiralröllchen in sehr großer Zahl aus den schweizer Seerandstationen überliefert[190].

Man muss sich diese Röllchen als Kettenglieder aufgefädelt vorstellen, häufig kombiniert mit Perlen aus unterschiedlichen Materialien[191]. Ein frühurnenfelderzeitlicher Grabbefund aus Grundfels im Landkreis Lichtenfels in Oberfranken ergab ein stirnbandartiges Diadem aus Spiralröllchen[192].

---

[183] Ebd. 112.

[184] S. von Berg 1987, 134 f. m. Anm. 284.

[185] Vgl. dazu Dobiat 1994, 132 m. Anm. 319: das Grab im Forstort „Zechspan" enthielt zusätzlich zur Drahtspirale einzelne Glasperlen.

[186] S. Schopper 1995, 53 f. m. Anm. 283 f., hier wird ebenfalls bemerkt, wie schwierig die Frage nach der Trageweise zu beantworten ist.

[187] Wegner 1996, 397, 14.1 m. Abb. 122, 6. Solche Drahtgehänge verweisen in die jungbronzezeitliche, thüringische Unstrutgruppe. Sie werden dort in den Abschnitt HaB2/3 datiert, s. dazu S. Flindt, Die Lichtensteinhöhle bei Osterode. Die Kunde N.F. 47, 1996, 456 mit weiterführender Literatur. – In mitteldeutschen Horten fanden sich ähnliche Spiralen, jedoch aus Golddraht, vgl. von Brunn 1968, Taf. 149, 4; 156, 1. 2.; 176, 1–6. 10–12. Diese gehören jedoch in den Abschnitt HaA1–B1.

[188] Wels-Weyrauch 1978, 168 Tab. 3A.

---

[189] Vgl. Herrmann 1966, Taf. 187, 35: in den Homburg-Horten fanden sich mehrere Fragmente von Spiralröllchen aus flachem Bronzeband analog zu dem Allendorfer Stück Nr. 53; in großer Anzahl fanden sich Spiralröllchen auch im jungbronzezeitlichen Hortfund von Quedlinburg, s. dazu von Brunn 1968, Taf. 133, 1. 2. 4.

[190] Vgl. Rychner-Faraggi 1993, Taf. 89–93; Rychner 1979, Taf. 100, 29–52.

[191] In Hauterive-Champréveyres haben sich Spiralröllchen in der Verbindung mit sogenannten Pfahlbautönnchen überliefert: Rychner-Faraggi 1993, 74 Taf. 11.

[192] Dazu R. Feger/M. Nadler, Beobachtungen zur urnenfelderzeitlichen Frauentracht. Germania 63, 1985, 1 ff. Abb. 1.

V. Glasperlen

Zum Allendorfer Hort gehören 51 Glasperlen unterschiedlicher Farbgebung und Verzierung. Sie werden unterteilt in monochrome und polychrome Perlen, wobei die letzte Gruppe nach der heutigen Grundfarbe in zwei Untergruppen, daß heißt in blaue und schwarze Perlen aufgesplittert wird. Diese Differenzierung läßt sich erklären, da diese zwei Grundfarben mit jeweils unterschiedlichen Gruppen von Perlentypen zu verbinden sind. Jedes Einzelstück erfuhr darüber hinaus im Katalog eine differenzierte Farbbeschreibung, die weit über die augenscheinliche Benennung hinausführt[193].

Es scheint sich bei den als monochrom blau beschriebenen Perlen um Farbnuancen zweier Grundfarben zu handeln, deren Entstehung durch die Quantität der zugeschlagenen Färbemittel bedingt ist. Ähnliches gilt für die übrigen Perlen, auch hier ist teilweise die Komposition der einzelnen Färbemittel zu beachten.

Generell gestaltete man die Farbe des Glases durch die Zugabe von Metalloxiden; so erzeugte man unterschiedlich helle Blautöne durch Kupfer, dunkle Blautöne durch Kobalt. Opaque weißes Glas erhielt man durch die Beimengung von Calciumantimonat[194], opaque gelbes Glas entstand durch Bleiantimonat[195]. In reduzierter Schmelze erhielt man durch Kupferoxid einen Rotton[196]. Schwarz erscheinendes Glas besteht häufig aus einem dicht gefärbten und dunklen violetten, blauen oder grünen Glas. Der Eindruck der Farbe Schwarz entsteht dann, wenn von der Rückseite kein Licht durch das Glas fallen kann[197].

1. Typenchronologische Betrachtung

Die 51 Glasperlen unterschiedlicher Farbgebung und Verzierung verteilen sich auf 47 intakte Exemplare und 4 nur in Fragmenten erhaltene Stücke. Sie werden hier zunächst unter typenchronologischen Gesichtspunkten betrachtet und in die entsprechenden Vorlagen aus der Forschung hinsichtlich Typus, Datierung und Verbreitung eingeordnet. Im nächsten Schritt werden chemische Analysen an ausgewählten Einzelstücken die hier erzielten Ergebnisse erweitern; dort finden sich dann auch differenzierte Darstellungen u.a. zur Herstellung sowie zur Farbgestaltung und Trübung der Gläsern.

Es existieren verschiedene Herstellungstechniken für Glasperlen. Man differenziert in der Literatur unter anderem zwischen Falten und Wickeln[198]. Die jeweils genutzte Technik läßt sich am Verlauf der Glasmatrix sowie am Vorhandensein von Nähten ablesen. Gefaltete Perlen besitzen eine Naht, die über die gesamte Höhe des Stückes verläuft. Sie entsteht, wenn ein Glasstab in passender Größe leicht erhitzt und über einen Stab gebogen an den Enden verbunden wird. Bei dieser Technik handelt es sich um die einfachste Variante, da der Glasstab nicht stark erhitzt werden muß und die Glasmasse so leichter zu kontrollieren ist[199]. Gewickelte Perlen zeigen häufig eine etwas unregelmäßige Form, diese wird durch die unterschiedliche Stärke des erhitzten Glasfadens hervorgerufen. Die Glasmatrix dieser Perlen verläuft waagerecht zur Durchlochung. Ein Glasfaden wird um einen in Tonschlicker getauchten, spitz zulaufenden Stab gewickelt. Teilweise finden sich Reste dieses Schlickers im Bereich der Durchlochung. Wie glatt die Oberfläche und wie gleichmäßig die Form der Perle ist, hängt ferner davon ab, ob das Stück bei noch entsprechender Temperatur nachrolliert wurde. Die Qualität der Glasmatrix wird bestimmt durch die Anzahl und die Größe der vorhandenen Lufteinschlüsse.

1.1. Monochrome Glasperlen

Zu dieser Gruppe zählen die fünfzehn intakten Stücke Nr. 54 – Nr. 68 (Taf. 16,54–60; 17,61–68) sowie drei unterschiedlich stark fragmentierte Exemplare Nr. 69 – Nr. 71. Die Grundfarbe Türkis findet sich

---

[193] MICHEL-Farbenführer. 36. Aufl. (München 1992). Innerhalb des Textes wird die augenscheinliche Farbgebung benutzt, so wird hier hinsichtlich der jeweiligen Grundmatrix differenziert zwischen opaque und translucent, sowie den Farben Türkis, Dunkelblau, Hellgrün und Schwarz.

[194] Henderson 1993, 112 f.

[195] Vgl. K. Kunter, Glasperlen der vorrömischen Eisenzeit IV. Schichtaugenperlen. Marburger Studien zur Vor- und Frühgeschichte 18 (Espelkamp 1995) 87.

[196] Dazu Bezborodov 1975, 64.

[197] Stern/Schlick-Nolte 1994, 21.

[198] Vgl. Venclová 1990, 32 mit weiteren Techniken, die jedoch für das Allendorfer Material nicht von Belang sind. Anschaulich ist die Darstellung der Perlenherstellung bei T. Gam, Prehistoric glass technology. Journal Danish Arch. 9, 1990, 203-213. Allerdings bezieht sich der Aufsatz auf wikingerzeitliche Glasfunde; s. besonders Abb. 1 und 4.

[199] Nach der freundlichen Auskunft und anschaulichen Darstellung durch P. Heinz, Kunstglasbläser am Glasmuseum Wertheim.

V. Glasperlen

hier in zahlreichen Nuancen, alle Perlen sind translucent.

Die größeren Exemplare Nr. 54 – Nr. 62 sind alle gewickelt[200] und unterschiedlich gut nachrolliert worden[201]. Die kleineren Perlen Nr. 63 – Nr. 68 sind aus Glasstäben gefaltet worden. Dies ist noch deutlich an Nr. 63 und Nr. 64 zu erkennen, da hier die Stabenden nicht verbunden sind und eine Lücke entstanden ist. Die Perlen Nr. 65 – Nr. 67 zeigen deutlich eine senkrechte Naht.

Die intakten Perlen lassen sich in zwei Qualitätsgruppen aufteilen. Die der ersten verfügen über eine feine Glasmatrix, eine glatte bis sehr glatte Oberfläche und eine gleichmäßige Form. Dazu zählen die Perlen Nr. 55, 56, 59, 65–68. Die verbleibenden Perlen sind von schlechterer Qualität.

Innerhalb der gesamten Perlengruppe lassen sich nur zwei in der Literatur definierte Perlentypen finden. Bei Nr. 54 handelt es sich um eine Melonenperle, ebenso bei dem Fragment Nr. 71[202]. Die Perlen Nr. 63 – Nr. 68 werden zu den so genannten Ringchenperlen gezählt[203]. Der verbleibende Teil ist unspezifisch gestaltet oder kann wie die Stücke Nr. 55 – Nr. 57 nur anhand der Form benannt aber nicht weiter zugeordnet werden.

Melonenperlen bilden nur eine kleine Gruppe innerhalb der großen Zahl urnenfelderzeitlicher Glasperlen. Die wenigen Vergleichsfunde stammen vorwiegend aus dem Bereich der schweizer Seerandstationen sowie darüber hinaus vereinzelt aus Frankreich und aus Deutschland. Zwei weitere singuläre Funde stammen aus Griechenland[204]. Eine umfassende Bearbeitung dieses Perlentypus steht noch aus, so dass er sich bislang feinchronologisch und räumlich nicht genau fassen lässt. Die hier genannten Melonenperlen werden summarisch in die Urnenfelderzeit datiert und dieser Perlentypus bleibt bis in die römische Zeit sehr selten[205].

Die Ring- oder Ringchenperlen Nr. 63 – Nr. 68 variieren stark in Größe und Form. Th. E. Haevernick wies schon 1953 darauf hin, wie schwierig sich die Frage nach der chronologischen und räumlichen Begrenzung dieses Perlentyps gestaltet, da er in der Urnenfelderzeit und in deren Kulturraum, sowie darüber hinaus eine weitreichende Verbreitung besitzt. Generell ordnete sie diese Perlen den so genannten Pfahlbauperlen zu und sah sie als parallel existent zu den Pfahlbautönnchen und Pfahlbaunoppenperlen an, die in HaA einsetzen, deren Masse sich aber in HaB-Zusammenhängen findet[206]. N. Venclová gelangte bezüglich der böhmischen Glasfunde zu ähnlichen Ergebnissen. Auch hier finden sich die bislang nicht näher spezifizierten Ringchenperlen während der gesamten Urnenfelderzeit und darüber hinaus[207]. Grundsätzlich ist dieser eher unspezifische Perlentypus als Begleiter der zwei charakteristischen Pfahlbauperlentypen zu sehen. H. Neuninger und R. Pittioni untersuchten 1959 unter anderem Ringchenperlen aus Niederösterreich und konnten aufgrund deren chemischer Zusammensetzung nachweisen, dass sie in Nordtirol in Zusammenhang mit der Herstellung von Bronzeartefakten gefertigt wurden[208]. J. Henderson hatte die Ringchenperlen aus Hauterive-Champréveyres analysiert und sie dem gemischtalkalischen Glas zuordnen können[209].

Die nächsten Parallelfunde zu den Allendorfer Stücken stammen aus dem älterurnenfelderzeitlichen Grab 10 von Klein-Englis im Kreis Fritzlar-Homberg, hier fanden sich 22 Perlen dieser Art[210]. Weitere Einzelstücke stammen aus dem Marburger Raum. Grab 5 der Gruppe „Lichter Küppel" erbrachte zwei mitverbrannte Ringperlen, weitere stammen aus Grab 2 vom „Zechspan" und eines aus Grab U 22 der Gruppe „Botanischer Garten"[211], sowie aus den Grä-

---

[200] Vgl. (Taf. 16,56) deutlich sind noch drei Windungen zu erkennen.

[201] Die Stücke Nr. 55 und Nr. 58 besitzen eine glatte oder sehr glatte Oberfläche und eine annähernd gleichmäßige Form. Nr. 56 und Nr. 60 hingegen wurden nicht ausreichend oder gar nicht nachrolliert. Ferner kann eine rauhe Oberfläche auch durch ein zu schnelles Abkühlen der Perle bedingt sein.

[202] Die gleiche Meinung vertrat Haevernick 1949/50, 216 m. Anm. 84.

[203] Ebd.

[204] Ebd. 216 m. Anm. 84; dies. 1978, 377. Die hier zitierte Melonenperle von Arsbeck, Kr. Erkelenz stammt ebenfalls aus einem endurnenfelderzeitlichen Hortfund.

[205] Dies. 1949/50, 216.

[206] Dies. 1953, 15 f.; dies. 1978, 376 f. mit Fundortangaben. – Im Hortfund von Quedlinburg fanden sich 107 Exemplare, s. dazu die Abbildung bei von Brunn 1968, Taf. 134, 24. 32 Ringperlen stammen aus Hauterive-Champréveyres Rychner-Faraggi 1993, 64, diese werden in die Zeitspanne HaA2–HaB1 datiert; s. ebenfalls die Perlenkette von Zürich, Grosser Hafner, hier fand sich u.a. eine große Anzahl von Ringchenperlen neben Gagat- und Bernsteinperlen, wie sie auch in Allendorf vorliegen, dazu Wyss 1981, 246 Abb. 7; Abb. 8 mit der „Kette" aus Concise. – Zur weiträumigen Verbreitung dieses Perlentypus s. Venclová 1990, 42 mit weiterführender Literatur.

[207] Vgl. Venclová 1990, 41 f.

[208] Neuninger/Pittioni 1959, 56 f.

[209] Vgl. Henderson 1993, 111 Tab. 2. Vgl. dazu die Ergebnisse im analytischen Teil dieser Arbeit.

[210] Haevernick 1949/50, 216 m. Anm. 79, s. dazu die Abbildung 51. bei G. Weber, Händler, Krieger, Bronzegießer. Bronzezeit in Nordhessen. (Kassel 1992).

[211] Vgl. Dobiat 1994, 139. Allerdings stammen diese Gräber aus der Phase HaA2/B1.

bern 141 und 268 des Gräberfeldes von Vollmarshausen[212]. Die Allendorfer Ringchenperlen sind in die Urnenfelderzeit zu datieren und nur über den gesamten Fundkomplex chronologisch feiner einzugrenzen.

Die verbleibenden monochromen Perlen Nr. 55 – Nr. 62 und das Fragment Nr. 69 variieren stärker bezüglich der Form und deren Qualität[213]. So ist die Perle Nr. 55 von sehr gleichmäßigem Umriss und sehr glatter Oberfläche, Nr. 60 hingegen ist von wesentlich schlechterer Qualität.

Derartige Perlen hatte Th. E. Haevernick in ihrem Aufsatz zu urnenfelderzeitlichen Glasperlen zwar genannt aber nicht weiter spezifizieren können. Die von ihr aufgezählten Vergleichsfunde stammen zum Großteil aus schweizer Seerandstationen und darüber hinaus vereinzelt aus Frankreich und Deutschland und werden von ihr summarisch der gesamten Urnenfelderzeit zugeordnet[214].

1.2. Polychrome Glasperlen – Grundfarbe Blau

Der Hortfund von Allendorf beinhaltet acht polychrome Perlen von unterschiedlich blauer Grundfarbe Nr. 72 – Nr. 78 (Taf. 18,72–78) und Nr. 41 (Taf. 14,41) sowie ein Exemplar Nr. 40 (Taf. 14,40) von grüner Grundfarbe. Alle Perlen sind in unterschiedlicher Art und Weise mit opaque weißen Farbeinlagen verziert. Diese Perlen lassen sich weiter aufteilen in die Pfahlbautönnchen Nr. 77 und Nr. 78, die Pfahlbaunoppenperlen Nr. 73 – Nr. 75 und die Kreisaugenperlen Nr. 40, 41, 72, 76[215].

Die beiden Pfahlbautönnchen gehören zur größten Gruppe urnenfelderzeitlicher Glasperlen. Bezeichnend für diesen Typus ist der zylindrische Körper und die spiralig umlaufende Farbeinlage. Diese Perlen wurden zunächst in Wickeltechnik hergestellt und anschließend wurde der helle Glasfaden um die Perle gedreht und eingerollt. Th. E. Haevernick erstellte schon 1953 eine Verbreitungskarte zu diesem Perlentypus. Obwohl bis heute zahlreiche Ergänzungen zu machen wären, ist der eponyme Ursprung dieser Perlengattung in den schweizer Seerandstationen deutlich zu erkennen[216]. Eine von ihr aufgestellte Fundortliste aus dem Jahr 1978 bestätigte dies weitgehend. Hier werden für die Schweiz allein ca. 183 Perlen genannt, die durch 190 Exemplare aus Hauterive-Champréveyres zu ergänzen sind[217]. Aus Deutschland stammen 49 Pfahlbautönnchen, die jedoch keine Verbreitungsschwerpunkte erkennen lassen. Vereinzelt finden sich Pfahlbautönnchen auch in Frankreich, Belgien, Italien und Österreich, sowie in Osteuropa und singulär in Griechenland und der Türkei[218]. Eine neue Kartierung macht den Ursprung und die Verbreitung dieser Perlentypen hauptsächlich in Mitteleuropa sehr deutlich[219] Diese Perlenform setzt vereinzelt in HaA ein, Th. E. Haevernick bezieht sich hier auf zwanzig sicher datierte Funde; die Masse dieser Perlen ist jedoch in HaB-Zusammenhängen zu finden[220].

Die nächsten Vergleichsfunde zu den Allendorfer Stücken stammen aus dem Doppelgrab von Frankfurt-Berkesheim, das allerdings in die frühe Urnenfelderzeit datiert wird[221]. Ein weiteres Einzelstück stammt aus dem Grab 141 vom Gräberfeld Vollmarshausen im Kreis Kassel, dieses wird in die Zeitspanne HaA2–HaB datiert[222].

Die Datierung der Allendorfer Pfahlbautönnchen kann nur in Zusammenhang mit dem geschlossenen Fund erfolgen.

Die so genannten Pfahlbaunoppenperlen Nr. 73 – Nr. 75 stehen den Pfahlbautönnchen hinsichtlich Ursprung, Verbreitung und Datierung sehr nahe[223]. Von den drei Allendorfer Exemplaren ist Nr. 73 stark im Bereich der Noppen fragmentiert, so dass sich der Herstellungsprozess noch deutlich ablesen lässt. Auf den in Wickeltechnik hergestellten monochrom blauen Perlenkörper wurden je vier weiße und anschließend vier blaue Glastropfen aufgebracht[224]. In einem nächsten Schritt wurde die Perle in die annähernd

---

[212] Dazu J. Bergmann 1981, 87. Die hier zitierten Gräber stammen aus der Zeitspanne HaA2–HaB2/3.

[213] Die Perle Nr. 70 lässt sich bezüglich der starken Fragmentierung hinsichtlich der Form nicht rekonstruieren.

[214] Haevernick 1978, 377. Eine weitere Perle dieser Art stammt aus Hauterive-Champréveyres, vgl. Rychner-Faraggi 1993 Taf. 122, 9; eine gute Entsprechung findet das Allendorfer Stück Nr. 55 in Auvernier, vgl. Rychner 1979 Taf. 205, 9; zwei weitere Einzelstücke stammen aus dem Marburger Raum, s. dazu Dobiat 1994, 139 Taf. 56, 16 und Nass 1952/1 Taf. 7, 1r.

[215] Die Benennung der Perlentypen erfolgt zum Teil nach Haevernick 1978, 375 ff.; dies. 1949/50, 214 ff.

[216] Dies. 1953, 14 f. m. Abb. 1.

[217] Vgl. dies. 1978, 380 ff.; Rychner-Faraggi 1993, Taf. 115, 3–120, 32.

[218] Haevernick 1978, 376 ff.; s. ferner Venclová 1990, 42 mit vier weiteren Pfahlbautönnchen aus Böhmen.

[219] Bellintani u.a. 2001, Abb.7.

[220] Haevernick 1978, 375 ff.

[221] Ebd. 738 f.

[222] Dazu Bergmann 1981, 87; Taf. 117, 141a.

[223] Die Benennung erfolgte durch Haevernick 1978, 376. Bis dahin hatte man von Augen- oder Buckelperlen gesprochen.

[224] Gegenteiliger Meinung war Haevernick 1949/50, 215. Jedoch ist an einem Noppen der Perle Nr. 73 eine durchgängige weiße Schicht zu erkennen.

V. Glasperlen

quadratische Form gebracht. Dies lässt sich noch an den quadratischen Abdrücken ablesen, die in der Aufsicht an allen drei Perlen zu erkennen sind. Die Noppen können auch durch aufgelegte Glasringchen gebildet werden. K. Kunter ordnete diesen Perlentyp der großen Gruppe von Augenperlen zu[225].

Die Verbreitung der Pfahlbaunoppenperlen deckt sich weitgehend mit jener der Pfahlbautönnchen und der Ringchenperlen, hinzu kommen noch Einzelfunde aus der Schweiz und Deutschland sowie aus Ungarn und Tschechien[226]. Datiert werden diese Perlen ebenfalls in die Zeitspanne HaA–HaB.

Die Perlen Nr. 40, 41, 72 werden zu den so genannten Kreisaugenperlen gezählt. Diese sind in der Regel von gedrückt kugeliger Form und die Verzierung besteht aus meist drei nebeneinander liegenden Ringen in den Farben gelb oder weiß. Die Grundfarbe der Perlen ist gewöhnlich blau. Auf den zunächst monochromen Perlenkörper, der in Wickeltechnik hergestellt wurde, werden aus dünnen Glasfäden geformte Kreise aufgebracht und eingerollt[227]. Th. E. Haevernick wies schon darauf hin, dass das Exemplar Nr. 71 von sehr guter Qualität ist, wohingegen die auf Spiralen aufgezogenen Perlen nicht an diese heranreichen. Sie betrachtete auch die Perle Nr. 76 als eine der Perle Nr. 71 nachempfundene Kreisaugenperle[228]. Es handelt sich hier um eine einfache Augenperle, allerdings sind die Dekorationen einfach tupfenförmig aufgetragen. Th. E. Haevernick fehlte es zwar an Vergleichsfunden, jedoch sah sie den Perlentyp Ringaugenperle als ostalpine Hallstattware der Stufe HaC an[229]. 1987 sind in der Reihe der Glasperlen der vorrömischen Eisenzeit die Ringaugenperlen nach Unterlagen von Th. E. Haevernick im gesamteuropäischen Raum vorgelegt worden und somit gut zu überblicken. Eine Verbreitungskarte dieses Perlentypus in all seinen Farbvarianten lässt deutlich zwei Zentren erkennen. Zum einen finden sie sich in großer Anzahl in Mittel- und Oberitalien sowie im slowenisch-kroatischen Raum. Darüber hinaus besitzen sie eine locker gestreute, gesamteuropäische Verbreitung[230]. In Italien setzen diese Perlen bereits gegen 900 v. Chr. ein, die Masse der Funde ist jedoch im 8. und 7. Jahrhundert zu finden. In Deutschland stellen die Allendorfer Ringaugenperlen die ältesten Exemplare dar, denen zeitlich erst die HaC-datierten Perlen vom Magdalenenberg bei Villingen folgen. In Slowenien tauchen Ringaugenperlen erst um 700 v. Chr. auf[231].

1.3. Polychrome Glasperlen – Grundfarbe Schwarz

Den größten Anteil an den Allendorfer Glasperlen hat diese Gruppe, die mit dreiundzwanzig intakten Exemplaren Nr. 79 – Nr. 101 (Taf. 19,79–82; 20,83–88; 21,89–94; 22,95–101) und einem Fragment Nr. 102 vertreten ist. Die Perlen erscheinen aufgrund der dunklen Farbgebung opaque schwarz, jedoch lässt sich an den Bruchkanten der Perlen Nr. 79, 80, 102 erkennen, dass es sich um dunkelgrünes Glas handelt[232].

Die dreiundzwanzig intakten Exemplare lassen sich hinsichtlich der Qualität der Glasmatrix, der Form und der Oberfläche in zwei Kategorien aufteilen. Die Perlen Nr. 84, 85, 88, 90, 94 zeichnen sich durch eine sehr feine Matrix und eine sehr glatte und gleichmäßige Oberfläche bzw. Form aus. Die verbleibenden Perlen sind von deutlich schlechterer Qualität. Th. E. Haevernick hatte hingegen alle Perlen schwarzer Grundfarbe einer schlechten Qualität bezeichnet[233].

Diese Perlen, die zum Großteil keinem der in der Literatur definierten Perlentypen zugeordnet werden können, werden hier nach Form und Verzierung differenziert. Generell scheinen zunächst alle Perlen in Wickeltechnik hergestellt worden zu sein, wie noch deutlich an Nr. 81 zu erkennen ist. Bis auf die Perle Nr. 91 besitzen alle Farbeinlagen. Diese zeigen eine erstaunliche Vielfalt; zu nennen sind hier die Farben Weiß, Gelb, Orange, Rot, Braun und Türkis.

Die Perlen Nr. 79 und Nr. 80 sind Röhrenperlen, die mit in Zickzacklinien aufgetragenen Farbeinlagen verziert wurden. Vergleichsfunde zu diesen Perlen stammen aus Cumae, Grab 36. Diese Funde werden dort an die Wende vom 9. zum 8. Jahrhundert datiert[234].

---

[225] Kunter (Anm. 194) 219.

[226] Haevernick 1978, 376. – Hier sind die Noppenperlen aus Hauterive-Champréveyres zu ergänzen, s. dazu Rychner-Faraggi 1993, Taf.121, 8–122, ein weiteres Einzelstück stammt aus der Lichtensteinhöhle bei Osterode am Harz, vgl. Wegner 1996, 400, 14.13.

[227] Dobiat u.a. 1987, 9.

[228] Vgl. Haevernick 1949/50, 216; Noppenperlen mit drei Noppen liegen aus Hauterive-Champréveyres vor: Rychner-Faraggi 1993, 74 Abb. xii, gemeint sind die dritte und vierte Perle von rechts; Taf. 121, 4.

[229] Vgl. Haevernick 1949/50, 216 m. Anm. 74. 75.

---

[230] Dobiat u.a. 1987, 9 Karte 1.

[231] Ebd. 12 ff.

[232] Allerdings handelt es sich um die heutige Farbe, die natürlich gewissen Veränderungen unterlegen haben kann.

[233] Haevernick 1949/50, 217.

[234] Müller-Karpe 1959, 235; Taf. 19, 3. 7; die Perlen sind allerdings von brauner bzw. auch von dunkelgrüner Grundfarbe.

1. Typenchronologische Betrachtung

Die Perlen Nr. 81 – Nr. 84 gehören zu den Augenperlen, wobei nur die letzten drei genannten zu den Kreisaugenperlen zu rechnen sind. Bei Nr. 81 handelt es sich bezüglich der Verzierung um ein einzelnes, doppelt geführtes Kreisauge. Die Thematik der Kreisaugenperlen wurde bereits in Zusammenhang mit den polychromen Perlen blauer Grundfarbe ausführlich besprochen. Th. E. Haevernick vermutete, dass es sich bei den hier besprochenen Augenperlen schwarzer Grundfarbe um lokale Nachahmungen der qualitätvollen Kreisaugenperle Nr. 72 handelt[235].

Die nächste Gruppe bilden die acht Perlen Nr. 85–90, 92, 95, 96, die alle mit streifenförmigen Farbeinlagen verziert wurden. Die Perlen Nr. 95, 96 wurden zusätzlich durch Farbtupfen dekoriert. Die Perlen Nr. 85 – Nr. 90 besitzen jeweils nur einen Farbstreifen. Auf die bislang einzigen bekannten Vergleichsfunde hatte P. Reinecke schon 1957 hingewiesen[236]. Es handelt sich unter anderem um Streifenperlen aus geometrischen Gräbern im griechischen Orchomenos[237].

Die Perlen Nr. 93 und Nr. 94 werden aufgrund ihrer Verzierung hier als Tupfenperlen bezeichnet. Die wenigen mir bekannten Vergleichsfunde stammen einerseits ebenfalls aus Orchomenos[238]; weitere Einzelstücke nennt Haevernick für die Schweiz. Sie betont ihr nur vereinzeltes Auftreten und dass dies auch in späteren Zeiten spärlich bleibt[239]. Aus dem Grab einer weiblichen Skelettbestattung in Uelsby, Schleswig-Holstein stammt eine Tupfenperle. Diese wurde im Verbund mit weiteren Glas- und Bernsteinperlen im Bereich des Handgelenkes gefunden. Das Grab datiert in die Periode III der nordischen Bronzezeit[240].

Die Perlen Nr. 98 und Nr. 99 erinnern aufgrund ihrer Form und Verzierung an Spinnwirtel. Vergleichsfunde liegen derzeit nicht vor.

Die verbleibenden Perlen Nr. 99, 100, 101, 102 können aufgrund ihrer jeweiligen Fragmentierung keiner der hier vorgeschlagenen Gruppe zugeordnet werden. Die Perle Nr. 91 könnte als einziges unverziertes Exemplar angesprochen werden.

Fasst man die Ausführungen über die Allendorfer Glasperlen zusammen, so zeigt ein Teil der polychrom blauen Perlen deutliche Bezüge zum Gebiet der schweizer Seerandstationen. Es ist die Rede von den typischen Vertretern der Urnenfelderkultur: Pfahlbautönnchen, Pfahlbaunoppenperlen und einfache blaue Ringchenperlen.

Die Kreisaugenperlen blauer Grundfarbe verweisen vornehmlich nach Italien und in den südosteuropäischen Raum. Hinsichtlich der zuletzt besprochenen Perlen schwarzer Grundfarbe können nur wenige eindeutige Aussagen gemacht werden. Die hier vertretenen Kreisaugenperlen können im Zusammenhang mit den qualitätvolleren Stücken dieses Typus betrachtet werden. Die verbleibenden Perlen besitzen beim derzeitigen Forschungsstand allerdings nur wenige Vergleichsfunde. Auszuschließen ist eine Produktion im Bereich der Pfahlbauten oder in Norditalien, wie dies für die anderen urnenfelderzeitlichen Glasperlen von J. Henderson vorgeschlagen wird. Auch ein Abgleich mit den wenigen Vergleichsfunden führt nicht besonders weit. Diese sind singulär und weit in Europa verstreut. So stammen einzelne Entsprechungen aus Italien, Griechenland, der Schweiz und Deutschland. Die größte Anzahl dieser Perlen findet sich beim derzeitigen Forschungsstand im Allendorfer Hortfund. Man muss die Erforschung und Bergung weiterer Glasperlen abwarten, um auf diesem Wege die Frage nach Ursprung und Herkunft klären zu können. Ebenso gestaltet sich die Datierung dieser Perlen schwierig. Vielmehr können die Perlen unter typenchronologischen Gesichtspunkten nur über den gesamten Hortverband zeitlich eingeordnet werden. Der zweite Teil dieser Arbeit befasst sich mit dem Chemismus dieser Gläser. Hier konnten weiterführende Ergebnisse bezüglich der Herkunft erzielt werden[241].

Deutlich wird an dieser einen Fundgruppe der Glasperlen erneut das Zusammentreffen von Artefakten

---

[235] Vgl. Haevernick, 1949/50, 217.

[236] Reinecke 1957, 20 f.

[237] Vgl. Bulle 1907, Taf. 30, 12. 16. 20.

[238] Ebd. Taf. 30, 11. 15. 19; hier finden sich auch Röhrenperlen mit dieser Zierweise: Taf. 30, 6. 7. 8.

[239] Haevernick 1978, 377.

[240] W. Splieth, Inventar der Bronzealterfunde in Schleswig-Holstein. (Kiel 1900) 54 m. 271; 59; Taf. II; VI.

[241] Vergl. die Ergebnisse zu den chemischen Bestandteilen der schwarzen Perlen und dessen Bedeutung im analytischen Teil dieser Arbeit. Anderer Meinung war Haevernick 1949/50, 217, die hier erste lokale Versuche der Glasherstellung vermutete und dies an der „schlechteren" Qualität der Perlen festmachte. – N. Venclová, Glass of the late bronze to early la tène periods in central europe. In: T. Malinowski (Hrsg.), Research on glass of the lusatian and pomeranian cultures in Poland. (Stupsk 1990) 110 vermutete aufgrund der fehlenden Vergleichsfunde eine Datierung dieser Perlen zu Beginn HaC, ohne dies jedoch zu begründen. – V. Milojčić, Zur Chronologie der jüngeren Stein- und Bronzezeit in Südost- und Mitteleuropa. Germania 37, 1959, 80 datierte den Allendorfer Hortfund über den Vergleich der schwarzen Perlen mit den frühgeometrischen Funden von Orchomenos in den frühen Abschnitt der jüngeren Urnenfelderzeit, er beachtete dabei jedoch nicht die weiteren Bestandteile des Hortfundes.

V. Glasperlen

aus den unterschiedlichsten Kulturräumen innerhalb dieses einen Depotfundes.

2. Die Glasanalysen

2.1. Problemstellung

Betrachtet man die unter typenchronologischen Gesichtspunkten gewonnenen Ergebnisse bezüglich der Glasperlen im vorhergehenden Kapitel, so konnten Aussagen zur Herstellungstechnik, Verbreitung und zur Datierung eines Großteiles der einzelnen Objekte getroffen werden. Damit sind aber auch schon die Grenzen dieser Methodik erreicht. Jedoch lässt sich mit den Glasperlen noch eine Vielzahl weiterführender Fragestellungen verbinden, die hier beantwortet werden können. So stellt sich zunächst noch einmal die ganz allgemeine Frage, woher die Glasperlen stammen. Diese Frage muss zu ihrer Beantwortung in drei Hypothesen aufgegliedert werden. Zunächst einmal ist die Überlegung anzustellen, ob die Glasperlen importiert wurden. Aber es stellt sich insbesondere bei den Perlentypen mit europäischem Verbreitungsbild die Frage, ob sie nicht lokal gefertigt wurden. Hier muss nun weiter differenziert werden: Wurde „nur" die Perle hergestellt, dass Rohglas aber importiert? Oder existierte vor Ort eine Rezeptur zur Glasherstellung, so dass alle Rohstoffe, oder Teile importiert wurden, der Rest oder aber alle Bestandteile aus lokalen Ressourcen gewonnen wurden? Bereits 1950 sprach sich Th. E. Haevernick im Zusammenhang mit den Allendorfer Glasperlen für eine mitteleuropäische Produktion aus, wohingegen P. Reinecke 1957 vor allem das Vorhandensein von Pfahlbauperlen in Italien und Griechenland betonte und dort den Ursprungsort vermutete[242].

Ähnliche Problematiken sind auch mit dem Prozess des Glasfärbens verbunden: auch hier wieder die Frage, ob gefärbtes Glas importiert und lokal weiterverarbeitet wurde oder ob man importiertes Rohglas vor Ort eingefärbt hat oder aber ob im Zusammenhang mit einer eigenständigen Glasproduktion auch selbst gefärbt wurde. Auch hier stellt sich die Frage nach den farbgebenden Rohstoffen und deren Herkunft. Ferner wird in der Literatur auf die Verbindung zwischen der Bronzemetallurgie und der Glasherstellung insbesondere im Hinblick auf das Färben von Gläsern hingewiesen[243].

Den Abschluss des Fragenkataloges stellt die Einbindung der unter typenchronologischer Betrachtung gewonnenen Ergebnisse dar: handelt es sich bei den im Allendorfer Hortfund anzutreffenden Glasperlen eines Typus auch um das gleiche Grundglas, d.h. liegt einem Typus eine einheitliche Glasrezeptur zugrunde oder gibt es hier Unterschiede, die vielleicht lokal zu begründen sind? Will man zu großräumigeren Aussagen gelangen, so muss man die einzelnen hier deponierten Perlentypen vor dem Hintergrund der Vergleichsfunde des näheren oder weiteren archäologischen Umlandes betrachten.

All diese Fragen lassen sich nur beantworten, wenn die Grundmatrix der einzelnen Glasobjekte bestimmt wird, daraus lassen sich die einzelnen Rohstoffe als auch deren Mischungsverhältnisse weitgehend ablesen, die wiederum Aussagen über die jeweils verwendete Rezeptur und davon abgeleitet über den Herstellungsort der Gläser erlauben. Daher wurde eine Auswahl von 20 Glasperlen und einem Fragment zur Analytik getroffen, die sowohl die Bandbreite der im Hortfund vertretenen Perlentypen als auch die Farbenvielfalt dieser Gläser wiedergibt.

2.2. Forschungsgeschichte

2.2.1. Ursprung der Glastechnologie

Lange Zeit ging man in der Forschung davon aus, dass die Glasherstellung ihren Ursprung allein in Ägypten hatte und sich die Technologie von dort aus verbreitete. Diese These bezog sich in erster Linie auf die Ausgrabungen von W. M. F. Petrie 1891 – 1892 in Tell el-Amarna; man sprach damals von den Hinterlassenschaften von drei bis vier Glaswerkstätten. Alle nachfolgenden Entdeckungen in Ägypten, die Hinweise auf Glasverarbeitung erbrachten, schienen dies zu bestätigen. Allerdings hatte dies zur Folge, dass ältere Glasfunde aus Mesopotamien keine Beachtung erfuhren[244]. In diesem Sinne äußerte sich A. Kisa 1908 in seinem breit angelegten Werk über das Glas im Altertum. Er sah die Anfänge der Glasherstellung ganz eindeutig in Ägypten mit einem Zentrum in Theben[245]. In Mesopotamien fand er ebenfalls Hinweise auf den Kontakt mit der Glastechnologie, diese deutete er aber als Belege für einen ägyptischen Import[246]. Dies mag auch darin be-

---

[242] Vgl. dazu Haevernick 1949/50, 215 f.; 217; Reinecke 1957, 19.

[243] Neuninger/Pittioni 1959, 52–66. Die hier erzielten Ergebnisse greift Venclová 1990, 42 wieder auf.

[244] C. M. Jackson, P. T. Nicholson, W. Gneisinger, Glassmaking at Tell El-Amarna: an integrated approach. Journal Glass Stud. 40, 1998, 11 f. mit Anm. 2 u. 3: mit einer detaillierten Darstellung der diesbezüglichen Forschungsgeschichte.

[245] A. Kisa, Das Glas im Altertume. Bd. 1–3 (Leipzig 1980) 37 f.

[246] Ebd. 101–103.

gründet sein, dass aus dem 2. vorchristlichen Jahrtausend aus Mesopotamien keine Öfen zur Glasherstellung bekannt sind. Allerdings finden sich solche später auf Tontäfelchen mit Keilschrifttexten aus Ninive beschrieben[247].

Die grundlegende Arbeit aus dem Jahr 1970 von Oppenheimer, Brill, Barag und von Saldern zur Glasherstellung in Mesopotamien veränderte das bisherige Bild der Forschung gründlich. Ab dem Ende des 16. Jahrhunderts v. Chr. tauchen in Mesopotamien und Ägypten mehr oder weniger gleichzeitig Glasgefäße auf. Außerdem scheinen die aus Mesopotamien etwas älter zu sein. Vor der Regierungszeit des Amenhotep II. bleiben die Gefäße in Ägypten außerdem sehr selten und die ältesten Funde stellen zum einen Importe aus Mesopotamien dar oder belegen zumindest stilistische Gemeinsamkeiten[248]. Die in Sandkerntechnik hergestellten Gefäße wurden mit einem Schwerpunkt in Assur hergestellt[249]. Mit zu den ältesten Objekten der Glaskunst gehören außerdem die so genannten Nuzi-Perlen, die ab der Mitte des 16. Jh. v. Chr. hergestellt wurden[250]. Der Glasherstellung gehen zunächst jedoch die Erfindungen von Fayence und Glasuren voraus, diese treten beide erstmalig in der Halaf-Zeit u.a. in Tell Brak, Ninive und Assur in Form von Perlen, Anhängern und Stempelsiegeln auf [251]. Einen Höhepunkt erlebte die mesopotamische Glaskunst dann zwischen dem 8. und 6. vorchristlichen Jahrhundert mit einem Produktionszentrum im assyrischen Nimrud[252].

In der nun nachfolgenden Forschung hatte sich das Bild verändert, die Glasherstellung hatte ihren Ursprung in Mesopotamien und ägyptische Glasfunde gingen zumindest anfänglich auf den Import mesopotamischen Rohglases zurück. Nach neuesten Arbeiten weiß man, dass die Glasverarbeitung in Ägypten um 1550 v. Chr. einsetzt[253]. Die ältesten bislang bekannten Werkstätten, die Rohglas verarbeiteten, kennt man aus Malqata, auf der Westseite Thebens im Bereich der Palastanlage Amenophis III. (1387 – 1350 v. Chr.) gelegen; neuere Ausgrabungen in Tell el-Amarna erbrachten die Befunde von zwei Öfen, die, experimentell nachgewiesen, der direkten Glasherstellung gedient haben können. So dass man von einer eigenständigen Glasproduktion in Ägypten, zusätzlich zu der Verarbeitung importierten Rohglases, ab der Regierungszeit des Amenophis IV., des späteren Echnaton (1353 – 1335 v. Chr.) ausgeht[254]. Man stellte auch hier eine Vielfalt von kleinen Gegenständen, insbesondere Glasgefäße her[255]. Weitere Werkstätten können bis zum Ende des 12. Jh. v. Chr. benannt werden, danach findet sich erst in ptolemäischer Zeit wieder der Hinweis auf Glasverarbeitung[256].

Im mykenischen Griechenland entstand im 16./15. Jh. v. Chr. ebenfalls eine eigenständige Glasindustrie, deren Entwicklung sich augenscheinlich unabhängig von jener in Mesopotamien und Ägypten vollzog. Man fertigte in erster Linie kleine Glasobjekte wie die blauen, gegossenen Plättchenperlen her, die sich besonders im 14. und 13. Jh. v. Chr. großer Beliebtheit erfreuten[257]. Die Glaskunst scheint nach dem Ende der mykenischen Kultur keine direkte Fortsetzung zu finden. Erst wieder aus dem 3. Jh. v. Chr. kennt man auf Rhodos eine produzierende Glaswerkstatt[258].

Blickt man nun nach Mitteleuropa, so hat sich auch hier das Bild stark verändert. So ging man zunächst in der Forschung davon aus, dass in Europa, vornehmlich nordwärts der Alpen, erst in römischer Zeit

---

[247] Stern/Schlick-Nolte 1994, 19 f.. Die Tontafeln stammen aus der Bibliothek des Königs Assurbanipal (668–627).

[248] Barag 1970, 184. Die ältesten Glasfunde aus Mesopotamien, ein grüner Glasstab und ein blauer Rohglasbrocken scheinen in das 23. und 21. Jh. v. Chr. zu datieren, allerdings sind diese Zeitansätze nicht gesichert, Moorey 1985, 196.

[249] Ebd. 204 f.

[250] TH: E. Haevernick, Beiträge zur Geschichte des antiken Glases XIII. Nuzi-Perlen. (Jahrb. RGZM 12, 1965, 35–40) In: Th. E. Haevernick (Hrsg.), Beiträge zur Glasforschung. Die wichtigsten Aufsätze von 1938 bis 1981. (Mainz 1981). 146 ff. mit den Abb. 1–6 und einer Verbreitungskarte Vgl. dazu Stern/Schlick-Nolte 1994, 122–125, Kat.Nr.2 mit weiteren Fundorten; Moorey 1985, 202 f.

[251] H. Kühne, s.v. Glas. Reallexikon der Assyriologie und Vorderasiatischen Archäologie Bd. 3 (Berlin, New York 1957–1971) 407–427; insbesondere § 3 mit den frühesten Funden.

[252] Ebd. 426.

[253] Brill/Lilyquist 1993, 43, man geht davon aus, dass mesopotamische Handwerker in Ägypten arbeiteten; auch hier vermutet man Fayence und Glasuren als Vorläufer der Entwicklung der späteren Glasherstellung ebd. 5; vgl. dazu auch Stern/Schlick-Nolte 1994, 31.

[254] Siehe dazu P. T. Nicholson, Glassmaking and Glassworking at Amarna: some new work. Journal Glass Stud. 37, 1995, 11 ff. – Jackson u.a. (Anm.244) 15 ff. m. Abb. 1. Eine kritische Betrachtung dieser Befunde findet sich bei Henderson 2000, 40 ff; hier wird deutlich, dass der direkte Nachweis zur Glasherstellung, also das Herstellen der Fritte nach wie vor aussteht.

[255] Vgl. dazu: Stern/Schlick-Nolte 1994, S. 130–151, Kat.Nr. 5–15.

[256] Ebd. 26 f. hier werden auch die Hinterlassenschaften der einzelnen Werkstätten genauer beschrieben.

[257] Haevernick 1960, 71 ff. – vgl. dazu auch Stern/Schlick-Nolte 1994, 152–155, Kat.-Nr. 16, 17 mit weiterführender Literatur. Vgl. ebenfalls Barag 1970, 187 ff.: laut Autor gibt es Hinweise darauf, dass die mykenische Glasproduktion durch die nordmesopotamische Glasgussindustrie angeregt wurde, besondere Bedeutung erlangen in diesem Zusammenhang die Perlen aus Schachtgrab I in Mykene, die Haevernick a.a.O. als früheste Belege einer eigenständigen ägäischen Glasproduktion, Barag aber als Importe aus Mesopotamien oder aber als lokale Imitationen deutete.

[258] G. D. Weinberg, A hellenistic glass factory on Rhodes: progress report. Journal Glass Stud. 25, 1982, 37.

V. Glasperlen

mit einer Glasproduktion zu rechnen sei[259]. In diesem Sinne äußerte sich P. Reinecke 1911 bezüglich der latènezeitlichen Glasfunde, indem er sie als einen Import aus dem Raum südlich der Alpen interpretierte. In Anbetracht der Fundmengen wies Th. E. Haevernick 1974 darauf hin, dass aus der Vielzahl der keltischen Glasfunde, Glasarmringe und Glasperlen sowie deren Verbreitung eine eigenständige Glasproduktion nördlich der Alpen zwingend abzulesen ist[260].

So kennt man aus den Oppida von Manching, Stradonice und Staré Hradisko und aus Hengistbury Head Rohglasbrocken[261]. Vom Dürrnberg stammen Glasschlacken und weitere Glasreste, die eine Werkstatt vor Ort erwarten lassen[262]. Ohne direkte Befunde zu Glaswerkstätten kann man sich der Frage nach deren Lokalisierung jedoch nur auf hypothetischem Wege annähern. N. Venclová vermutet auf der Grundlage der Verbreitung und Konzentration einzelner latènezeitlicher Glasarmringtypen Werkstätten in Oberitalien, der Schweiz und der Tschechischen Republik[263].

Erst spät wendete man in der Forschung den Blick auf die bronzezeitlichen Glasfunde in Europa, bei denen es sich ausschließlich um Perlen handelt. Auch hier trifft man zunächst auf die lange und hartnäckig vertretene Ansicht, dieses Glas stamme aus Ägypten[264]. Th. E. Haevernick wies 1978 in ihrem Aufsatz zu urnenfelderzeitlichen Glasperlen deutlich darauf hin, dass sich zu den einzelnen Perlentypen keine Entsprechungen im vermeintlichen Herkunftsland finden lassen[265]. Auch Reinecke hatte schon auf den Umstand hingewiesen, dass die bronzezeitlichen Perlen eine Farbe besitzen, die sich weder an ägyptischen noch an mykenischen Funden beobachten lässt[266].

Ein gezielter Diskurs, über rein typologische Betrachtungen hinaus, zur Frage des Ursprungs des bronzezeitlichen europäischen Glases beginnt erst Mitte der 1980er Jahre mit den analytischen Arbeiten von J. Henderson. Vornehmlich spätbronzezeitliche Glasperlen aus West-, Mittel- und Südeuropa wurden nun im Hinblick auf ihren Ursprung und ihre Herstellungstechnik untersucht. J. Henderson wies anhand chemischer Analysen eine europäische Glasrezeptur nach, die sowohl im Vorderen Orient als auch in Ägypten und im mykenischen Griechenland keinerlei Entsprechungen findet. Zeitlich parallel zu diesem Glas finden sich in Europa Gläser, die ihren Ursprung in den oben beschriebenen Gebieten des Mediterraneums und des Vorderen Orients besitzen[267].

Besondere Bedeutung erlangten in diesem Zusammenhang die Ausgrabungen in Frattesina bei Rovigo in Norditalien, die den Nachweis einer Siedlung erbrachten, in der u.a. Glas nach der von Henderson nachgewiesenen Rezeptur hergestellt und weiterverarbeitet wurde[268]. Der Ort datiert vom Ende der Spätbronzezeit bis zum Beginn der Eisenzeit. Frattesina stellt bislang den einzigen gesicherten Siedlungskomplex dar, in dem sowohl Rohglasbrocken als auch Schmelztiegel mit noch anhaftendem Glas nachgewiesen wurden[269]. Weitere Hinweise zur Glasverarbeitung stammen von dem Fundplatz Mariconda di Melara, 35 km westlich von Frattesina gelegen. Auch hier fanden sich Reste von Rohglasbrocken, Glasabfällen und Tiegelfragmenten, allerdings ist hier nur die Spätbronzezeit zu erfassen[270]. Es folgten einige weitere Arbeiten, die durch Analysen endbronzezeitlichen Glases aus Europa die Materialbasis erweiterten[271]. Mittlerweile kennt man Gläser dieser

---

[259] Haevernick 1974, 300 f.

[260] Ebd. 299 ff. mit Abb. 1.

[261] R. Gebhard, Der Glasschmuck aus dem Oppidum von Manching. Die Ausgrabungen in Manching Bd. 11(Stuttgart 1989) 41; 147 f. Taf. 61, ein eindeutiger Befund zur Glasherstellung liegt nicht vor, jedoch gibt es Herdanlagen, die dahingehend diskutiert werden; zu den Funden aus Stradonice: Venclová 1990a, 145; J. Meduna, Das keltische Oppidum Staré Hradisko in Mähren. Germania 48, 1970, 34–59; zu Hengistbury Head in Dorset: B. Cunliffe, Hengistbury Head Dorset. Vol. 1 (Oxford 1987): m. einem Beitrag zu den Glasfunden von Henderson 180 ff.

[262] Haevernick 1960 20 ff. Die Autorin nennt in diesem Zusammenhang noch weitere Fundorte, die Glasschlacken erbrachten.

[263] Venclová 1990, 142 ff. mit Fig. 22; Karte 9.

[264] So z.B. V. Gessner, Vom Problem der spätbronzezeitlichen Glasperlen. In: W. Drack (Hrsg.), Festschrift Reinhold Bosch (Aarau 1947) 80 ff.

[265] Vgl. Haevernick 1978, 375.

[266] P. Reinecke, Glasperlen vorrömischer Zeiten aus Funden nördlich der Alpen. Altertümer unserer heidnischen Vorzeit V,1911, 67.

[267] Henderson 1988b, 435–451; ders. 1989, 38–44. Vgl. zu diesem Forschungsaspekt die detaillerteren Ausführungen in diesem Kapitel zur Glasanalytik.

[268] A. M. Bietti-Sestieri, Elementi per lo studio dell`abitato protostorica di Frattesina di Fratta Polesine (Rovigo). Padusa 11,1975, 1 ff.

[269] A. Biavati/M. Verita, The glass from Frattesina, a glassmaking center in the late bronze age. Rivista della stazione sperimentale del vetro 4, 1989, 295. – Eine weitere Siedlung, die in diesem Zusammenhang diskutiert wird, stellt die schweizer Seerandstation Hauterive-Champréveyres dar, hier wurde die bislang größte Anzahl der so genannten Pfahlbautönnchen entdeckt; Hinweise auf Fertigungsprozesse fanden sich hier allerdings nicht: vgl. dazu Henderson 1993, 111 ff.

[270] Bellintani u.a. 2001, 19.

[271] Diese Arbeiten werden ausführlich in diesem Kapitel im Abschnitt zur Glasanalytik besprochen.

Rezeptur aus der Mittelbronzezeit in Frankreich, so dass der Ursprung und die Entwicklung einer europäischen Glasproduktion zeitlich nicht erst mit der Spätbronzezeit zu verbinden ist[272].

Hier zeigt sich nun schon deutlich, welche Bedeutung die Glasanalytik gewinnen kann und in wie weit sie zur Überprüfung von typenchronologisch gewonnenen Ergebnissen herangezogen werden kann bzw. in wie weit sie darüber hinausführt. Auch die Allendorfer Perlen sind im Kontext einer eigenständigen europäischen Glashandwerkskunst zu betrachten. Einen Beitrag zur Klärung dieser Problematik stellt die hier vorgelegte Arbeit dar.

2.2.2. Entwicklung der Glasanalytik

Am Beginn der Glasanalytik standen zunächst ausgewählte Fragen zu einzelnen Objekten. Im weiteren zeitlichen Verlauf bildeten sich inhaltliche Schwerpunkte heraus, die sich auch noch in der aktuellen Literatur wieder finden. Den größten Arbeitsbereich stellt die Erforschung der antiken Glasrezepturen dar; hier dienen Analysen der Bestimmung der Grundzusammensetzung von Gläsern unterschiedlicher Epochen und Regionen. Ein weiterer Zweig befasst sich mit der Technik des Glasfärbens und den damit verbundenen schmelztechnischen Aspekten. Mit beiden Bereichen lassen sich die Fragen nach der Art der Rohstoffe als auch deren Herkunft verknüpfen[273].

Die ersten Analysen von antiken Gläsern gehen mit der Entwicklung der quantitativen chemischen Analytik im 18. Jahrhundert einher. M. H. Klaproth analysierte 1798 drei römische Glasmosaiksteine, um deren Färbung zu klären. Er wies sieben Elemente nach und dass Kupfer in unterschiedlichen Oxidationsstufen die rote bzw. grüne Farbe hervorgerufen hatte[274]. Es folgte eine Reihe von Glasanalysen, deren Gegenstand vornehmlich römisch und ägyptische Gläser, sowie die des Vorderen Orients waren[275]. Die im 19. Jahrhundert durchgeführten Analysen sind heute nur noch von forschungsgeschichtlichem Interesse, sie können zum heutigen Zeitpunkt nicht mehr zur Beurteilung antiker Gläser herangezogen werden. Die Analytik hat sich wesentlich weiterentwickelt und man konnte im Zuge dessen nicht mehr nur einzelne Hauptbestandteile, sondern nun auch Neben- und Spurenbestandteile nachweisen. Gerade die beiden letztgenannten Bestandteile einer Analyse haben sich mittlerweile als besonders wichtig bei der Beurteilung der Gläser im Hinblick auf Fragen nach Ursprung der Rohstoffe, nach den farbgebenden Substanzen etc. erwiesen. Häufig wurde bei älteren Analysen darauf zurückgegriffen, dass der Gehalt eines Elementes durch Ergänzung der bestimmten Elementsumme rechnerisch bestimmt wurde[276]. Die bis Ende der 1950er Jahre durchgeführten Analysereihen verschiedener Forscher sind von Caley 1962 zusammengeführt und publiziert worden[277].

Mitte der 1950er Jahre veröffentlichte W. Geilmann seine Beiträge zur Kenntnis alter Gläser. Anhand von ca. 100 analysierten Gläsern des Orients, des römischen Rhein-Main-Gebietes und aus deutschen Schmelzhütten des 10. bis 18. Jahrhunderts, gelang ihm der Nachweis der Phosphorsäure als allgemein auftretender Bestandteil in antiken Gläsern. Er erkannte den Zusammenhang zwischen Phosphaten und den in die Glasschmelze eingebrachten Alkalien, so dass die Phosphatmenge im Zusammenhang mit dem vorhandenen Kaliumgehalt als Hinweis auf die verwendeten Rohstoffe, also mineralisches Natron oder aber Pflanzenasche, interpretiert werden konnte[278]. Ein weiterer Beitrag von ihm befasste sich sehr detailliert mit den Verwitterungserscheinungen antiker Gläser[279].

Sayre und Smith veröffentlichten 1961 eine groß angelegte Analysenreihe von ca. 200 Gläsern, die aus dem Zeitraum des 15. Jh. v. Chr. bis zum 12. Jh. n. Chr. stammen[280]. Es handelt sich um Fundstücke aus

---

[272] Bellintani u.a. 2001, 8 f.

[273] Hier werden vorwiegend jene Arbeiten besprochen, die sich mit der Frage nach der Glasrezeptur befassen. Weiterführende Literatur zu den einzelnen Forschungsbereichen der Glasanalytik ist Henderson1989 zu entnehmen.

[274] Caley 1962, 13–15.

[275] Ebd. 15–23.

[276] So wurde z.B. häufig der Siliciumgehalt auf diese Weise gewonnen. Erschwerend kommt hinzu, dass es bei den hier analysierten Objekten häufig keine Fundortangaben und noch wichtiger keine genauen Datierungen gibt.

[277] Caley 1962, 13 ff. mit detaillierten Beschreibungen der frühesten Analysen.

[278] Geilmann/Jennemann 1953, 34 ff.; Geilmann 1955, 146 ff. Ferner befasste er sich mit dem Wandel in der Glasherstellung, der sich im 9. und 10. Jahrhundert in Nordeuropa erfassen lässt, und erklärte den Wechsel von natriumreichen zu kaliumreichen Gläsern mit einem Rohstoffwechsel von Soda zur Buchenholzasche.

[279] Geilmann u.a. 1956, 145 ff.

[280] Sayre/Smith 1961, 1824 – 1826. Ankner setzte sich 1965 kritisch mit der Arbeit von Sayre und Smith auseinander: D. Ankner, Chemische und physikalische Untersuchungen an vor- und frühgeschichtlichen Gläsern I. In: Technische Beiträge zur Archäologie II. (Mainz 1965) 74 – 101. Er untersuchte anhand von 543 aus der Literatur bekannten Glasanalysen, ob die fünf Gruppen von Sayre und Smith Allgemeingültigkeit besitzen. Natürlich erwiesen sich die von Sayre und Smith gebildeten Gruppen als nicht auf alle weiteren Analysen übertragbar, dies begründete Ankner zu Recht mit der kleinen und einseitigen Probenauswahl von nur 194 Gläsern. Allerdings stammen allein schon 182 der von Ankner zum Vergleich herangezogenen Gläser aus der Mittel- und

V. Glasperlen

Europa, dem Mittleren Osten und Afrika. Insgesamt wurden 26 Elemente analysiert und anhand der Magnesium-, Kalium-, Mangan-, Antimon- und Bleigehalte erarbeiteten sie fünf Hauptkategorien. Es handelt sich bei der ersten Gruppe um die Gläser des zweiten Jahrtausends v. Chr., das so genannte Natron-Kalk-Glas, das u.a. durch einen hohen Magnesiumgehalt charakterisiert ist. Teilweise kommt ein erhöhter Antimon- und Bleigehalt dazu. Diese Gläser stammen aus dem mediterranen Raum, viele Funde kommen aus Ägypten, Mesopotamien, dem mykenischen Griechenland und Persien. Die von Sayre und Smith analysierten Funde datieren in die Zeitspanne vom 15. – 8. Jh. v. Chr. Die zweite Gruppe wird gebildet von den antimonreichen Gläsern, die niedrige Kalium- und Magnesiumgehalte aufweisen. Sie finden sich ebenfalls in Griechenland, Kleinasien und Persien, sowie während der römischer Okkupationszeit auch noch östlich des Euphrates. Die Fundstücke umfassen den Zeithorizont vom 6. Jh. v. Chr. bis zum 4. Jh. n. Chr.[281]. Weitere Gruppen bilden die römischen Gläser, die frühislamischen Gläser und die islamischen Bleigläser[282]. 1967 führten Sayre und Smith ihre Ergebnisse weiter aus und wiesen auf eine positive Korrelation der Kalium- und Magnesiumwerte hin[283]. 1963 veröffentlichte Sayre seine Ergebnisse bezüglich der Frage nach der intentionellen Nutzung von Mangan und Antimon. Er wies u.a. nach, dass diese beiden Elemente zunächst als färbende und als trübende Faktoren der Glasschmelze zugesetzt wurden, lange bevor man sie als Entfärber einsetzte[284].

1975 erschien die deutsche Übersetzung des 1969 publizierten Standardwerkes von M. A. Bezborodov zur Chemie und Technologie der antiken und mittelalterlichen Gläser[285]. Neben detaillierten Ausführungen zu den unterschiedlichen Herstellungstechniken im Wandel der Zeit, befasste sich der Autor auch eingehend mit den einzelnen Aspekten der Rohmaterialien und deren Bedeutung für das jeweilige Glasgemenge[286]. Ebenfalls findet sich hier eine Kompilation von 760 Glasanalysen, die bis zu den 1950er Jahren publiziert wurden[287]. Der Autor erarbeitete auf der Grundlage der Hauptbestandteile, die im Bereich über 3 % nachweisbar waren, eine Einteilung der Gläser in mehrere Grundgläser und in Gläsergruppen. Aufgrund der Beschränkung auf die Hauptbestandteile, haben seine Glasgruppierungen in der Forschung kaum Beachtung gefunden[288].

Henderson weist 2000 darauf hin, dass die magnesiumarmen Natron-Kalk-Gläser im jordanischen Pella bereits im 13. und 12. Jh. v. Chr. auftauchen und dass in Mesopotamien und dem Mediterraneum von viel komplexeren Vorgängen im Rahmen der Entwicklung der Glastechnologie auszugehen ist[289].

Erste breit angelegte Analysereihen an vorgeschichtlichen europäischen Glasfunden nahm P. Hahn-Weinheimer 1960 vor; 150 Glasarmringe und Ringperlen der Mittel- und Spätlatènezeit wurden im Hinblick auf ihre Neben- und Spurenbestandteile quantitativ analysiert[290]. In erster Linie wollte man die Frage nach den farbgebenden Zuschlagstoffen klären und überprüfen, ob sich die typenchronologische Einteilung der Artefakte auch im Chemismus der Stücke widerspiegelt. 1989 erschien die Arbeit von R. Gebhard zu den Glasfunden aus dem Oppidum von Manching, die den Ansatz von P. Hahn-Weinheimer aufgriff und erweiterte. Auch hier standen die farbgebenden Elemente im Vordergrund. Die Arbeit birgt eine Kompilation von 377 unterschiedlich durchgeführten Analysen. Gebhard gelang es, anhand typologisch und chronologisch differenzierbarer Reihen die Färbungstechnologie der Glasarmringe zeitlich zu differenzieren[291].

Spätlatènezeit des europäischen Festlandes. Diese Region war von Sayre und Smith überhaupt nicht berücksichtigt worden. Trotzdem haben die Aussagen von Sayre und Smith, insbesondere was das Glas des 2. und 1. vorchristlichen Jahrtausends betrifft, ihre Gültigkeit weitgehend behalten. Vgl. dazu Henderson 1988a, 77.

[281] Diese beiden Glastypen fanden unter den Bezeichnungen magnesiumreiches bzw. magnesiumarmes Glas Eingang in die folgende Literatur. Vgl. dazu Henderson 1988a, 77; Hartmann u.a. 1997, 551.

[282] Diese Gruppierungen werden hier nicht weiter ausgeführt, da sie für den Inhalt dieser Arbeit ohne Belang sind.

[283] Sayre/Smith 1967, 281 ff. Abb. 1–3.

[284] E. V. Sayre, The intentional use of antimony and manganese in ancient glasses. In: F.R. Madson, G.E. Rindone (Hrsg.), Proceedings of the VI international congress on glass: Advances in technology, part 2 (New York 1963) 263–282.

[285] Bezborodov 1975.

[286] Vgl. dazu seine Ausführungen zu Analysen von Sanden und Pflanzenaschen, ebd. 46 ff.

[287] Ebd. 225 ff.

[288] Ebd. 149–162. Kritisch zu der hier vorgenommenen Gruppeneinteilung: Hartmann u.a. 1997, 551; Wedepohl 1993, 21 f.. Allerdings kann dieses Werk immer noch zu anderen Aspekten, wie z.B. der Frage nach den Alkaliquellen herangezogen werden.

[289] Henderson 2000, 56 ff.

[290] P. Hahn-Weinheimer, Die spektrochemischen Untersuchungen von Glasarmringen und Ringperlen der Mittel- und Spätlatènezeit. In: Haevernick 1960, 266–272.

[291] Gebhard (Anm. 261) 148–167. Bedauerlich scheint an dieser Stelle, dass keine gesamtquantitativen Analysen zur grundsätzlichen Zusammensetzung der Stücke vorgenommen wurden. Auch findet hier die allgemeine Forschungslage zur Glasanalytik wenig Eingang, vielmehr bezieht sich Gebhard bei seinen wenigen Gesamtanalysen auf die Arbeit von Bezborodov; zur Zusammensetzung des Manchinger Glases siehe ebd. S. 153 und Tab. 5, S. 290. Eine Zusammenfassung dieser Ergebnisse findet sich in: R. Gebhard, Le verre à Manching: données nouvelles et apport des analy-

1983 veröffentlichte Ch. Braun ihre chemischen Untersuchungen an hallstattzeitlichen Glasperlen. Es wurden 112 Perlen gesamtquantitativ analysiert und nach Zeitstellung und Färbung getrennt betrachtet. Braun stellte bei ihren Analysen zwei Grundglastypen fest, das Natron-Kalk-Glas mit niedrigem Magnesiumgehalt, als Typ 1 benannt und das Natron-Kalk-Magnesium-Glas, als Typ 2 bezeichnet. Diese beiden Gläser korrespondieren gut mit den von Sayre und Smith konstatierten Glastypen des 2. und 1. vorchristlichen Jahrtausends. Auf der Grundlage der bislang in der Forschung erzielten Ergebnisse im Hinblick auf die Rohstoffquellen, gelangte auch sie zu der Überzeugung, dass die erhöhten Magnesiumwerte, die i.d.R. mit erhöhten Kalium- und Phosphatanteilen einhergehen, auf eine Verwendung von Pflanzenasche zurückzuführen sind; ferner wurden in dieser Arbeit eingehend die Fragen nach den farbgebenden Bestandteilen geklärt[292].

Ab Beginn der 1980er Jahre befasste man sich in der Glasforschung nun auch mit den bronzezeitlichen Glasfunden Europas und deren Chemismus. Den Ausgangspunkt der hier beginnenden Diskussion zu Ursprung und Herstellung bronzezeitlicher Glasperlen bilden die Arbeiten von J. Henderson. Hatte er sich anfänglich noch mit Fragen bezüglich des Chemismus eisenzeitlicher Glasperlen befasst[293], richtete er in den folgenden Arbeiten den Blickwinkel auf das endbronzezeitliche Glas[294]. Ausgehend von gesamtquantitativen Analysen an blauen Glasperlen von Lough Gur in Irland konnte er eine chemische Grundzusammensetzung nachweisen, der es bislang im mediterranen Raum und im Vorderen Orient an Vergleichsfunden mangelt[295]. Nach einer Erweiterung der Materialbasis gelang ihm der Nachweis dieses so genannten gemischt-alkalischen Glases in Irland, Südengland sowie in den schweizer Seerandstationen und in Norditalien[296]; zugleich finden sich unter den endbronzezeitlichen Glasperlen Stücke, die aus dem als magnesiumreich beschriebenen Glas der Gruppe 1 von Sayre und Smith[297] gefertigt wurden. Dieses magnesiumreiche Glas scheint nach den Arbeiten von Braun und Henderson auch in Europa im Bereich des 8. und 7. vorchristlichen Jahrhunderts weitgehend von dem so genannten magnesiumarmen Glas abgelöst zu werden[298].

Die von Henderson begonnene Diskussion zum endbronzezeitlichen Glas wurde von verschiedenen Forschern aufgegriffen und durch weitere Analysereihen an bronzezeitlichen Glasobjekten von mitteleuropäischen Fundplätzen erweitert. So veröffentlichten Hartmann u.a. 1997 Glasanalysen von bronze- und eisenzeitlichen Glasartefakten aus dem Zeitraum des 14. bis 1. vorchristlichen Jahrhunderts aus Niedersachsen und Hessen. Bezüglich der bronzezeitlichen Glasperlen fanden die von Henderson erzielten Ergebnisse hier eine weitere Bestätigung[299]. Die Materialbasis wurde 2001 durch weitere Analysen an Funden aus Frattesina, Mariconda di Melara etc. erweitert. Funde aus Frankreich lassen eine frühere Verwendung dieses Glases wohl ab der Mittelbronzezeit vermuten[300].

Weitere Glasanalysen wurden noch an einzelnen Perlen aus den Gebieten der Lausitzer und der Pommeranischen Kultur in Polen sowie an endbronzezeitlichen Glasperlen aus Böhmen von Frána und Mastalka vorgenommen. Die böhmischen Funde sind ebenfalls durch einen hohen Magnesiumgehalt charakterisiert[301].

In dem hier besprochenen Zusammenhang bezüglich einer eigenständigen Glasproduktion in Europa erlangte der Fundort Frattesina in Norditalien besondere Bedeutung, da zumindest hier der Nachweis für

---

ses. In: M. Feugère (Hrsg.), Le verre préromain en Europe occidentale. (Montagnac 1989) 99–106.

[292] Braun 1983, 149 ff. mit Tab. 15, S. 153.

[293] J. Henderson/S. E. Warren, X-ray fluorescence analyses of iron age glass: beads from Meare and Glastonbury Lake Village. Archaeometry 23, 1981, 83 ff.: Hier untersuchte er insbesondere die Rolle von Blei und Antimon in gelbgefärbten Gläsern. J. Henderson/S.E. Warren, Analysis of prehistoric lead glass. Proceedings of the 22nd Symposium on Archaeometry (Bradford 1982) 168 ff.: Hier wurde der Forschungsbereich zu den gelbopaken Glasperlen chronologisch und geographisch erweitert.

[294] Um nur die wichtigsten Aufsätze zu nennen: Henderson 1985; ders. 1988a; ders. 1988b; Neuninger/Pittioni 1959 hatten bereits früh urnenfelderzeitliche Glasperlen spektrochemisch untersucht; allerdings wurden nur Neben- und Spurenbestandteile semiquantitativ bestimmt, um zu Aussagen bezüglich der färbenden Elemente zu gelangen.

[295] J. Henderson, The chemical analysis of glass from Lough Gur and ist archaeological interpretation. Proc. Royal Irish Acad. 1987, 502–506. Der Autor weist hier darauf hin, dass die Fundumstände der ca. 30 Perlen nicht gesichert sind, sie allerdings in den endbronzezeitlichen Glasperlen von Rathgall, Co. Wicklow gute Entsprechungen finden. Vgl. dazu J. Henderson/B. Raftery, Some glass beads of the later Bronze Age in Ireland. In: C. Dobiat u.a. (Hrsg.), Glasperlen der vorrömischen Eisenzeit II. Ringaugenperlen und verwandte Perlengruppen. Marburger Studien zur Vor- und Frühgeschichte 9 (Marburg 1987) 39 ff.

[296] Vgl. Henderson 1988b, 439 ff. mit Abb. 2 u. 3.

[297] Ebd.

[298] Braun 1983, 157; Henderson 1989, 41 f. mit Fig. 2.3.

[299] Hartmann u.a. 1997, 547–559 mit Tab. 1 u. Abb. 5–7. Die Autoren nehmen hier eine andere, interpretative Benennung der bereits aus der Literatur bekannten magnesiumreichen bzw. -armen Glastypen vor, hier wird von Pflanzenaschen- bzw. Natrongläsern gesprochen. Grundsätzliches zur Terminologie und den Veränderungen in der Klassifizierung von Glastypen ebd. 551.

[300] Bellintani u.a. 2001, 8 f.

[301] Venclová 1990, 42; Frána/Mastallka, 1989, 37 ff. insbesondere S. 69 f. m. Tab. 7.

V. Glasperlen

die lokale Fertigung des gemischt-alkalischen Glases erbracht wurde[302], so dass man davon ausgehen kann, dass eine eigenständige Glasproduktion und Verarbeitung im endbronzezeitlichen Europa neben den Gläsern ostmediterranen oder vorderasiatischen Ursprungs ihren Platz hatte[303].

3. Analyseverfahren

3.1. Messprinzip

Die chemische Analyse der 21 Glasperlen und eines Glasperlenfragmentes des Allendorfer Hortfundes wurde an der Ruhr-Universität Bochum von Dr. H. J. Bernhardt mit einer Elektronenstrahlmikrosonde CAMECA SX 50 durchgeführt.

Die Mikrosondenanalytik beruht auf folgendem Prinzip: in einer so genannten Elektronen-Kanone werden Elektronen freigesetzt und auf eine bestimmte, wählbare Spannung beschleunigt (Anregungsspannung). Danach werden sie mit Hilfe von elektromagnetischen Linsen zu einem sehr feinen (< 1 μm) Strahl fokussiert und auf die zu analysierende Probe geschossen. Sie dringen in die Probe ein und regen die dort vorhandenen Elemente unter anderem zur Aussendung so genannter charakteristischer Röntgenstrahlung an. Diese wird unter Verwendung von Kristallspektrometern analysiert in Bezug auf Peaklagen, die auf das emittierende Element schließen lassen und Peakintensitäten, die ein Maß für die Konzentration des betreffenden Elementes in der Probe darstellen. Die absolute Quantifizierung erfolgt mittels Standards, deren Zusammensetzung genau bekannt ist. Die einzelnen verwendeten Standards sind der Tabelle 6 zu entnehmen. In einem weiteren Schritt müssen die erhaltenen Werte auf Matrixeinflüsse von Probe und Standards korrigiert werden. Die Matrixkorrektur erfolgt mit dem PAP-Programm nach Pouchou und Pichoir[304].

Die Eindringtiefe der Elektronen ist abhängig von der gewählten Anregungsspannung, sie kann von μm-Bruchteilen bis zu mehreren μm betragen.

Um gute Analysen zu erhalten, ist es notwendig, dass die Probe im zu analysierenden Bereich poliert ist. Zur Ableitung der eingestrahlten Elektronen werden nicht leitende Proben wie Silikate oder Oxide durch Aufdampfen einer Kohlenstoffschicht leitend gemacht.

Normalerweise arbeitet diese Methode zerstörungsfrei. Es gibt jedoch Proben, wie z.B. wasser-, natriumhaltige Gläser, die empfindlich auf den Elektronenbeschuss reagieren. Die Analysebedingungen müssen daher so optimiert werden, dass einerseits Zerstörungen minimiert werden, andererseits die Analysequalität nicht zu sehr leidet. Möglichkeiten hierzu sind die Verringerung des Strahlstroms oder der Anregungsspannung sowie das Aufweiten des Strahls.

Die folgenden 18 Elemente wurden analysiert: Na, Mg, Al, Si, Cl, K, Ca, Ti, Cr, Mn, Fe, Co, Ni, Cu, Zn, Sb, P, Pb.

Auf jeder Glasperle wurden in Abhängigkeit von der Größe und der Beschaffenheit der präparierten Fläche zwischen 5 und 50 Einzelpunkte analysiert. Grundsätzlich war eine große Anzahl von Messpunkten gewünscht, um die statistische Sicherheit der Analysen zu erhöhen. Die durch die Analysen gewonnenen Elementgehalte wurden über Stöcheometriefaktoren in Oxide umgerechnet[305]. Gute Analysesummen betragen $100 \pm 1,5$ Gew.%. Die hier gewonnenen Daten liegen zum Teil darunter oder darüber. Dieser Sachverhalt wird weiter unten ausgeführt. Der für diese Analysetechnik angenommene relative Fehler liegt bei 1 % für die Hauptelemente und 5 % für die Nebenelemente. Bezüglich der Spurenelemente muss von einem Fehlerwert > 5 % ausgegangen werden.

Element	Linie	Standard	Element	Linie	Standard
Na	Kα	Jadeit	Cu	Kα	CuO
Si	Kα	Pyrop	Zn	Kα	ZnO
Mg	Kα	Pyrop	Cl	Kα	NaCl
Al	Kα	Pyrop	K	Kα	K-Glas
Cr	Kα	Cr_2O_3	Ca	Kα	Andradit
Mn	Kα	Spessartin	Ti	Kα	TiO_2
Fe	Kα	Andradit	Sb	Lα	Sb_2O_3
Co	Kα	Co	P	Kα	$AlPO_4$
Ni	Kα	NiO	Pb	Mα	PbS

Tab. 6: EMS-Standards

---

[302] Brill 1992, 11 ff. mit Tab.1. dazu auch Henderson/Ponting 1999, 4 f.

[303] In wie weit das magnesiumreiche Glas als Rohglas oder aber als fertiges Objekt nach Europa gelangte, wird weiter unter diskutiert.

[304] J. L. Pouchou, F. Pichoir, A new model for quantitative x-ray microanalysis. Part F: Application to the analysis of homogeneous samples. Rech. Aérosp. 1984, Heft 3, 13–38.

[305] Heinrichs/Herrmann 1990.

3.2. Probenpräparation

Bei der Elektronenstrahlmikrosondenanalyse handelt es sich um eine Oberflächenanalytik. Das bedeutet insbesondere für archäologische Fundstücke, dass mit dieser Methode annähernd zerstörungsfrei gearbeitet werden kann.

Gläser erfahren im Boden aufgrund ihrer unterschiedlichen Zusammensetzungen und des jeweils vorhandenen Bodenmilieus divergierende Korrosionserscheinungen. In der Regel wandelt sich ein Teil der antiken Glasoberfläche in eine so genannte Kortex um, deren chemische Zusammensetzung sich in soweit von jener der ursprünglichen Glasmatrix unterscheidet, als dass einzelne Elemente sich abreichern, andere hingegen anreichern. So war es zur Analyse der Allendorfer Stücke notwendig, die Kortex punktuell zu entfernen. Der gewählte Ausschnitt auf der Perlenoberfläche war abhängig von der Gestaltung der Perle. So konnte hinsichtlich der monochromen Perlen ein Bereich gesucht werden, der das spätere Erscheinungsbild des Objektes kaum beeinträchtigen würde. Bezüglich der mehrfarbigen Perlen ergaben sich jedoch einige Einschränkungen, da innerhalb der zu präparierenden Fläche sowohl der Glasgrundkörper als auch die Farbeinlage erfasst werden musste.

Zunächst wurde jede Perle einzeln in einem Probenhalter fixiert und in eine ca. 3 mm starke Acrylharzschicht eingebettet. Anschließend wurde der gewählte Perlenausschnitt in einem Durchmesser von 1 bis 2 mm, in Ausnahmen bis maximal 4 mm angeschliffen und danach mit Diamantpaste der Körnung 1 μm poliert. Abschließend wurden die Proben mit Kohlenstoff bedampft.

3.3. Messbedingungen

Die Allendorfer Fundstücke wurden aufgrund der Verfügbarkeit von Messzeiten in zwei zeitlich getrennten Abschnitten analysiert. Die erste Messreihe wurde im Dezember 1999, die zweite im Juli 2000 durchgeführt[306]. Insgesamt wurden 32 Einzelanalysen, davon 21 Matrixanalysen und 11 Farbeinlageanalysen, erstellt. Die einzelnen Messbedingungen sind der Tabelle 7 zu entnehmen.

Mikrosonde: CAMECA SX 50	Anzahl Spektrometer: 4
Elektronenstrahl: defokussiert, 12 μm Durchmesser	Kristalle: 2 x TAP, Lif, PET
Anregungsspannung: 15 kV	Zählzeit: 20 sec.
Strahlstrom: 9 bzw. 10 nA	Anzahl der Messpunkte pro Perle: 5–50
Eindringtiefe des Elektronenstrahls: 1–1,5 μm	

Tab. 7: Messbedingungen

In der Literatur diskutiert man den Einfluss des Elektronenstrahldurchmessers auf die Abreicherung der leicht flüchtigen Alkalien Natrium und Kalium[307]. So wurde in den Arbeiten von Henderson[308] und Hartmann[309] mit einem defokussierten Strahl von 50 und 80 μm Durchmesser analysiert. Allerdings gehen diese Größenverhältnisse zum Teil auch mit höheren Anregungsspannungen und Strahlstromstärken einher als bei den hier beschriebenen Messbedingungen. Ein derart weit defokussierter Elektronenstrahl setzt allerdings auch voraus, dass es sich um eine homogene, nicht verwitterte oder von Einschlüssen anderer Art durchzogene Probe handelt. All diese Faktoren spielen aber eine große Rolle bei der Analyse antiker Gläser[310]. So wurde im Zusammenhang mit den Allendorfer Perlen, die schon äußerlich betrachtet unterschiedliche Verwitterungen und Matrixqualitäten erkennen lassen, ein nur leicht defokussierter Strahl von 12 μm Durchmesser gewählt, um die einzelnen Messpunkte genauer festlegen zu können bzw. um gezielt Einschlüsse und andere Inhomogenitäten anvisieren und analysieren zu können.

Die erzielten Analysesummen bestätigen weitgehend die Richtigkeit der hier gewählten Parameter. Allerdings haben sich die Messbedingungen an einigen Perlen als unzureichend erwiesen. So ergaben sich aus den 22 Matrixanalysen 7 Untersuchungen, die unzureichende Analysesummen aufwiesen. Diese waren einmal zu hoch, sonst bewegten sie sich zwischen Werten von 85,4 und 90,4 Gew.%[311]. Auffällig

---

[306] In der 1. Analysereihe wurden folgende Perlen untersucht: Kat.-Nr.: 55, 56, 58, 60, 68, 77, 82, 87, 88, 93, 94, 96; in der 2. Analysereihe die Perlen: Kat.-Nr.: 71, 72, 73, 74, 76, 78, 79, 81, 85, 89, 98.

[307] Henderson 1988a, 78 f.
[308] Ebd.; ders. 1989, 57; ders. 1993, 111.
[309] Hartmann u.a. 1997, 549 f.
[310] Vgl. dazu die Ausführungen weiter unten im Abschnitt Datenaufbereitung.
[311] Anhang I, Analysen 6, 12, 13–15, 18, 22.

V. Glasperlen

ist, dass hinsichtlich der fehlerhaften Analysesummen überwiegend die schwarzen Perlen und nur eine blaue Perle betroffen sind. Die unzureichenden Analysesummen sind i.d.R. auf einen zu niedrigen Natriumwert und einen im Zuge dessen erhöhten Siliciumwert zurückzuführen; Kontrollmessungen an einzelnen Perlen haben dies bestätigt. Einerseits kann dieser Fehler auf eine Abwanderung des Natriums im Boden zurückgeführt werden; dies würde bedeuten, dass die blauen Gläser über einen höheren strukturellen Zusammenhalt verfügen als die anderen Gläser. Ferner ist einzubeziehen, dass die Tiefe der Verwitterungsschicht von Perle zu Perle stark variiert und somit vielleicht nicht bei allen Exemplaren durch die Politur die ursprüngliche und unverwitterte Glasmatrix angetroffen wurde. Demnach würde ein Großteil des analysierten Bereiches heute aus Wasser bestehen. Verfolgt man diesen Gedanken noch etwas weiter, so kann man auch davon ausgehen, dass die einheitlich gewählten Messbedingungen bei unterschiedlichen Gläsern zu unterschiedlichen Toleranzbereichen führen, was den Verlust der leicht flüchtigen Elemente betrifft, in diesem Fall das Natrium. Oder aber es ist während der Analyse zu Fehlern, wie etwa der Dejustierung des Elektronenstrahls, gekommen, die zu einem deutlichen Verlust der Natriumgehalte geführt haben.

Von diesem Sachverhalt sind auch die Analysen der Farbeinlagen betroffen. Fünf von zehn der untersuchten Stücke haben niedrige Analysesummen unter 90 Gew.% ergeben. Auch hier sind bis auf eine Ausnahme nur die schwarzen Gläser hinsichtlich des Natriumwertes beeinträchtigt. Die einzige Perle blaugrüner Grundfarbe zeigte schon mit dem bloßen Auge deutlich erkennbare starke Verwitterungserscheinungen, so dass hier auch keine unbeeinträchtigten Analyseergebnisse erwartet wurden. Das Maß der Verwitterung wird hier sehr deutlich an der fast gänzlichen Abreicherung der Elemente Natrium und Kalium und einer daran gekoppelten Zunahme des Siliciums[312].

Wie auch immer man die deutlich verminderten Natriumgehalte erklären will, so lassen sich die hier erwähnten Analysen jedoch unter Vorbehalt in die Auswertung einbinden. Wie aus Vergleichsanalysen hervorgeht, ist i.d.R. das Verhältnis Natrium zu Silicium betroffen, alle weiteren Elemente gehen stabil aus der Analyse hervor. So wurden an den betreffenden Daten der einzelnen Perlen Korrekturrechnungen vorgenommen, die in diesem Zusammenhang benutzten Faktoren gehen auf Durchschnittswerte gesicherter Analysen zurück. Zur Korrektur konnten natürlich nur Gläser herangezogen werden, die über eine entsprechend ähnliche Grundzusammensetzung verfügen. So konnten die Korrekturrechnungen an den Matrixanalysen erfolgreich durchgeführt werden, hinsichtlich der analysierten Farbeinlagen musste darauf verzichtet werden, da entsprechende Vergleichsdaten nicht zur Verfügung standen. Dies macht die Analysen allerdings nicht unbrauchbar, denn die Frage nach den farbgebenden Bestandteilen kann trotz dieser Defizite geklärt werden. Ebenso lassen sich diese Gläser den einzelnen, noch zu besprechenden Glastypen unter Vorbehalt zuordnen, da ein Datenabgleich mit gesicherten Matrixanalysen gute Entsprechungen in den Bereichen der einzelne Glastypen charakterisierenden Elemente ergeben hat[313].

3.4. Datenaufbereitung

Die durch die Elektronenstrahlmikrosondenanalysen gemessenen Elementkonzentrationen wurden über Stöcheometriefaktoren in Oxide umgerechnet[314]. Dabei wurde Fe als Gesamteisen Fe_2O_3 angegeben.

Die an einem Analysepunkt gewonnenen Daten werden hier als Datenreihe, die Werte aus allen Messpunkten einer Perle als Datensatz bezeichnet. Bevor die jeweiligen Mittelwerte aus den Einzelmessungen gebildet wurden, mussten die Datensätze statistisch überprüft und gegebenenfalls bereinigt werden. So wurden zunächst die Datenreihen, in denen sich SiO_2-Einschlüsse von 88–100 Gew.% befanden, komplett aus dem Datensatz entfernt. Der Ausschluss der jeweiligen Datenreihe bestätigte sich dadurch, dass auch die zugehörigen Oxidwerte nach statistischer Überprüfung im Gesamtdatensatz herausfielen. Hier wird deutlich, dass auch bei einem nur wenig defokussierten Elektronenstrahl immer wieder Siliciumeinschlüsse erfasst werden, da diese z.T. optisch nicht zu erkennen sind. Um so sinnvoller ist es, eine große Anzahl von Analysepunkten zu setzen, da somit nach statistischer Bereinigung des Datensatzes noch eine große Grundmenge an Werten erhalten bleibt. Die Anzahl von 3 bzw. 5 Messpunkten in den Arbeiten von Henderson bzw. Hartmann geben nicht viel Spielraum für statistische Bearbeitungen, dies erklärt auch die zum Teil sehr großen Werte der Standardabweichungen in ihren Analysen[315].

---

[312] Vgl. dazu die Werte in Anhang I, Analyse 24.

[313] Korrigiert wurden die Natrium- und Siliciumgehalte an den Perlen Nr. 71, 72, 79, 81, 82, 89, 98.

[314] Heinrichs/Herrmann 1990, 47 ff.

315 Vgl. Henderson 1988a, 78 f.; Hartmann u.a. 1997, 549 f.

Bei der Betrachtung aller Einzelwerte eines Oxides wird deutlich, dass die Werte zufällig streuen und sich um einen mittleren Wert häufen. So wurden in jedem Datensatz die einzelnen Oxide mit der so genannten 4s-Schranke bzw. dem Q-Test nach Dean und Dixon auf Zugehörigkeit überprüft[316]. Im Anschluss daran wurden die jeweiligen Mittelwerte aus dem verbliebenen Datensatz gebildet. Diese finden sich unter Angabe der Standardabweichung (s), der Variationsbreite (minimaler und maximaler Wert) und der Anzahl der hier verwendeten Messwerte (n) in den Tabellen des Anhang I[317]. In Anhang II finden sich die Mittelwerte der einzelnen Perlen wieder. In Anhang III liegen die Analyseergebnisse all jener Einschlüsse vor, die zur Bestimmung der farbgebenden Komponenten bzw. zur Klärung von Inhomogenitäten der Matrix gezielt untersucht wurden. Auf eine jeweilige Mittelwertbildung wurde hier verzichtet, da es sich i.d.R. um Neu- bzw. Umbildungen im Glas handelt, die durch deutliche Divergenzen hinsichtlich der Elementgehalte gekennzeichnet sind.

4. Ergebnisse

4.1. Glasherstellung

Die Ausführungen im Kapitel zur Typenchronologie haben deutlich gezeigt, dass die Glasperlen sich nach einzelnen Perlentypen sortieren und diese Gruppierungen sich sowohl räumlich als auch zeitlich erfassen lassen. Um Analogien oder Abweichungen von diesen Ergebnissen in Bezug auf die chemische Rezeptur der Gläser feststellen zu können, werden im folgenden zunächst alle Gläser gemeinsam hinsichtlich ihrer Grundzusammensetzung untersucht und miteinander verglichen. Dieser Auswertung wird ein kleiner allgemeiner Einblick in die Glasherstellung vorangestellt.

Drei Grundstoffe finden sich in antikem Glas: Natron, Kalk und Silikate. Das Silicium bildet den ersten Grundstoff, es ist der so genannte Netzwerkbildner. Da aber z. B. reiner Quarz einen Schmelzpunkt von 1710° C besitzt, muss mit Hilfe eines Netzwerkwandlers die Schmelztemperatur gesenkt werden. Als ein solches Flussmittel fungiert ein Alkali wie Natrium oder Kalium. Das Glas wird nun länger, d.h. die Schmelztemperatur wird deutlich gesenkt. Allerdings hat dies den unerwünschten Nebeneffekt, dass das Gemenge wasserlöslich wird. Hier helfen nun Stabilisatoren wie Magnesium und Calcium, die das Glas haltbar machen. Jedoch ist Kalk in der Regel kein bewusster Zuschlag, sondern ist z.B. in Form von Muschelsplittern bereits im Sand vorhanden[318]. Verschiedenen Autoren ist zu entnehmen, dass ein Glas mit Anteilen von ca. 18–20% Na_2O, 6–9% CaO und 68–72% SiO_2 einen Erweichungspunkt und somit eine Verarbeitungstemperatur von 1000–1100°C hat[319].

Aus antiken Quellen weiß man zumindest mehr über den Herstellungsprozess des Glases in Mesopotamien. So wurde es in zwei Arbeitsschritten gefertigt. Zunächst entsteht bei ca. 850°C die so genannte Fritte, d.h. Sand und Alkali sintern über lange Zeit. Nach dem Abkühlen der Fritte wird diese fein zermahlen und bei höherer Temperatur geschmolzen, so entsteht geläutertes Glas[320].

Das Färben des Glases kann in technischer Hinsicht sowohl während des direkten Herstellungsprozesses vorgenommen werden, als auch im Anschluss daran. Allerdings lässt sich die Frage nach der Reihenfolge nicht beantworten; sicher erscheint beim derzeitigen Forschungsstand allerdings, dass sowohl der Vorgang der Glasherstellung als auch des Färbens in einem Werkstattbereich zu suchen sind. Die Verarbeitung des Glases kann unabhängig davon in rein weiterverarbeitenden Werkstätten erfolgt sein. Wie die Funde aus dem Schiffswrack von Ulu Burun belegen, ist eingefärbtes Rohglas verhandelt worden. Es handelt sich hierbei um kobaltblau gefärbtes Glas, dessen Grundrezeptur gut mit der chemischen Matrix mykenischer Amulette und ägyptischer Sandkerngefäße korrespondiert. Die Funde stammen aus dem 14. vorchristlichen Jahrhundert[321]. Analysen an Perlen und Rohglasbarren aus Frattesina belegen, dass hier die Rohgläser über einen höheren Kupfergehalt verfügen als die Perlen, so dass man hier von einer in-

---

[316] Heinrichs/Herrmann 1990, 109 ff.; F. Ehrenberg, S. Gorbach, Methoden der organischen Elementar- und Spurenanalyse (Weinheim 1973) 412 ff.; J.S. Fritz, G.H. Schenk, Quantitative analytische Chemie (Braunschweig 1979) 48 ff.

[317] Die Nummerierung der Analysetabellen entspricht nicht der Analysereihenfolge. Es erschien sinnvoller die untersuchten Objekte nach der Grundfarbe, d. h. Blau, Schwarz und Farbeinlage, in Tabellen zusammenzufassen. Die Gruppierung der Perlen in den zwei Analysereihen ist der Anmerkung 306 zu entnehmen. In Anhang I finden sich die noch unkorrigierten Mittelwerte der vom Natriumverlust betroffenen Perlen, in Anhang II sind diese jeweils durch korrigierte Werte ersetzt.

[318] Henderson 1985, 277 erwähnt ein Zitat von Plinius, der Muscheln als Rohstoff des Glasmachers bezeichnet.

[319] Henderson 1985, 271 f. mit weiteren Beispielen zur Glaszusammensetzung und den entsprechenden Temperaturen.

[320] Vgl. Dazu Stern/Schlick-Nolte 1994, 19 f. Auch hier bezieht man sich wieder auf die Keilschrifttexte aus Ninive.

[321] Brill in: G. F. Bass, A bronze age shipwreck at Ulu Burun (Kaş): 1984 Campaign. Am. Journal Arch. 90, 1986, 281 ff. m. Anm. 55.

V. Glasperlen

tentionellen starken Färbung der Rohgläser zur Kolorierung anderer Gläser ausgeht[322].

4.2. Die Grundgläser im Vergleich

In einem ersten Schritt soll die Frage nach der Grundrezeptur der Allendorfer Gläser geklärt werden. Nach einem Vergleich der Glasgruppen untereinander werden die Zusammensetzungen hinsichtlich der einzelnen Rohstoffe und deren Ursprungs diskutiert. In diesem Zusammenhang muss zunächst die reduzierte Zusammensetzung in Augenschein genommen werden, d.h. es werden die sieben Haupt- und Nebenbestandteile Silicium, Natrium, Kalium, Magnesium, Calcium, Aluminium und Eisen betrachtet. Farbgebende Elemente und weitere Spurenelemente werden aus der Analysesumme herausgenommen und die verbleibenden Oxide auf 100 %* hochgerechnet[323]. Diesem Ansatz geht voraus, dass färbende, entfärbende und opacifierende Bestandteile einem Grundglas bewusst zugeschlagen wurden. Unerheblich für die Grundrezeptur ist hierbei, ob die Grundglasherstellung und die Aufbereitung dessen in einem oder zwei getrennten Arbeitsschritten vom Glashandwerker vorgenommen wurde.

Eisen stellt normalerweise eine natürliche Verunreinigung im Glas von ca. 0,5 bis 1 Gew.% dar; es gelangt hauptsächlich über den Sand in das Gemenge. Die Gesamtbetrachtung aller Allendorfer Perlen gestaltet sich insofern schwierig, da Eisen bei den schwarzen Perlen als farbgebende Substanz mit Gehalten von 4 bis 15 Gew.% eingesetzt wurde. Zwei Möglichkeiten bestanden, zum einen konnte bei allen Gläsern der Eisengehalt unberücksichtigt bleiben, daraus resultieren aber Schwierigkeiten bei der Einbindung eines Großteils der Allendorfer Analysen in vergleichbare Arbeiten. Die andere Möglichkeit, den Eisengehalt bei den blauen Perlen wie üblich einzubeziehen und hinsichtlich der schwarzen Perlen von einem Eisengrundgehalt von 1 Gew.% als natürlicher Verunreinigung auszugehen, erschien in diesem Zusammenhang plausibel[324]. Der Eisengehalt wurde demnach bei den schwarzen Perlen nicht in die Aufrechnung der Grundbestandteile einbezogen, und somit wurden die verbleibenden sechs Oxide nur auf 99 %* hochgerechnet. Die Farbeinlagen der einzelnen Gläser werden erst in einem zweiten Schritt in diese Betrachtung einbezogen.

Das Diagramm 1 lässt erste Gruppierungen deutlich erkennen. Es hat sich in der aktuellen Forschung gezeigt, dass die Verhältnisse zwischen den Elementen Kalium, Natrium und Magnesium als maßgebliche Charakteristika der bislang bekannten Grundglastypen herangezogen werden können[325]. So setzt sich eindeutig die erste Glasgruppe ab, die durch einen hohen Kaliumgehalt und einen geringen Magnesiumanteil charakterisiert ist. Zwei weitere Gläser sind zu erkennen, die zum einen beide durch einen niedrigen Kaliumgehalt gekennzeichnet sind. Die Abgrenzung dieser Glasgruppe 2 in zwei Untergruppen ist jedoch deutlich an den Magnesiumwerten vorzunehmen. Während die eine Gruppe breit oberhalb von 2 %* streut, gruppiert sich die andere eng zusammen unterhalb eines Gehaltes von 1 %*.

---

[322] Bellintani u.a. 2001, 23.

[323] Dieser Ansatz geht weitgehend auf die Arbeiten von Brill zurück, vgl. dazu Brill 1986, 1–25, ders. 1992, 12; im folgenden werden die reduzierten Gehalte durch ein * gekennzeichnet.

[324] Der maximale Gehalt von 1 Gew.% wirkt sich auf die Umrechnung der einzelnen Elemente hinsichtlich der reduzierten Zusammensetzung nur sekundär im Bereich der 1. oder 2. Dezimalstelle aus, lediglich die Siliciumgehalte schwanken um 0,32–0,85 Gew.%.; die Annahme von 1 Gew.% natürlicher Verunreinigung geht auf folgende Analysen zurück: Brill 1992, 13: 6 spätbronzezeitliche Glasperlen: 0,40–0,82 Fe_2O_3 Gew.%; Henderson 1993, 116 ff.: 20 spätbronzezeitliche Glasperlen: 0,3–1,0 Fe_2O_3 Gew.%; Braun 1983, 150 f. 22 HaC-zeitliche Perlen: 0,18– 0,72 Fe_2O_3 Gew.%; Hartmann u.a. 1997, 16 Glasperlen aus der Spätbronze- und der Eisenzeit: 0,04–1,05 FeO Gew.%.

[325] Hier wird das Verhältnis von Kalium zu Magnesium bevorzugt zur Differenzierung herangezogen, da bei einigen Perlen die Natriumwerte einer rechnerischen Korrektur unterzogen wurden, die Kaliumwerte hingegen gesichert aus den Analysen hervorgingen.

4. Ergebnisse

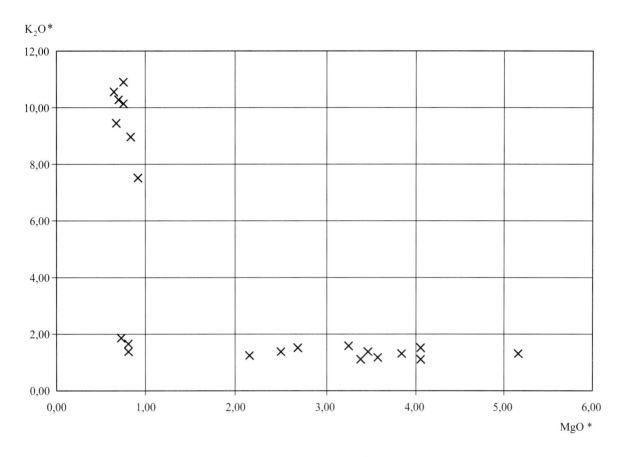

Diagramm 1: Plot K_2O^* / MgO^* Allendorfer Perlen

4.2.1. Glasgruppe 1

Zunächst soll die erste Glasgruppe erläutert werden. Es handelt sich um eine grüne und sechs blaue Glasperlen, deren Matrix aus einem Grundglas annähernd gleicher Rezeptur besteht[326].

Vergleicht man die Verteilung der einzelnen Werte im Diagramm 2, so wird deutlich, dass nur kleinere Mengenabweichungen festzustellen sind.

Insgesamt präsentieren sich die sieben Gläser als sehr einheitlich. Insbesondere die Verteilung der charakteristischen Oxide von Natrium, Kalium und Magnesium zeigen ein sehr gleichverlaufendes Bild. Größere Schwankungen lassen sich nur vereinzelt bei den Calcium- und Aluminiumgehalten ablesen. Die Tabelle 8 verdeutlicht diesen Sachverhalt.

---

[326] Es handelt sich um folgende, blaue, bzw. grüne Stücke: Katalog Nr.: 55, 68, 73, 74, 76, 77, 78; Taf. 16–18.

V. Glasperlen

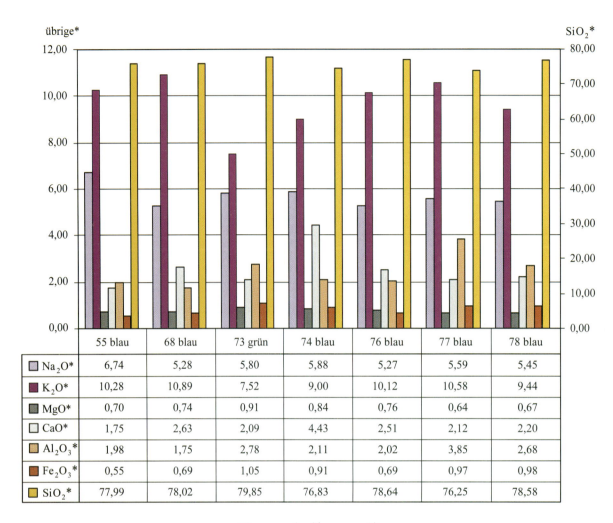

Diagramm 2: Glasgruppe 1*

	Min.	Mittelwert n = 7	Max.
SiO$_2$*	76,25	**78,00**	79,85
Na$_2$O*	5,27	**5,72**	6,74
K$_2$O*	7,52	**9,69**	10,89
MgO*	0,64	**0,75**	0,91
CaO*	1,75	**2,53**	4,43
Al$_2$O$_3$*	1,75	**2,45**	3,85
Fe$_2$O$_3$*	0,55	**0,83**	1,05
P$_2$O$_5$	0,14	**0,18**	0,26
Cl	0,03	**0,08**	0,14

Tab. 8: Glasgruppe 1: Mittelwerte der gemischt-alkalischen Gläser *

Es handelt sich hier um ein gemischt-alkalisches Glas, deutlich überwiegt der Kaliumanteil von durchschnittlich 9,69%* gegenüber einem durchschnittlichen Natriumwert von 5,72%*. Die gesamte Alkalimenge setzt sich aus Natrium und Kalium zusammen in einem durchschnittlichen Verhältnis von F = 0,60. Aus der Tabelle 9 geht hervor, dass auf einen Anteil Kalium* 0,49 bis maximal 0,77 Anteile Natrium* im Gemenge enthalten waren. Die hier festgestellten Verhältnisse der einzelnen Perlen liegen nah beieinander, so dass sich die Frage stellt, ob die beiden Komponenten über einen gemeinsamen Zuschlagsstoff oder über die jeweils gleiche Rohstoffmischung in das Glasgemenge eingebracht wurden. Ferner besitzen die Perlen im Vergleich zur Glasgruppe 2 einen hohen Anteil an Silicium von durchschnittlich 78%*[327]. Die Perle 73 weist den niedrigsten Kaliumwert, bzw. den kleinsten Gesamtalkaligehalt von

---
[327] Vgl. dazu die Werte in Tabelle 5, ähnlich hoch sind die Gehalte der Glasgruppe 2b, dies wird weiter unten ausgeführt.

13,30 %* auf und erstaunlicherweise den höchsten Siliciumanteil. Dies verwundert insofern, als dass ein derart hoher Siliciumanteil einen entsprechend höheren Alkalianteil zur Senkung der Schmelztemperatur erfordern würde[328].

KatNr.	F = Na_2O^* / K_2O^*	F = $Fe_2O_3^*$ / $Al_2O_3^*$
55	0,66	0,28
68	0,49	0,39
73	0,77	0,38
74	0,65	0,43
76	0,52	0,34
77	0,53	0,25
78	0,58	0,37

Tab. 9: Glasgruppe 1: Verhältnis Na_2O^*/K_2O^* und $Fe_2O_3^*/Al_2O_3^*$

Die gemischt-alkalische Zusammensetzung dieser Gläser geht mit einheitlich niedrigen Magnesiumwerten einher, die alle unter 1 %* betragen, bis auf eine Ausnahme sind auch die Calciumgehalte niedrig, sie liegen zwischen 1,75 und 2,63 %*, nur Perle 74 weist einen höheren Anteil von 4,43 %* auf.

Es lassen sich noch detailliertere Aussagen zu den einzelnen Inhaltsstoffen gewinnen. Betrachtet man das Diagramm 3, so werden einzelne Zusammenhänge klar.

Allen sieben Perlen ist die negative Korrelation von Kalium zu Natrium gemeinsam. Dies wurde auch schon an den relativ eng beieinander liegenden Faktoren dieses Verhältnisses klar. Gleichlauf bedeutet nicht, dass das Verhältnis der jeweiligen Inhaltsstoffe einem bestimmten Wert entsprechen muss, sondern es bewegt sich in einem engen Rahmen. Aus Tabelle 9 geht hervor, dass vier Perlen ein sehr ähnliche Verhältnis von Eisen zu Aluminium besitzen[329]. Hinsichtlich der weiteren Bestandteile teilt sich die Gruppe jedoch. So zeigt sich an den drei Perlen Nr. 68, 73 und 76 insgesamt ein Gleichlauf der Oxide von Magnesium, Natrium, Aluminium und Eisen, der negativ mit dem Gleichlauf von Kalium und Calcium korreliert. Etwas anders und nicht ganz so eindeutig sieht das Bild bei den verbleibenden vier Perlen aus; auf der einen Seite korrelieren die Werte von Kalium, Aluminium und Eisen positiv miteinander, auf der anderen Seite ist ein ungefährer Gleichlauf der Werte von Natrium, Magnesium und Calcium festzustellen[330]. Weitere Ausführungen und Erklärungsmodelle zu diesen Zusammenhängen finden sich im Kapitel V.4.3. zu den Rohstoffen.

---

[328] Vgl. die Werte in Diagramm 2.
[329] Vgl. die diesbezüglichen Faktoren der Perlen 68, 73, 76 und 78, die sich zwischen 0,34 und 0,39 bewegen.
[330] Allerdings fällt der Calciumwert der Perle 55 in diesem Zusammenhang zu niedrig aus.

V. Glasperlen

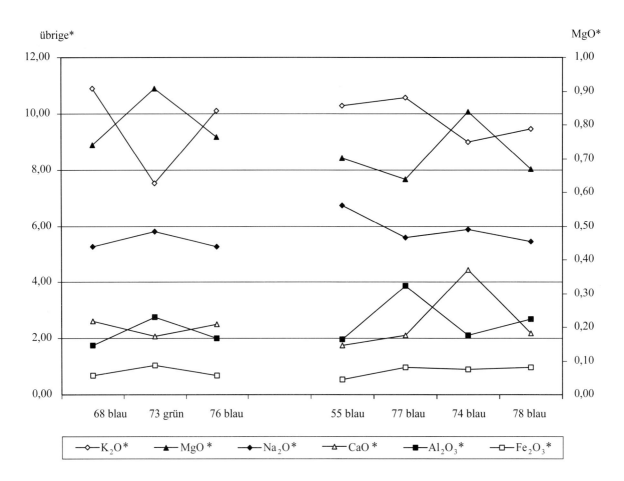

Diagramm 3: Glasgruppe 1*

4. Ergebnisse

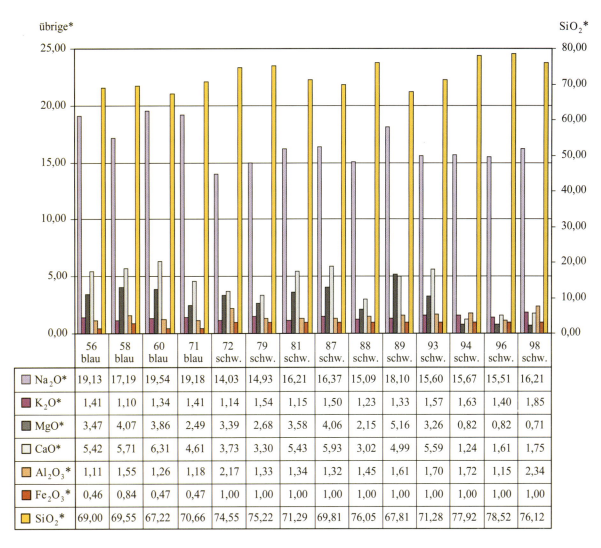

Diagramm 4: Glasgruppe 2: blaue und schwarze Perlen *(schwarze Perlen: Fe$_2$O$_3$ fix)

4.2.2. Glasgruppe 2

Nun soll die zweite Glasgruppe in Augenschein genommen werden. Es handelt sich um vier blaue und zehn schwarze Perlen[331]. Das Diagramm 4 zeigt die Werteverteilung der maßgeblichen Oxide.

Wie bereits oben ausgeführt, ist der Wert für Fe$_2$O$_3$ bei den schwarzen Perlen auf 1%* festgelegt worden. Bei diesen Perlen handelt es sich insgesamt um Natron-Kalk-Gläser. Allen Perlen ist der kennzeichnende hohe Natriumwert gemeinsam, der zwischen 14,03 und 19,54%* liegt. Hinzu kommt ein recht einheitlicher niedriger Kaliumwert von 1,10 bis 1,86%*. Auch die Aluminiumwerte bewegen sich, bis auf zwei Ausnahmen, einheitlich im Rahmen von 1,11 bis 1,72%*. Die Glasgruppe 2 zeigt zwei Untergruppen, hier benannt als Gruppe 2a und 2b[332]. Zur Gruppe 2a gehören die Perlen Nr. 56 bis Nr. 93, in der dargestellten Reihenfolge des Diagramms. Die Gruppe 2b setzt sich aus den drei Perlen Nr. 94, 96 und 98 zusammen. Die Differenzierung dieser Gesamtgruppe wurde anhand der deutlich zu unterscheidenden Magnesium- und Calciumgehalte vorgenommen, so dass hier analog zur derzeitigen Forschungslage von magnesiumreichem und magnesiumarmen Natron-Kalk-Glas gesprochen werden kann[333]. Zur detaillierten Betrachtung dieser Glasgruppen dienen auch hier wieder die reduzierten Mittelwerte der einzelnen Bestandteile, wiedergegeben in Tabelle 10.

---

[331] Es handelt sich um die vier blauen Perlen: Katalog Nr. 56, 58, 60, 71; Taf. 16; Nr. 71 ohne Abb.; die elf schwarzen Perlen: Katalog Nr. 72, 79, 81, 82, 87, 88, 89, 93, 94, 96, 98; Taf. 18–22.

[332] Dies war schon bei der Betrachtung von Diagramm 1 hinsichtlich der Magnesiumgehalte deutlich geworden.

[333] Henderson 1988b, 439 ff.; ders. 2000, 48 ff.; Hartmann u.a. 1997, 551.

V. Glasperlen

	Glasgruppe 2a blaue Perlen n = 4			Glasgruppe 2a schwarze Perlen n = 7		
	Min.	Mittelwert	Max.	Min.	Mittelwert	Max.
SiO$_2$*	67,22	**69,11**	70,66	67,81	**72,29**	76,05
Na$_2$O	17,19	**18,76**	19,54	14,03	**15,76**	18,10
K$_2$O*	1,10	**1,32**	1,41	1,14	**1,35**	1,57
MgO*	2,49	**3,47**	4,07	2,15	**3,47**	5,16
CaO*	4,61	**5,51**	6,31	3,02	**4,57**	5,93
Al$_2$O$_3$	1,11	**1,28**	1,55	1,32	**1,56**	2,17
Fe$_2$O$_3$	0,46	**0,56**	0,84		**1 fix**	
P$_2$O$_5$	0,16	**0,21**	0,29	0,11	**0,15**	0,18
Cl	0,58	**0,85**	1,15	0,43	**0,65**	0,85
	Glasgruppe 2a gesamt n = 11			Glasgruppe 2b schwarze Perlen n = 3		
	Min.	Mittelwert	Max.	Min.	Mittelwert	Max.
SiO$_2$*				76,12	**77,52**	78,52
Na$_2$O				15,51	**15,80**	16,21
K$_2$O*	1,10	**1,34**	1,57	1,40	**1,63**	1,85
MgO*	2,15	**3,47**	5,16	0,71	**0,78**	0,82
CaO*	3,02	**4,91**	6,31	1,24	**1,53**	1,75
Al$_2$O$_3$	1,11	**1,46**	2,17	1,15	**1,74**	2,34
Fe$_2$O$_3$					**1 fix**	
P$_2$O$_5$				0,16	**0,19**	0,31
Cl				0,36	**0,53**	0,63

Tab. 10: Glasgruppe 2: Mittelwerte der Natron-Kalk-Gläser*

Dass das Zusammenfassen von Einzelwerten unterschiedlicher Glasperlen Sinn macht, fiel bei der Betrachtung der einzelnen Grundbestandteile auf, bei der sich der Großteil innerhalb der Gruppe 2a auch bei einer Differenzierung der Proben in blaue und schwarze Perlen als weitgehend homogen zeigte, nur bezüglich der Natrium- und Siliciumwerte ließen sich jeweils zwei unterschiedliche Bereiche ausmachen. So besitzen die blauen Perlen höhere Natriumwerte von durchschnittlich 18,76%* im Vergleich zu den 15,76%* der schwarzen Perlen. Hingegen sind die Siliciumwerte der schwarzen Perlen höher. Die Gruppe 2a ist im Vergleich zur Gruppe 2b durch höhere Magnesiumwerte von durchschnittlich 3,47%* gekennzeichnet.

Diese werden von ebenfalls deutlich höheren Calciumgehalten begleitet, die durchschnittlich bei 4,91%* liegen.

Die Glasgruppe 2b lässt sich an den drei verbleibenden Glasperlen Nr. 94, 96 und 98 festmachen. Es handelt sich auch hier um Natron-Kalk-Gläser, die allerdings durch einen wesentlich niedrigeren Magnesiumgehalt von 0,71 bis 0,82%* gekennzeichnet sind. Dieser wird von einem ebenfalls niedrigen Calciumgehalt von 1,24 bis 1,75%* begleitet. Homogen stellt sich hier auch der Natriumanteil dar, von 15,51 bis 16,21%*. Innerhalb der Glasgruppe 2 lassen sich bei dieser Untergruppe die höchsten Siliciumwerte feststellen, die im Bereich von 76,12 bis 78,52%* angesiedelt sind.

4. Ergebnisse

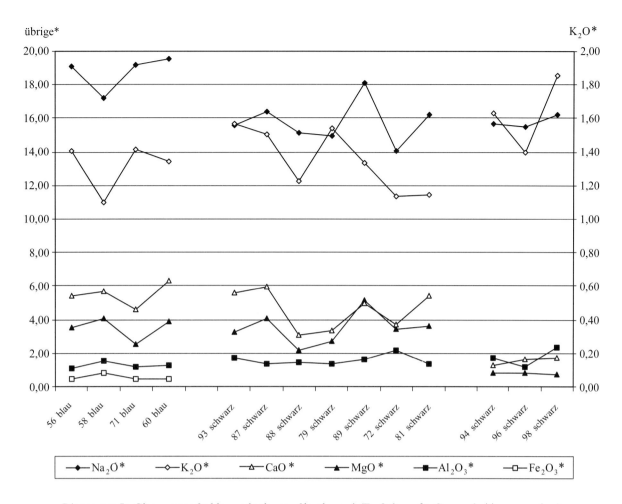

Diagramm 5: Glasgruppen 2a blau und schwarz, 2b schwarz* (Fe$_2$O$_3$* nur für Gruppe 2a blau angegeben)

Die Frage nach einem Zusammenspiel einzelner Inhaltsstoffe lässt sich anhand des Diagramm 5 beantworten. Die vier blauen Glasperlen der Gruppe 2a stellen sich sehr gleichmäßig dar. So zeigt sich hier ein eindeutiger Gleichlauf von Eisen und Aluminium, die Werte für die jeweiligen Verhältnisse sind der Tabelle 11 zu entnehmen. Sie bewegen sich in einem engen Rahmen zwischen 0,37 und 0,54. Einen weiteren Gleichlauf zeigen die Werte von Magnesium und Calcium. Bis auf die Werte der Perle 60 korrelieren sie mit den Eisen- und Aluminiumgehalten. Negativ zu diesen vier Oxiden korreliert der Gleichlauf von Kalium und Natrium, auch hier stellt Perle Nr. 60 in Bezug auf den hohen Natriumwert eine Ausnahme dar.

Kat.-Nr.	F = Fe$_2$O$_3$* / Al$_2$O$_3$*	F = MgO* / CaO*
56	0,41	0,64
58	0,54	0,71
60	0,37	0,61
71	0,40	0,54

Tab. 11: Glasgruppe 2a blau: Verhältnis Fe$_2$O$_3$* / Al$_2$O$_3$*, MgO* / CaO*

Bei den verbleibenden schwarzen Perlen der Glasgruppe 2a lassen sich ebenfalls einige Aussagen treffen. So lässt sich hier ein Gleichlauf der reduzierten Werte von Natrium, Magnesium und Calcium feststellen[334]. Die Glasgruppe 2b lässt insgesamt keinerlei Bezüge erkennen.

---

[334] Die im Zusammenhang mit den Magnesium- und Calciumgehalten sehr harmonisch verlaufenden Natriumwerte lassen sich nur unter Vorbehalt einbinden, da nur die Werte der ersten drei Perlen (Kat.-Nr.: 93, 87, 88) gesichert aus den Analysen hervorgingen.

V. Glasperlen

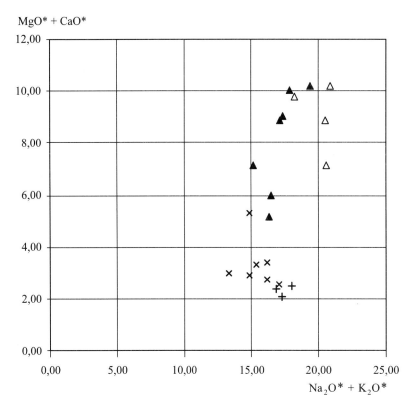

Diagramm 6: Plot $K_2O^*+Na_2O^*$ / MgO^*+CaO^* Allendorfer Perlen

Um die oben gemachten Ausführungen hinsichtlich der Zusammenhänge bzw. Abhängigkeiten zwischen den einzelnen Inhaltsstoffen zusammenzufassen, werden nun alle Glasgruppen gemeinsam betrachtet. Hier beschränkt sich das Augenmerk auf die Zusammenhänge zwischen den Flussmitteln, den Alkalien und den Stabilisatoren, Magnesium und Calcium. Das Diagramm 6 gibt diese wieder.

So sind die Gläser der Gruppe 2b sehr nah bei den gemischt-alkalischen Gläsern angesiedelt, die Verhältnisse der Gesamtalkalimenge zur Summe aus Magnesium und Calcium sind sehr ähnlich, jeweils eine Perle aus jeder Gruppe weist die gleichen Gesamtwerte auf. Es muss hier deutlich darauf hingewiesen werden, dass nicht von identischen Rohstoffen gesprochen werden kann, aber die Verhältnisse einzelner Zuschläge zueinander ähneln sich stark und lassen auf annähernd gleiche Grundrezepturen schließen. Hingegen streuen die Perlen der Glasgruppe 2a sehr weit, lediglich zwei Exemplare sind sehr nah beieinander angesiedelt, die blauen Gläser aus dieser Gruppe verfügen insgesamt über eine größere Menge an Stabilisatoren. Hier wird auch noch einmal der Zusammenhang zwischen schmelztemperatursenkenden Alkalien und den das Gemenge stabilisierenden Inhaltsstoffen deutlich. Die gemischt-alkalischen Gläser und die magnesiumarmen Natron-Kalk-Gläser, sowie ein Teil der magnesiumreichen Natron-Kalk-Gläser besitzen eine ähnlich große Gesamtmenge an Alkalien, sie bewegt sich zwischen ca. 15 und 17%*, lediglich die blauen magnesiumreichen Gläser heben sich davon ab. Hingegen sind die Glasgruppen deutlich hinsichtlich der stabilisierenden Faktoren zu differenzieren. Die gemischt-alkalischen und die magnesiumarmen Gläser besitzen weniger von diesen Bestandteilen. Sie bleiben bis auf eine Ausnahme unter der 4%* Grenze. Diese Verhältnisse erklären die bei diesen Gläsern angetroffenen höheren Siliciumanteile. Ein hoher Siliciumanteil erfordert weniger Stabilisatoren zur Haltbarkeit des Glases. Allerdings braucht man auf der anderen Seite einen entsprechend höheren Anteil an Alkalien, diese finden sich jedoch bei den im Vergleich siliciumärmeren magnesiumreichen Gläsern der Gruppe 2a[335].

In diesem Zusammenhang müsste man hier von einer schlechten Haltbarkeit der Gläser und starken Verwitterungserscheinungen ausgehen, jedoch zeigen gerade die gemischt-alkalischen Gläser eine sehr gute Erhaltung mit auffällig wenigen Verwitterungszei-

---

[335] Vgl. zu diesem Sachverhalt auch die Ausführungen von Brill 1992, 17 der sich in gleicher Weise äußerte.

chen[336]. Auf diesen Sachverhalt hatte auch schon eingangs die Betrachtung der Perle 73 hingewiesen, da sich hier ein ausgesprochen hoher Siliciumgehalt im Verbund mit einer recht niedrigen Gesamtalkalimenge zeigte. Gerade diese hohen Siliciumgehalte scheinen im Verbund mit einer gemischt-alkalischen Zusammensetzung eine hohe Haltbarkeit zu gewährleisten. Es lässt sich hier ferner ableiten, dass ein hoher Siliciumanteil nicht zwingend einen entsprechend hohen Anteil an Netzwerkwandlern erfordert, wenn dieser von gemischt-alkalischer Zusammensetzung ist. Daraus ergibt sich dann ein analog niedriger Bedarf an Stabilisatoren. Ähnlich scheinen die Zusammenhänge bei der Glasgruppe 2b, allerdings handelt es sich hier Natron-Kalk-Gläser, deren Rezeptur auf einer anderen Alkaliequelle basiert. Um die hier konstatierten Zusammenhänge weiter differenzieren zu können, muss man sich nun mit den originären Rohstoffen befassen.

4.3. Die Rohstoffe der Grundgläser

Die Frage, die sich nun stellt, befasst sich mit den Ausgangsstoffen der Glasherstellung und deren Mischungsverhältnissen. Zunächst einmal muss man die wenigen diesbezüglichen antiken Quellen betrachten. So beschreibt ein mittelbabylonischer Text aus der 2. Hälfte des 2. vorchristlichen Jahrtausends die Herstellung von zwei unterschiedlichen roten Gläsern, allerdings findet sich hier keine differenzierte Beschreibung des verwendeten Grundglases[337]. Genauere Rezepturen zur Herstellung eines Grundglases finden sich auf den viel zitierten Tontafeln aus der Bibliothek des Königs Assurbanipal in Niniveh[338]. Hier werden die Mengenverhältnisse der Rohstoffe sowie deren Verarbeitung zur Herstellung des so genannten zukû beschrieben. In einem Verhältnis von 6:5 werden Pflanzenasche und Quarz, sehr wahrscheinlich in Form von Flusskieseln, gemischt, bis zu einer rotglühenden Farbe erhitzt, anschließend zerkleinert und erneut bis zu einer gelb-goldenen Farbe erhitzt. Brill hat diese Rezeptur experimentell nachvollzogen und kam u.a. zu dem Ergebnis, dass bei dieser Mischung ein qualitätvolles Glas entsteht, dass nur über wenige ungelöste Einschlüsse verfügt und dass ein bewusster Zuschlag eines dritten, calciumhaltigen Rohstoffes auszuschließen ist[339]. Die Frage nach der Pflanzengattung konnte anhand des Quelltextes nicht abschließend geklärt werden, jedoch geht man davon aus, dass es sich um eine halophyle Pflanze wie salicornia oder salsola handelt[340]. Weitere Hinweise zu Rohstoffen finden sich bei Plinius d.Ä. in seiner „Naturalis Historia", so berichtet er von der Erfindung des Glases, dass auf das zufällige Zusammenschmelzen von Natursoda und Sand durch Sodahändler an der Mündung des Belus in Syrien zurückgeht, und dass man wenig später anfing, andere Stoffe der Schmelze zuzusetzen, so z.B. Muscheln. Ferner gibt er ein zu seiner Zeit in Italien verwendetes Rezept zur Glasherstellung wieder, so habe man einen Teil weißen Sand gemahlen und mit drei Vierteln Natursoda, Gewicht oder Volumenmaß, vermischt und geschmolzen. Diese Masse, „hammonitrum" genannt, wird erneut aufgeschmolzen und es entsteht eine farblose, durchsichtige Glasmasse[341]. Im Hinblick auf diese Rezeptur wurden von Löber Versuchsschmelzen, allerdings im Verhältnis 1:1 von Natursoda und Sand, angefertigt und anschließend auf ihre Oxidgehalte analysiert. Es entstand ein magnesiumarmes hellgrünes Glas mit nur kleinen Blaseneinschlüssen, dessen Chemismus gut mit dem römischer Fenstergläser übereinstimmt[342].

Wendet man nun den Blick wieder auf die hier analysierten Glasfunde und die Frage nach den in diesem Zusammenhang verwendeten Rohstoffen, müssen in einem ersten Schritt die jeweiligen Oxide auf ihr Vorhandensein in den vermeintlichen Ausgangsstoffen überprüft werden. So werden im folgenden wieder die reduzierten Zusammensetzungen der Allendorfer Grundgläser und somit nur deren sieben Grundelemente betrachtet, die übrigen Neben- und Spurenbestandteile müssen bis auf die Phosphat- und Chloranteile vernachlässigt werden, da nicht bei allen Stoffen der Weg in das Gemenge bekannt ist bzw. nur bei den hier fokussierten bislang Aussagen zu treffen sind. Hinzu kommt, dass einzelne Bestandteile eindeutig mit dem Prozess des Glasfärbens in Zusammenhang stehen und somit erst einmal aus der Betrachtung herausfallen.

---

[336] Dies konnte auch schon bei der Analyse konstatiert werden, da an diesen Gläsern die exaktesten Ergebnisse hinsichtlich der Analysesummen erzielt wurden.

[337] Oppenheim 1970, 59 ff.

[338] Wie bereits erwähnt, stammen diese aus dem Zeitraum 668 bis 627 v. Chr. Sie könnten laut Oppenheim 1970, 53 die schriftliche Fixierung einer wesentlich älteren Technologie aus dem 2. vorchristlichen Jahrtausend darstellen.

[339] Oppenheim 1970, 38, §4; Brill 1970, 109 ff; bes. 109; 113. Dieser dritte Zuschlag einer weißen Pflanze wird nur an einer Textstelle erwähnt, vgl. ebd. 109. Eine kritische Betrachtung der Arbeit von Brill findet sich bei Moorey 1985, 224 ff. hier findet sich weiterführende Literatur zu der Übersetzung immanenten Problematik, ob es sich hier wirklich um Glas oder um Fayence oder Ägyptisch Blau handelt.

[340] Brill 1970, 110; Henderson 2000, 25 f.

[341] Vgl. dazu Plinius d. Ä., Naturalis Historia, XXXVI, 190–194 in: Knoll u.a. 1979, 265 ff.

[342] Braun 1983, 139 ff. m. Tab. 9.

V. Glasperlen

4.3.1. Kieselsäure: Sand und Kiesel

Den Hauptbestandteil antiker Gläser stellt die Kieselsäure dar, in der Regel wurde Sand verwendet, aber auch der Gebrauch kieselsäurehaltiger Mineralien ist nachgewiesen[343]. Jedoch muss man hier den erhöhten technischen Aufwand bei der Verarbeitung beachten, der bei Sand nicht anfällt[344]. Sande sind vielerorts anzutreffen, jedoch ist davon auszugehen, dass der augenscheinliche Eisengehalt die Auswahl des Sandes bestimmte, und somit helle, weiße Sande statt der dunklen, rotbraunen verwendet wurden, um ein relativ farbloses, helles Glas herzustellen. Jedoch sind auch in hellen Sanden und im Natron noch genügend Eisenbestandteile enthalten, um das Glas grün bis blau zu färben[345]. So berichtet Plinius d. Ä., dass in Indien Glas aus zerkleinertem Bergkristall gemacht werde, und weiter, dass das farblos-transparente Glas die höchste Schätzung genießt, denn es kommt dem Bergkristall am nächsten[346]. Man kann in diesem Zusammenhang auf bereits bekannte Sandanalysen zurückgreifen, um sich den möglichen Begleitbestandteilen der Kieselsäure zu nähern. Es zeigt sich, dass überall dort, wo Sande auftreten, also an Flussläufen, Seen, Meeren diese lokal recht einheitliche chemische Profile insbesondere hinsichtlich der Verunreinigungen zeigen[347], allerdings gestaltet es sich schwierig, von einer Glasanalyse auf den entsprechenden Sand und auf dessen natürliches Vorkommen zu schließen. Dies liegt darin begründet, dass das Endprodukt Glas analysiert wurde und somit nicht eindeutig zu differenzieren ist, welche Gehalte an Neben- und Spurenbestandteilen den einzelnen Zuschlägen zuzuordnen sind. Der komplexe Sachverhalt wird jedoch dadurch deutlich vereinfacht, dass die Glashandwerker der Antike grundsätzlich nur mit zwei Rohstoffen arbeiteten, einem Kieselsäurebestandteil und einem alkalischen Zuschlag. Nur bei Plinius findet sich einmalig die Erwähnung von zugefügten Muscheln, die in Form von Muschelkalk in vielen Sanden natürlich anzutreffen sind[348]. Die Tabelle 12 gibt einen kleinen Einblick in die unterschiedlichen Zusammensetzungen einzelner Sande. Besonders deutlich wird hier der hohe Kalkgehalt einzelner ägyptischer und syrischer Sande. Dieser zeigt sich später verantwortlich für die Stabilität der erzeugten Gläser und verdeutlicht, warum ein dritter Zuschlag von Kalk überflüssig ist. Hinsichtlich der sehr reinen Quarzsande wird aber auch deutlich, dass zum einen bei ihrer Verwendung ein Großteil der Neben- und Spurenbestandteile über einen anderen Rohstoff in das Glas eingebracht wurde oder aber nur geringe Anteile dieser Substanzen zu erwarten sind.

Sande sind deutlich über ihren Reinheitsgrad zu klassifizieren. So enthält ein reinster Quarzsand, wie er sich heute z.B. in Deutschland und Frankreich findet bis zu 99 Gew.% Quarz und nur 1 Gew.% an Tonsubstanzen, ein eisenarmer Quarzsand, wie in Tabelle 12 für Niedersachsen angegeben, verfügt immerhin schon über 2 Gew.% an verunreinigenden Tonsubstanzen und ein eisen-, ton- und feldspathaltiger Quarzsand beinhaltet insgesamt 10 Gew.% an Verunreinigungen. Bei diesen über Feldspäte und Tonmineralien eingebrachten Substanzen handelt es sich Aluminium, Eisen, Titan, Kalium und Natrium[349]. Weitere Bestandteile im Sand sind die so genannten Schwermineralien, die z.B. im Form von Titanit Chromoxid und Titanoxid in den Sand einbringen, Titanite und Epidote bringen kleine Mengen an Calcium in den Sand ein, Aluminium kann auch aus den tönernen Schmelztiegeln in das Glasgemenge hineindiffunieren. Bei einem Gleichlauf von Aluminium und Eisen ist davon auszugehen, dass die beiden Bestandteile gemeinsam über den Sand eingebracht wurden, zum Beispiel in Form von Chromiten und Epidoten[350]. Verwendete man hingegen Kieselsäure in der reineren mineralischen Form, zum Beispiel Quarzkieseln, muss mit wesentlich geringeren Verunreinigungen wie zum Beispiel Eisen gerechnet werden, die sich dann entsprechend niedrig in der Glasschmelze niederschlagen[351].

---

[343] Vgl. dazu die Ausführungen von Brill 1970, 109 f.. Ähnlich äußerte sich Haevernick 1960, 20, die vermutete, dass Quarz aus dem Hunsrück als Rohstoff innerhalb der eisenzeitlichen Glasproduktion fungiert habe.

[344] Man muss an dieser Stelle auf die frühneuzeitlichen Pochwerke hinweisen, in denen mit Wasserkraft Quarze zerkleinert und zur Glasherstellung genutzt wurden.

[345] Siehe dazu Braun 1983, 144.

[346] Vgl. dazu Plinius d. Ä., Naturalis Historia, XXXVI, 192 und XXXVI, 198 in: Knoll u.a. 1979, 265 ff.

[347] Turner 1956, 281T, Tab.II, hier wurden drei Sandanalysen des Flusses Belus an der syrischen Küste durchgeführt, nur der Aluminiumwert zeigt Schwankungen im Bereich von maximal 1,69%.

[348] Henderson 2000, 29 vermutete in diesem Zusammenhang, dass die Muschelteile zunächst aus dem Sand gesiebt und dann nach Maß zugeschlagen wurden.

---

[349] I. H. Goerk, Glass raw materials and batch preparation. Proceedings of the 9th international congress on glass. (Prag 1977) 44 ff. mit Tab. 6.

[350] Ders. Tab.8; Henderson 2000, 27.

[351] Turner 1956 279T ff., Henderson 2000, 27.

Autor	Turner 1956			Hartmann 1994	
Proben	Tell-el-Amarna	Nilufer / Theben	Belusmündung / Haifa	Deuna / Thüringen	Weserregion / Niedersachsen
Oxide (Gew.%)					
SiO_2	60.46	72.69	76.4	82.4	97.3
Na_2O	0.30	1.21	–	1.45	0.02
K_2O	0.74	1.10	–	3.58	0.01
MgO	0.83	2.44	0.75	0.64	0.05
CaO	18.86	4.86	10.73	0.6	0.0
Al_2O_3	2.25	8.18	–	8.3	1.6
Fe_2O_3	1.73	5.60	–	1.81	0.21
P_2O_5	0.08	0.12	–	0.14	0.02
TiO_3	0.44	1.20	–	0.25	0.47
BaO	–	0.18	–	757 ppm	10 ppm
MnO	0.02	0.09	–	0.03	0.00
SO_3	0.05	0.06	–	–	–
Feuchtigkeit	0.42	1.04	0.40		
Glühverlust	13.90	1.60	7.80		

Tab. 12: Sandanalysen Ägypten, Syrien, Deutschland[352]

4.3.2. Alkalien: Pflanzenaschen und Minerale

Den zweiten Hauptbestandteil eines antiken Glases stellt ein alkalischer Rohstoff dar. Es gilt mittlerweile in der Forschung als sicher, dass im 2. vorchristlichen Jahrtausend in diesem Zusammenhang eine Pflanzenasche benutzt wurde, die von Halophyten wie Salicornia oder Salsola. Diese salzliebenden Pflanzen finden sich z.B. in Ägypten und im Mittleren Osten in Wüstenregionen, in den Bereichen heutiger Salzseen und in maritimen Umgebungen, hierbei handelt es sich um Salicornia herbacera[353]; eine verwandte Pflanze, Salicornia europea, auch Glasschmalz oder Queller genannt, ist an den europäischen Meeresküsten der Nord- und Ostsee beheimatet, darüber hinaus ist sie heute noch entlang einzelner Flüsse wie der Leine in Niedersachsen, der Werra in Hessen und Thüringen sowie an der Saale und Unstrut in Thüringen nachgewiesen.[354] Eine weitere hier vorkommende und zur Diskussion stehende Pflanze ist das europäische Salzkraut, genauer wird es als Salsola kali bezeichnet[355]. All diesen Meeres- und Uferpflanzen ist gemeinsam, dass sie im Vergleich zu binnenländischen Pflanzen mehr Natrium als Kalium enthalten[356]. Der Tabelle 13 sind einige diesbezügliche Analysewerte zu entnehmen. Hier wird ganz deutlich, dass es von großer Bedeutung ist, welcher Teil der Pflanze Verwendung fand. So sind deutliche Divergenzen hinsichtlich der Oxidgehalte von Natrium, Kalium, Magnesium und Calcium auszumachen, vergleicht man die im oberirdischen Teil der Pflanze analysierten Werte mit jenen aus dem Wurzelbereich[357].

Die Verwendung eines pflanzlichen Alkalis lässt sich innerhalb der Glasanalyse jedoch deutlich an den erhöhten Phosphatwerten ablesen, diese finden sich grundsätzlich in pflanzlichen und in tierischen Aschen. Darüber hinaus bestätigen korrelierende erhöhte Magnesium-, Kalium- und Phosphatwerte die Verwendung einer natriumreichen Pflanzenasche[358].

---

[352] Die Analysen von Hartmann sind hier nur in Auszügen wiedergegeben, die zahlreichen von ihm analysierten Neben- und Spurenbestandteile sind hier nicht von Bedeutung, da sie sich im ppm Bereich bewegen.

[353] Brill 1992, 15;ders. 1986, 16 Tab.1; Henderson 2000, 25; Pflanzenasche fand eine weitreichende Verwendung, so in der Medizin, als Waschmittel, Seife etc.

[354] Informationen des BUND.

[355] Diese Pflanzen gehören zur Familie der Chenopodiaceae, den Gänsefußgewächsen, von denen einige halophil sind. Der Name Glasschmalz verdeutlicht eindrücklich einen der wichtigen Nutzbereiche dieser Pflanze, ferner kann sie direkt zur Salzgewinnung als auch früh geerntet als Gemüse verwendet werden.

[356] Bezborodov 1975, 46 ff.

[357] Bezborodov 1975, 51.

[358] Erstmalig zur Bedeutung und Interpretation der Phosphat- und Kaliumgehalte in antiken Gläsern: Geilmann/Jennemann 1953, 262 f.; Turner 1956, 283T ff; gut zusammengefasst bei Henderson 1985, 271.

V. Glasperlen

Autor	Bezborodov 1975 (Asche in %)		Hartmann u.a. 1997 (Pflanze in Gew.%)	Brill 1970 (Asche in %)
Oxide/Pflanze	Salicornia herbacera		Salicornia europaea	Keli
	oberird. Teil	Wurzel		
SiO_2	2.80	9.22	13	
Na_2O	27.20	20.68	50	28
K_2O	7.68	10.16	10	5.5
MgO	5.02	8.88	8	0.5
CaO	1.80	9.21	7	21.1
Al_2O_3	1.05	4.03	8	
Fe_2O_3	0.28	1.91		
P_2O_5	2.05	3.22	1	1.8
Cl	46.10	31.22		2.1
CO_2				34
Na_2O/K_2O	3.54	2.04	5	5.09

Tab. 13: Pflanzenaschenanalysen (Meeres- und Uferpflanzen)

Das Zusammenspiel niedriger Begleitwerte von Magnesium, Kalium und Phosphor ist hingegen als ein deutlicher Hinweis auf die Verwendung mineralischer Natursoda zu sehen. Die Natursoda hatte man bereits in anderen Bereichen wie der Medizin, bei der Einbalsamierung und als Reinigungsmittel erfolgreich lange Zeit in Ägypten angewendet[359].

Von unterschiedlichen Autoren vorgenommene Analysen an antiker und heutiger ägyptischer Natursoda verdeutlichen zum einen die großen Schwankungsbereiche innerhalb dieses Minerals. Gleichzeitig sind an der Braunschen Analyse beispielhaft die charakteristischen niedrigen Werte für Magnesium, Kalium und Phosphor abzulesen[360]. In der Literatur wird somit zwischen magnesiumreichen und magnesiumarmen Natron-Kalk-Gläsern unterschieden; auch HMG (high-magnesium-glass) und LMG (low-magnesium-glass) genannt[361]. Beiden Gläsern gemeinsam ist der hohe Chlorgehalt von bis zu 1 Gew.%, der zum einen durch den Wuchs der salzliebenden Pflanzen in Salzmarschen oder auf entsprechenden Wüstenböden des Nahen Ostens, reich an Gesteinsalzen, und zum anderen durch die Verwendung von Natron aus entsprechenden Salzseen hervorgerufen wird[362].

Eine dritte Variante bezüglich der Alkaliquelle tritt bei den gemischt-alkalischen Gläsern zu Tage. Der Name impliziert bereits den Sachverhalt; hier ist das Verhältnis von Kalium zu Natrium bezüglich der Frage nach der oder den Rohstoffquellen von großer Bedeutung. Man findet dazu in der Literatur unterschiedliche Erklärungen. So geht man zum einen davon aus, dass aufbereitete Pflanzenasche, die so genannte Pottasche verwendet wurde. Dies kann die bei diesen Gläsern auftretenden niedrigen Gehalte an Magnesium, Calcium und Phosphaten im Verbund mit einem kaliumreichen Alkaligemisch erklären.

---

[359] Turner 1956b, 283T.

[360] Erstmalig anhand der Magnesiumgehalte differenziert von Sayre/ Smith 1967, 285, 287; Braun 1983, 142 f., Henderson 2000, 26.

[361] Zu dieser Benennung siehe Henderson 1988b, 438 ff.; weitere Zusammenfassungen dieser Klassifizierungen bei: Brill 1992, 15 ff; Hartmann u.a. 1997, 551 schlagen die interpretativen Bezeichnungen Pflanzenaschenglas und Natronglas für diese zwei Gläser vor. Diese Terminologie impliziert die immer gleiche Verwendung der eponymen Rohstoffe, diese Begriffe ließen sich aber nicht auf alle in Frage kommenden Gläser aus dem Allendorfer Hort übertragen, da es sich herausstellte, dass gewisse Magnesiumgehalte nicht zwingend zu dem in der Forschung damit verknüpften Rohstoff führen müssen, vgl. dazu die Ausführungen weiter unten zu den Rohstoffen der Glasgruppe 2a blau.

[362] Geilmann 1955, 20, Henderson 1985, 275 f, Hartmann u.a. 1995, 19 f. Inwieweit die Chlorwerte allerdings einen Ursprung der Rohstoffe bzw. des Glas ausschließlich aus dem circum-mediterranen Raum nachweisen, scheint zumindest fraglich, da die hier angedachten pflanzlichen Rohstofflieferanten auch auf den britischen Inseln und an der Nord- und Ostsee beheimatet sind, so dass zumindest die Möglichkeiten einer Glasproduktion auf Grundlage dieser Rezeptur vor Ort in Europa nicht ausgeschlossen werden dürfen, allerdings liegen keine archäologischen Befunde vor, die dies unterstützen würden. Hilfreich wären in diesem Zusammenhang eine Vielzahl von Analysen der fraglichen Pflanzen, insbesondere hinsichtlich der Chlorgehalte. Siehe dazu auch Henderson 1988a, 87. Ferner die Überlegungen Hendersons 1985, 274 zur Kondensierung von Meerwasser. Ferner muss mit einbezogen werden, dass eine an einem Flusslauf gewachsene Salicornia europaea nicht die entsprechenden Chlorgehalte mitbringt.

4. Ergebnisse

Autor	Braun 1983	Lucas 1948 (nach Turner 1956)			
	Natron Wadi Natrun		7 Natronproben Gräber 18. Dyn.		14 Natronproben Wadi Natrun
SiO_2	13.4	Na_2CO_3 und $NaHCO_3$	15.5–94.0	Na_2CO_3	22.4–75.0
Na_2O	41.6			$NaHCO_3$	5.0–32.4
K_2O	0.5	NaCl	0.5–39.5	NaCl	2.2–26.8
MgO	1.3	Na_2SO_4	5.5–27.8	Na_2SO_4	2.3–29.9
CaO	3.4				
Al_2O_3	1.4				
P_2O_5	0.06				
Cl	n.b.				

Tab. 14: Natronanalysen[363]

Bei der Pottasche handelt es sich um eine aufbereitete Pflanzenasche, durch Lösen und Umkristallisieren werden hauptsächlich die Alkalien Kalium und Natrium angereichert, hingegen reichern sich die Erdalkalien Magnesium und Calcium ab. Von Hartmann durchgeführte Versuche an Buchenholzasche ergaben eine Pottasche mit 90 Gew.% $KHCO_3$ und 6 Gew.% $NaHCO_3$. Das einzige Spurenelement, dass sich bei diesem Aufbereitungsprozess anreichern konnte, war Rubidium, noch mit einem Gehalt von 1100 ppm nachweisbar, alle anderen Haupt- und Spurenbestandteile wie Eisen und Mangan und hatten sich im Vergleich zum ehemaligen Gehalt in der Buchenholzasche entleert. Der Phosphatgehalt der Pottasche lag bei 0,07 Gew.%. Insbesondere das Abscheiden der unliebsamen Eisenanteile, die eine Grünfärbung des Glas hervorrufen, werten die Autoren als Hauptgrund für die Aufbereitung der Pflanzenasche[364]. In diesem Zusammenhang können Analysen von Pflanzenaschen das Bild weiter erhellen. Die Tabelle 15 gibt einige Analysen unterschiedlicher binnenländischer Pflanzen wieder.

Wenn es sich hier auch um veraltete Analysen handelt, so werden doch grundlegende Sachverhalte deutlich. Allen binnenländischen Pflanzen ist gemeinsam, dass der Kaliumanteil deutlich über dem des Natriums liegt. Wie wichtig es ist, welchen Teil des Baumes oder des Getreides man verwendet, zeigen insbesondere die unterschiedlichen Gehalte an Natrium, Kalium und Magnesium. So finden sich in den Blättern der Buche wesentlich geringere Anteile, als in ihrem Stamm[365], beim Weizen finden sich besonders hohe Kaliumwerte und Magnesiumgehalte in den Körnern und insbesondere das Farnkraut stellt eine Rohstoffquelle mit sehr hohem Kaliumgehalt dar. Hier wird nun ganz deutlich, dass schon die Ausgangspflanze hinsichtlich des bei der Aschenerzeugung verwendeten Pflanzenteiles unterschiedliche Alkaliewerte erwarten lässt. Allerdings zeigen die bislang veröffentlichten Analysen gemischt-alkalischer Gläser hier ein sehr einheitliches Bild. Henderson wies schon darauf hin, dass dieser Sachverhalt wohl in einer bewussten Auswahl der entsprechenden Pflanzen und Pflanzenteile begründet ist[366]. Jedoch lassen sich die binnenländischen Pflanzen anhand ihres kaliumdominierten Alkaliverhältnisses im Verbund mit deutlich niedrigeren Chlorgehalten deutlich von den salzreichen Ufer- und Meerespflanzen differenzieren, dieser Sachverhalt ist ebenso deutlich an den Glasanalysen abzulesen. Abschließend bleibt die Frage, inwieweit allerdings eine originäre Pflanzenasche oder deren aufbereitete Asche, also Pottasche verwendet wurde, dies lässt sich im Zusammenhang mit den jeweiligen Analysewerten der einzelnen Gläser entscheiden. Als sinnvoll hat es sich in diesem Zusammenhang erwiesen, Versuchsschmelzen analog zum jeweils vorgeschlagenen Rohstoffmodell anzufertigen, und dieses über einen Abgleich der Analysewerte zu überprüfen.

---

[363] Die Analysen sind nur in Auszügen wiedergegeben.
[364] Hartmann u.a. 1997, 554 f.
[365] Insbesondere über die Buche weiß man aus historischen Quellen, dass sie als ein bevorzugter Rohstoff der Glasmacher des 10. Jahrhunderts in vielen Gegenden Westeuropas galt, Bezborodov 1975, 47, Hartmann 1994, 118.
[366] Henderson 1988a, 77. Vgl. dazu das Diagramm Nr. 9 und die diesbezüglichen Ausführungen weiter unten. Eine Ausnahme stellen z.B. die gemischt-alkalischen Gläser von La Négade (1. Jh. v. Chr. – 2. Jh. n. Chr.) dar, aufgrund der hohen MgO und P^2O^5 Gehalte, vermutet man hier einen Mix aus mineralischer Soda / einer natriumreichen Pflanze mit einer Pflanzenasche wie jener der Buche, ebd. 87.

V. Glasperlen

Autor	Bezborodov 1975 (Asche in %)							
Oxide/Pflanze	Eiche	Buche		Weizen		Gerste	Farnkraut	Heidekraut
		Laub	Stamm	Stroh	Körner	Stroh		
SiO_2	2.0	33.8	5.4	66.2	1.7	53.8	6.1	35.2
Na_2O	3.9	0.7	3.6	2.8	3.3	4.6	4.6	5.3
K_2O	9.5	5.2	16.4	11.5	31.1	21.2	42.8	13.3
MgO	3.9	5.9	10.9	5.2	12.4	2.5	7.6	8.3
CaO	72.5	44.9	56.4	6.1	3.3	7.5	14.1	18.8
Al_2O_3	–	–	–	–	–	–	–	–
Fe_2O_3	–	–	–	–	–	–	–	–
P_2O_5	5.8	4.7	5.4	5.4	46.3	4.3	9.7	5.0
Cl	–	–	–	S-3.8	8.4	0.3	10.2	2.2
SO_3	2.0	3.6	1.8	2.8	2.2	3.6	5.1	4.4
Na_2O/K_2O	0.4	0.1	0.2	0.2	0.1	0.2	0.1	0.4

Tab. 15: Pflanzenaschenanalysen (binnenländische Pflanzen)

Hartmann kam zu dem Ergebnis, dass die von ihm analysierten gemischt-alkalischen Gläser der Endbronzezeit aus drei Teilen Quarzsand und einem Teil aufgearbeiteter Pflanzenasche erschmolzen wurden[367].

Ferner wird von Brill die Verwendung von terrestrischen Evaporiten, Salzgesteinen, die eine unreine Form des Natrons in Verbindung mit hohen Verunreinigungen durch Kaliumchlorid oder Kaliumsulfat darstellen, vorgeschlagen. Solche Salzgesteine finden sich zum Beispiel im Wadi Natrun in Ägypten. Ein weiterer Vorschlag geht von der Verwendung von Salpeter aus, welcher u.a. als ausblühendes Salz im Verbund mit Natriumnitrat in Latrinen und Jauchegruben vorkommt[368]. Allerdings geht auch Brill hinsichtlich der gemischt-alkalischen Gläser von Frattesina davon aus, dass sie auf der Basis 2:1, sowohl Gewichts- als auch Volumenmaß, erschmolzen wurden; Grundlage sind auch hier nur zwei Rohstoffe, zum einen eine mineralische Substanz, wie Quarzsand oder Quarzkiesel, die verantwortlich ist für alle Silicium-, Aluminium- und einen Großteil der Eisenbestandteile, zum anderen eine alkalische Substanz, die auf eine aufbereitete Pflanzenasche zurückgeht[369]. Henderson geht von einer Alkalimixtur aus zwei Rohstoffen aus, er vermutet in diesem Zusammenhang eine Mischung von mineralischem Natron, z.B. in Form von Evaporiten oder einer natriumreichen Pflanzenasche mit einer Asche einer binnenländischen Pflanze wie Eiche[370].

Wie bereits deutlich geworden ist, gelangt Magnesiumoxid zum Großteil über den Sand in das Gemenge, tritt aber auch als Begleiter pflanzlicher Alkalielieferanten auf. Auch das Calciumoxid gelangt über den Sand in Form von Muschelsplittern, sowie über die Natursoda in unterschiedlichen Gehalten in das Gemenge.

4.3.3. Die Rohstoffe der Glasgruppe 1

Es geht nun darum, die Allendorfer Glastypen hinsichtlich ihrer Ausgangsstoffe detailliert zu betrachten. Wie bereits deutlich wurde, handelt es sich bei der Glasgruppe 1 um gemischt-alkalische Gläser. Wie oben ausgeführt wurde, zeichnen sich die Glasperlen durch einen der höchsten bekannten Siliciumgehalte von durchschnittlich 78%* und ein kaliumdominiertes Alkaliverhältnis mit einem durchschnittlich Faktor F = 0,60 aus. Begleitet wird dieses Alkaligemisch von sehr niedrigen Magnesiumwerten von durchschnittlich 0,75%* und Calciumgehalten von nur 2,53%* durchschnittlich. Die Phosphatwerte bewegen sich zwischen 0,14 und 0,26 Gew.% und werden von niedrigen Chlorgehalten zwischen 0,04 und 0,14 Gew.% begleitet.

---

[367] Hartmann 1995, 21.

[368] Brill 1992, 18.

[369] Ders. 18 f. m. Abb. 5 und Tab. 3.

[370] Henderson 1988a, 87 entwickelte dieses Modell zunächst für die gemischt-alkalischen Glasperlen von La Négade, Gironde, Frankreich; es handelt sich um Funde aus dem Zeitraum 1 Jh. v. Chr. bis 2. Jh. n. Chr., eine Mixtur der Alkalien aus zwei Rohstoffen sieht er auch an neueren Analysen von Funden aus Frattesina bestätigt, ders. 1999, 4 f.

4. Ergebnisse

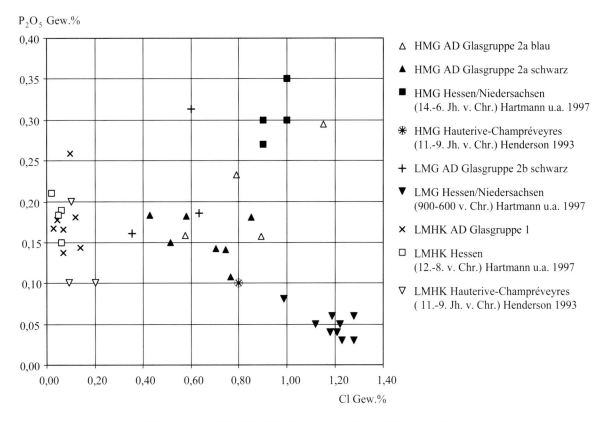

Diagramm 7: Plot P_2O_5/Cl Allendorfer Perlen und Vergleichsfunde

Dem Diagramm 7 ist nur hinsichtlich der Chlorgehalte eine deutliche Differenzierung der Glasgruppe 1 von den Gläsern der Glasgruppe 2 zu entnehmen[371]. Sechs der sieben Werte liegen eng beieinander unterhalb von 0,20 Gew.%, wohingegen die übrigen Gläser weit über den Bereich zwischen 0,40 und 1 Gew.% streuen, eine Perle zeigt sogar einen noch höheren Chloranteil.

Es wird deutlich, dass diese Gläser mit einer andersartigen Alkaliquelle als die Natron-Kalk-Gläser hergestellt wurden. Zum einen schließen die hohen Kaliumgehalte und insbesondere die niedrigen Chlorwerte die Verwendung eines typischen chlorreichen Rohstoffes, wie er sich in den unterschiedlichen Natron-Kalk-Gläsern des Mediterraneums und des Vorderen Orients findet, aus. Es ist hier von einer Pottasche auszugehen, denn zum anderen erlauben die niedrigen Phosphatwerte nicht den Rückschluss auf eine unaufbereitete binnenländische Pflanzenasche, da ansonsten mit wesentlich höheren Werten gerechnet werden muss, vergleicht man die primären Phosphatwerte in Tabelle 15, die von ca. 5 bis 10%, beim Weizen sogar bis 46% reichen[372]. In spätmittelalterlichen Holzasche Gläsern liegt der Phosphatanteil bei 2,6 Gew.%[373]. Deutlich wird dies auch an dem Verhältnis von Calcium zu Kalium, das bei den Allendorfer Gläsern der Gruppe 1 durchschnittlich bei F = 0,26 liegt; in mittelalterlichen Holzasche- und in spätmittelalterlichen Holzasche-Kalk-Gläsern finden sich um die 20 Gew.% Calcium, die ein entsprechendes Verhältnis von Calcium zu Kalium von 1,0 bis später 5,0 ergeben[374]. Die besonders niedrigen Magnesiumwerte der Allendorfer Perlen belegen ebenfalls die Verwendung von Pottasche, da auch hier die Ausgangsstoffe wie Eiche, Buche etc. schon über 2,5 bis 12,4% Magnesiumoxid verfügen, dass aber analog zum Calciumgehalt bei einer Pflanzenaschenaufbereitung abgereichert wird[375].

---

[371] Es gibt noch weitere Vergleichsfunde, jedoch konnten diese hier nicht eingebunden werde. Von den Fundstücken aus Frattesina liegen nur die P_2O_5-Gehalte vor, sie bewegen sich zwischen 0,06 und 0,8 Gew.%, die Fundstücke aus Hauterive-Champréveyres wurden zwar analysiert, sind aber nur im Bereich der ersten Dezimalstelle angegeben; sie liegen jeweils bei 0,1 oder 0,2 Gew.%. Aber auch hier zeigen sich wieder deutliche Gemeinsamkeiten dieser gemischt-alkalischen Gläser, die gut zu den bereits konstatierten Gemeinsamkeiten passen.

[372] Die Phosphatwerte der salzliebenden Pflanzen sind zwar entsprechend niedrig, vergleicht man die Werte in Tabelle 13: 1-3,22%, jedoch schließen die Chlor- und Natriumwerte diese Pflanzen als Rohstofflieferanten hier aus.

[373] Hartmann u.a. 1997, 552 Tab. 1.

[374] Eine Versuchsschmelze von Geilmann 1955, 153 f. mit zwei Teilen Buchenasche und einem Teil Sand ergab Gläser mit Phosphatanteilen bis 3,10 Gew.%, 22,40 Gew.% CaO und 11 Gew.% K_2O. Hartmann 1994, 117 f; Hartmann u.a. 1997, 554.

[375] Vgl. dazu (Anm.362) und die Ausführungen weiter oben.

V. Glasperlen

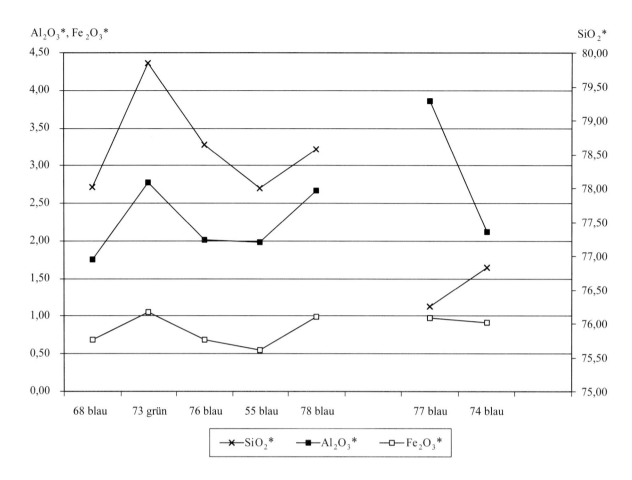

Diagramm 8: Glasgruppe 1:SiO_2*/Al_2O_3*/Fe_2O_3*

Zweifel an der alleinigen Verwendung von Pottasche entstehen hinsichtlich der abzulesenden Korrelationen einzelner Bestandteile. So war an Diagramm 3 deutlich zu sehen, dass bei allen sieben Fundstücken der Glasgruppe 1 eine negative Korrelation der Alkalien Kalium und Natrium festzustellen ist. Geht man nur vom Zuschlag Pottasche aus, so müsste sich hier ein Gleichlauf der zwei Alkalien zeigen. Zu diesem Ergebnis gelangte auch Henderson hinsichtlich der Fundstücke von Frattesina[376]. Sollte aber eine Mixtur der Alkalien vorliegen, wie von ihm vorgeschlagen aus natriumreicher Pflanzenasche oder mineralischer Soda im Verbund mit einer weiteren kaliumreichen Pflanzenasche, so müsste man auf höhere Chlorgehalte stoßen. Dies ist hinsichtlich der Allendorfer Fundstücke nicht der Fall. Die Lösung dieser festgestellten Beziehungen der einzelnen Elemente könnte in der Verwendung einer Mixtur aus zwei aufbereiteten Pflanzenaschen liegen: So ist die Mischung einer natriumreichen maritimen Pflanzenasche von salicornia europaea mit einer kaliumreichen binnenländischen Pflanzenasche von z.B. Farnkraut oder Buche sehr wahrscheinlich. Dieses Modell erklärt die negative Korrelation von Kalium und Natrium, ebenso die niedrigen Chlorgehalte[377]. Außerdem zeigt das enge Verhältnis Na_2O/K_2O der Allendorfer Fundstücke, dass man bewusst eine bestimmte Alkalimixtur erreichen wollte. Demnach muss der produzierende Glashandwerker über weit detailliertere Rohstoffkenntnisse und deren Mischungsverhältnisse verfügt haben, als bisher angenommen[378].

---

[376] Henderson 1999, 4 f.

[377] Die negative Korrelation dieser zwei Bestandteile fand auch Bestätigung nach einer Überprüfung von mir an den reduzierten Gehalten der hessischen Funden von Hartmann u.a. 1997 und der bislang sechs vorgelegten Analysen aus Frattesina, Brill 1992. Erschwerend zur Klärung dieser Problematik kommt hinzu, dass Brill, 1992 wie auch Henderson 1988 innerhalb ihrer quantitativen Analysen die Chlorgehalte nicht bestimmten. Die Überprüfung der reduzierten Gehalte der Perlen aus Hauterive-Champréveyres und Rathgall ergab kein eindeutiges Bild.

[378] Analysen von reinen Pflanzenaschen, aufbereiteten Aschen und Versuchsschmelzen können diese Fragen endgültig beantworten.

4. Ergebnisse

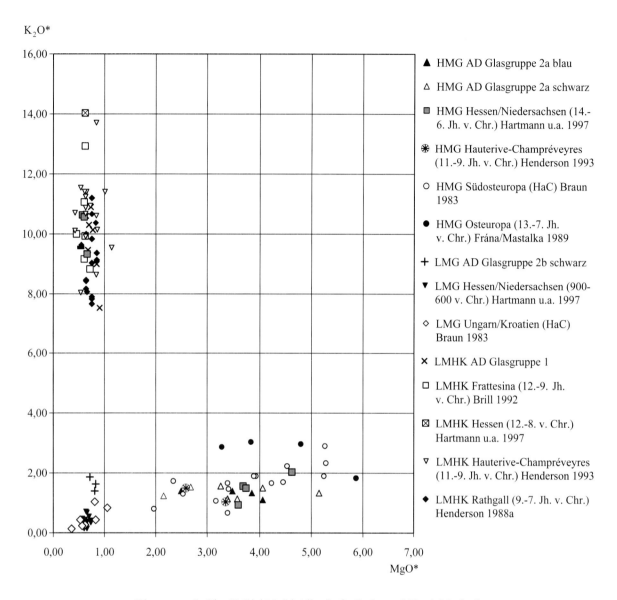

Diagramm 9: Plot K$_2$O* / MgO* Allendorfer Perlen und Vergleichsfunde

Ebenso deutlich ist an den Analysewerten abzulesen, dass hier ein relativ reiner Quarzsand oder aber Quarzkiesel verwendet wurden, da sonst mit höheren Calcium- und Magnesiumoxidgehalten gerechnet werden müsste[379]. Man kann sogar noch weiterführende Feststellungen treffen, betrachtet man das Diagramm 8. An fünf der insgesamt sieben Glasperlen zeigt ein eindeutiger Gleichlauf der Oxide von Silicium, Aluminium und Eisen, dass Silicium hier als hauptsächlicher Träger der zwei Stoffe diente[380].

Die zwei verbleibenden Perlen zeigen einen gegenläufigen Effekt, je niedriger der Siliciumanteil, desto höher sind die Werte für Aluminium und Eisen und umgekehrt. Bei dieser geringen Anzahl von nur zwei Exemplaren lassen sich keine weiterführenden Überlegungen anstellen. In welchem Verhältnis man hier die Rohstoffe gemischt hat, muss weitgehend offen bleiben, jedoch ein Abgleich der Allendorfer Perlen mit weiteren europäischen gemischt-alkalischen Gläsern in den Diagrammen 9 und 10 zeigt deutlich, dass sie sehr gut korrespondieren.

---

379 Vgl. dazu die Analysewerte der deutschen Quarzsande in Tab. 12.

380 Ein Plot der Aluminium- und Eisengehalte ergab keine eindeutigen Gruppierungen der sieben Glasperlen hinsichtlich eines eindeutigen proportionalen Verhältnisses, vgl. dazu Brill 1992, Abb. 5. Die deutlichste Gruppierung zeigen die drei Perlen

---

Kat.-Nr.: 68, 73 und 78, da hier die Verhältnisse von Aluminium zu Eisen sehr eng beieinander liegen.

V. Glasperlen

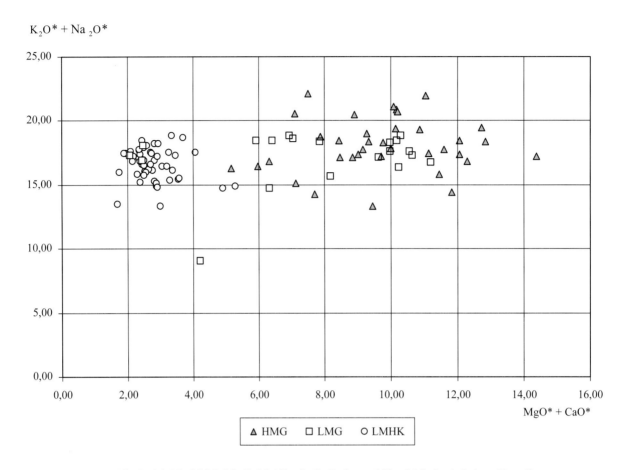

Diagramm 10: Plot K₂O*+Na₂O*/MgO*+CaO* Allendorfer Perlen und Vergleichsfunde in jeweiliger Gesamtgruppe

Deutlich wird, dass fast alle Gläser sich eng um Kaliumwerte zwischen 9 und 11%* und Magnesiumwerte zwischen 0,55 und 0,85%* bewegen. Auch die Gesamtmengen an Alkali gegenüber der Gesamtmenge an Stabilisatoren zeigt einen engen Rahmen. Bezüglich der charakterisierenden Gehalte an Chlor und Phosphaten lassen sich nur einige Gläser zum Vergleich heranziehen. Betrachtet man dazu noch einmal das Diagramm 7, so wird deutlich, dass die hessischen Funde gut zu den Stadtallendorfer Exemplaren passen[381]. Außerdem verfügen alle hier betrachteten endbronzezeitlichen gemischt-alkalischen Gläser über Siliciumgehalte von 74 bis 80%*, was eines der typischen Charakteristika darstellt. Betrachtet man die reduzierten Einzelwerte jener Vergleichsfunde in Tabelle 16, so wird hier eine insgesamt sehr einheitlich und eng angelegte Rezeptur dieser Gläser deutlich. Hinsichtlich der Funde aus der schweizer Seerandstation Hauterive-Champréveyres besteht die größte Verwandtschaft zu den Allendorfer Fundstücken.

Ob man sich nun dem Modell der Rohstoffverhältnisse von 2:1 nach Brill für die Fundstücke von Frattesina oder von 3:1 (Sand:Alkali) nach Hartmann u.a. für die hessischen Glasperlen anschließen will, könnte nur anhand von Versuchsschmelzen geklärt werden, beide Vorschläge sind beim derzeitigen Wissensstand für die Allendorfer Stücke akzeptabel und denkbar[382]. Weitere Vergleichsfunde liegen nun erneut aus Frattesina und aus Mariconda vor. Die Werte für Natrium, Kalium und Magnesium korrespondieren gut mit den Allendorfer Stücken[383].

---

[381] Von den Fundstücken aus Frattesina liegen nur die P₂O₅-Gehalte vor, sie bewegen sich zwischen 0,06 und 0,8 Gew.%, die Fundstücke aus Hauterive-Champréveyres wurden zwar analysiert, sind aber nur im Bereich der ersten Dezimalstelle angegeben; sie liegen jeweils bei 0,1 oder 0,2 Gew.%. Aber auch hier zeigen sich wieder deutliche Gemeinsamkeiten dieser gemischt-alkalischen Gläser, die gut zu den bereits konstatierten Gemeinsamkeiten passen.

[382] Brill 1989, 19; Hartmann u.a. 1995, 21.

[383] Bellintani u.a. 2001, Tab.3. Aufgrund des zeitlichen Rahmens dieser Arbeit war es nicht mehr möglich, die Funde in ihrer Gänze einzubinden. Sie korrespondieren jedoch sehr gut, auch wenn hier nicht die reduzierten Werte betrachtet werden können. Auch die Chlor- und Phosphatanteile gleichen den Allendorfer Ergebnissen weitgehend.

Oxid/ Autor	(diese Arbeit) Allendorf	Hartmann u.a. 1997 Hessen	Brill 1992 Frattesina	Henderson 1993 Hauterive-Champréveyres	Henderson 1988a Rathgall
		12.–8. Jh. v. Chr.	12.–9. Jh. v. Chr.	11.–9. Jh. v. Chr.	9.–7. Jh. v. Chr.
	n = 7	n = 4	n = 6	n = 20	n = 16
SiO_2*	78,02	78,68	78,81	77,89	77,30
Na_2O *	5,72	4,80	6,16	6,14	8,23
K_2O*	9,69	11,41	10,31	10,56	9,10
MgO*	0,75	0,61	0,60	0,67	0,72
CaO*	2,53	2,42	1,92	1,91	2,12
Al_2O_3*	2,45	1,77	1,56	2,31	1,96
Fe_2O_3*	0,84	0,58	0,64	0,53	0,56
P_2O_5	0,18	0,18	0,14	0,14	0,16
Cl	0,08	0,05	–	0,09	–
Na_2O*/ K_2O*	0,60	0,45	0,60	0,59	0,92

Tab. 16: Durchschnittswerte* gemischt-alkalischer Gläser

Fasst man die hier erzielten Ergebnisse zusammen, so wird sehr deutlich, dass der antike Glashandwerker bei der Herstellung des Allendorfer Glases eine eng und sehr einheitlich gefasste Rezeptur im Hinblick auf die Mengenverhältnisse und vor allem die zu verwendenden Rohstoffe vor Augen hatte. Nicht nur der Vergleich der gemischt-alkalischen Gläser aus Allendorf untereinander sondern auch deren Einbindung in Vergleichsfunde aus Hessen, der Schweiz, England und Italien belegen dies eindeutig. Die hier konstatierten Zusammenhänge zwischen Natrium und Kalium machen deutlich, dass der Begriff gemischt-alkalisch häufig eine Mixtur von zwei Grundbestandteilen zur Herstellung dieses einen Zuschlages beschreibt[384]. Dies ließ sich auf die hessischen Funde und auf einzelne Stücke aus Frattesina übertragen. Ferner konnte belegt werden, dass der oder die Glashandwerker bei der Herstellung dieser Gläser in erster Linie auf lokale Ressourcen zurückgreifen konnten und nicht zwingend auf Importe aus dem Mittelmeerraum oder dem Nahen Osten angewiesen waren. Die Pottasche einer binnenländischen Pflanze wie z.B. von Buche oder Farnkraut herzustellen, dürfte zumindest kein logistisches Problem dargestellt haben, da diese Pflanzen in den großen gemischten Laubwäldern der Spätbronzezeit gut zugänglich waren. Hinsichtlich des zweiten pflanzlichen Rohstoffes achte man auf dessen heutige Verbreitung[385]. Die einheimische Pflanze Salicornia europaea oder besser bekannt als europäischer Queller findet sich heute noch in Deutschland an der Nord- und Ostsee und darüber hinaus ist sie entlang einzelner Flüsse wie der Leine in Niedersachsen, der Werra in Hessen und Thüringen sowie an der Saale und Unstrut in Thüringen nachgewiesen. Ein sehr reiner Quarzsand, wie er hier aufgrund der wenigen Begleitbestandteile vermutet wird, findet sich z.B. in der heutigen Weserregion in Niedersachsen.

4.3.4. Die Rohstoffe der Glasgruppe 2

Bei der Glasgruppe 2 handelt es sich um Natron-Kalk-Gläser, die sich anhand der Magnesium- und Calciumgehalte in zwei Untergruppen, magnesiumreiche und magnesiumarme Natron-Kalk-Gläser trennen lassen. Folgt man der derzeitigen Forschungslage, so geht diese Differenzierung auf Unterschiede in der Wahl der Alkaliquelle zurück, die darüber hinaus auch noch einen zeitlichen Einschnitt in der Geschichte der Glasherstellung markiert[386]. Inwiefern sich diese Forschungsergebnisse auf die Allendorfer Exemplare übertragen lassen, sollen die folgenden Ausführungen zeigen.

Zuerst werden hier die vier blauen Gläser der Glasgruppe 2a betrachtet, es handelt sich hier um vier Exemplare des magnesiumreichen Natron-Kalk-Glases.

---

[384] Henderson 1988b, 438.
[385] Information vom BUND.

[386] Vgl. dazu die Ausführungen im Kapitel zur Geschichte der Glasanalytik.

V. Glasperlen

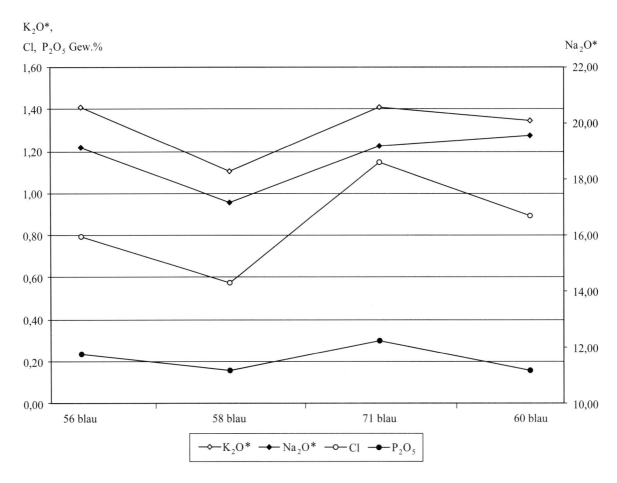

Diagramm 11: Glasgruppe 2a blau

Folgende Begleitbestandteile sprechen für die Verwendung einer natriumreichen Pflanzenasche: die niedrigen Kaliumwerte von durchschnittlich 1,32*% und insbesondere die Chlorgehalte von durchschnittlich 0,85%, begleitet von Phosphatwerten um 0,2% machen dies deutlich. Die Korrelation dieser drei Gehalte in Diagramm 11 mit den maßgeblichen Natriumwerten bestätigt den hier angenommenen Rohstoff[387].

Die Magnesiumgehalte belegen aufgrund ihres hohen Durchschnittsgehaltes von 3,47%* die Einordnung dieser Gläser in die in der Literatur gebräuchliche Nomenklatur. Die Tabelle 17 führt unter anderem die von verschiedenen Autoren für diesen Glastyp angegebenen Durchschnittswerte auf:

---

[387] Lediglich die Natriumwerte der Perle Nr. 60 liegen etwas zu hoch und passen sich nicht so einheitlich in das Bild ein. Natürlich birgt eine so geringe Menge von nur vier Exemplaren Risiken der Interpretation.

4. Ergebnisse

Oxid / Autor	SiO$_2$	Na$_2$O	K$_2$O	MgO	CaO	Al$_2$O$_3$	Fe$_2$O$_3$	P$_2$O$_5$	Cl
Diese Arbeit	67,22	17,19	1,10	2,49	4,61	1,11	0,46	0,16	0,58
Glasgruppe 2a blau	–	–	–	–	–	–	–	–	–
HMG	70,66	19,54	1,41	4,07	6,31	1,55	0,84	0,29	1,15
Diese Arbeit	67,8	14,03	1,14	2,15	3,02	1,32	1 fix	0,11	0,43
Glasgruppe2a schwarz	–	–	–	–	–	–		–	–
HMG	76,1	18,1	1,57	5,16	5,93	2,17		0,18	0,85
Braun 1983	65	11,7	0,65	2,24	5,9	0,29		0,07	
HaC	–	–	–	–	–	–		–	
HMG	72,7	17,9	2,26	5,1	9,15	0,89		0,24	
Hartmann u.a. 1997	70,8	13,8	1,47	3,79	4,45	1,86	0,56 (FeO)	0,31	1,0
1400–900 v. Chr.									
HMG									
Brill 1970	56,0	23,8	3,8	5,6	6,6	2,2	0,7	1,0	~ 0,5
Versuchsschmelze 6:5									
Pflanzenasche:Quarzkiesel									
Diese Arbeit	76,12	15,51	1,40	0,71	1,24	1,15	1 fix	0,16	0,36
Glasgruppe 2b schwarz	–	–	–	–	–	–		–	–
LMG	78,52	16,21	1,85	0,82	1,75	2,34		0,31	0,63
Braun 1983	65	11,7	0,14	0,35	5,9	0,29		0,039	
HaC	–	–	–	–	–	–		–	
LMG	72,7	17,9	0,81	1,04	9,15	0,89		0,086	
Hartmann u.a. 1997	68,9	16,5	0,47	0,60	8,9	0,95	0,71 (FeO)	0,06	1,1
900–100 v. Chr.									
LMG									
Löber (Braun 1983)	71,6	15,1	0,4	1,1	7,5	3,4	0,6	0,04	
Versuchsschmelze 1:1									
Natursoda:Sand									

Tab. 17: Durchschnittswerte magnesiumreiches (HMG) und magnesiumarmes (LMG) Natron-Kalk-Glas, Versuchsschmelzen[388]

Der Vergleich macht deutlich, dass die vier Allendorfer Exemplare sehr gut zu den bekannten Vergleichswerten passen[389]. Jedoch weichen sie hinsichtlich des diesbezüglich in der Literatur diskutierten Rohstoffmodelles ab, vergleicht man die Inhalte in Diagramm 12.

So korrelieren die Kalium- und Natriumgehalte positiv mit den Werten für Chlor und Phosphate. Das Modell einer magnesiumreichen Pflanzenasche kann hier nicht übertragen werden, da sich die Magnesiumgehalte hier nicht gleichlaufend darstellen[390]. Vielmehr ist hier eine positive Korrelation der Magnesium- und Calciumgehalte, sowie der Aluminium- und Eisenwerte festzustellen; diese vier Bestandteile lassen eine negative Korrelation zu den oben genannten vier übrigen Bestandteilen deutlich erkennen. Es stellt sich heraus, dass die Magnesium- und Calciumgehalte, sowie die Aluminium- und Eisenbestandteile über einen entsprechend angereicherten Sand oder Sandstein in das Gemenge eingebracht wurden, dies lässt sich an zwei der vier Exemplare deutlich ablesen[391]. In diesem Zusammenhang wird deutlich, dass auch mit einer magnesiumärmeren Pflanzenasche als bislang angenommen im Verbund mit einem entsprechenden Sand bzw. Sandstein das gewünschte Glas herzustellen war. Nur Versuchsschmelzen können analog zu den diskutierten Rohstoffen exakte Belege für die hier erörterten in der Antike verwendeten Rohstoffe und Rezepturen erbringen.

---

[388] Die jeweiligen Werte sind in Auszügen und in Gew.%, also nicht reduziert angegeben.

[389] Vgl. dazu die Werte in Tab. 9, die Werte in Tab. 16 sind nicht reduziert.

[390] Vgl. dazu Braun 1983, 152 f. mit Abb. 4 zu HaC-zeitlichen Glasperlen, hier findet sich eine eindeutige Korrelation der Kalium-, Magnesium- und Phosphatanteile, so dass die Verwendung einer Pflanzenasche als Lieferant der Magnesiumgehalte hier gut belegt werden kann.

[391] Siehe zur Verwendung von dolomitischem Sandstein die Ausführungen von Henderson 1985, 277; Eine Korrelation der Magnesium-, Calcium-, Aluminium- und Eisenoxidgehalte mit den Siliciumanteilen lässt sich an den Perlen 56 und 58 ablesen; an der Perle 71 lassen sich keine sicheren Aussagen ableiten, da die Siliciumanteile durch die Korrektur der Natriumanteile auch verändert wurden.

V. Glasperlen

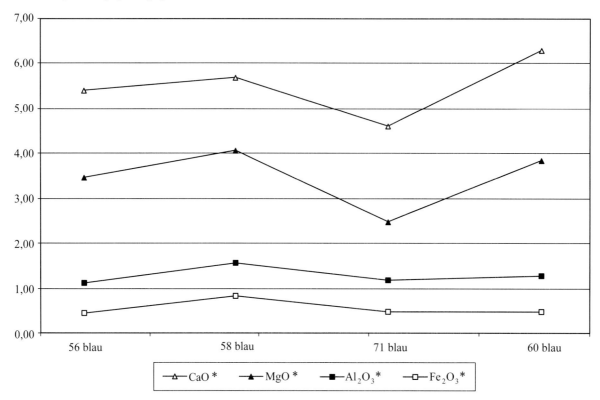

Diagramm 12: Glasgruppe 2a blau

Hier spiegelt sich trotz allem die vielfältige Arbeitsweise und Rohstoffkenntnis der Glashandwerker, mit unterschiedlichen Ressourcen zum gewünschten Ziel zu gelangen. Fasst man die hier gewonnenen Ergebnisse zusammen, hat man es mit einem magnesiumreichen Natron-Kalk-Glas zu tun, das in seiner Grundzusammensetzung typisch ist für den Zeitraum des 2. und 1. Jahrtausends v. Chr. in den unterschiedlichen Regionen des Nahen Ostens und des Mittelmeerraumes. Allerdings gelangten die charakteristischen hohen Magnesiumgehalte in diesen vier Allendorfer Stücken hauptsächlich über den Sand oder Sandstein in das Glasgemenge und nicht primär über die pflanzliche Rohstoffquelle. Um welche Pflanze genau es sich handelt, lässt sich nicht genau beantworten, die viel zitierte salicornia kommt in so weit nicht in Betracht, da die Magnesiumwerte mit den übrigen Bestandteilen der Pflanzenasche korrelieren müssten. Vielmehr ist anzunehmen, dass noch weitere salzliebende maritime Pflanzen wie zum Beispiel das Salzkraut eine mögliche Rohstoffquelle darstellen. Da diesbezügliche Analysen noch fehlen, muss die Frage an dieser Stelle zunächst einmal unbeantwortet bleiben. Trotz alledem fügen sich diese vier Gläser gut in die bislang bekannte chemische Glastypologie ein, betrachtet man nur die einzelnen Gehalte und lässt deren chemische Zusammenhänge außer Achtung. Deutlich wird hier noch einmal, welche detaillierteren Zusammenhänge im Hinblick auf die verwendeten Rohstoffe zu Tage treten, wenn man die einzelnen Bestandteile im Hinblick auf ihre Verbindungen überprüft, wenn auch letztlich der genaue Rohstoff nicht benannt werden kann.

Die sieben schwarzen Gläser der Gruppe 2a stellen ebenfalls magnesiumreiche Natron-Kalk-Gläser dar. Sie unterscheiden sich hinsichtlich ihrer grundsätzlichen Zusammensetzung nur unwesentlich von jenen vier blauen Exemplaren, die Natriumgehalte sind durchschnittlich um 3%* niedriger und die Siliciumgehalte entsprechend höher. Auch hier findet die Definition dieses Glases eine Bestätigung an den relativ hohen Werten für Chlor, durchschnittlich 0,65%, und Phosphate, durchschnittlich 0,15%, begleitet von erhöhten Magnesiumwerten, die im Durchschnitt denen der blauen Gläser genau entsprechen. Sie werden hier jedoch gesondert betrachtet, da sich hinsichtlich der Frage nach den verwendeten Rohstoffen deutliche Unterschiede zu den vier blauen Stücken ergeben haben.

4. Ergebnisse

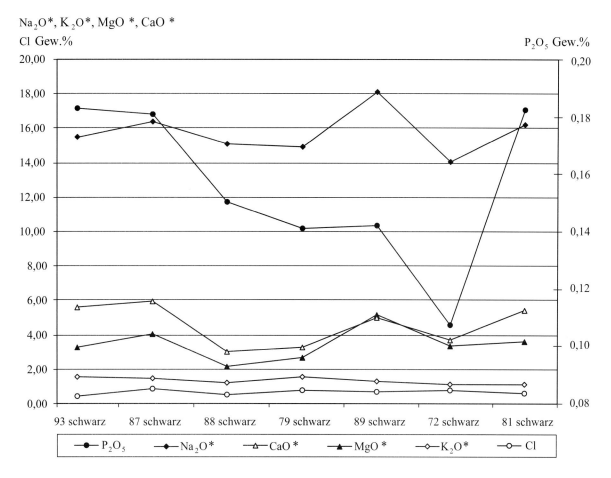

Diagramm 13: Glasgruppe 2a schwarz

Diagramm 13 zeigt sich eine gemeinsame Korrelation der Oxidgehalte von Natrium, Magnesium, Calcium und Phosphaten, die stellenweise auch von den Kalium- und Chlorwerten begleitet wird[392]. Ferner lässt sich eine negative Korrelation der Siliciumgehalte zu den übrigen Hauptbestandteilen feststellen. So wurde hier mit einer magnesiumreichen Pflanzenasche wie Salicornia herbacea, die über entsprechende Chlor- und Phosphatwerte hinaus auch verantwortlich ist für die im Glas festgestellten erhöhten Magnesium- und Kaliumgehalte, jenes Glas erschmolzen, dass in seiner Grundzusammensetzung und im Hinblick auf die festgestellten Rohstoffe typisch ist für den Zeitraum von ca. 1500 bis ca. 800 v. Chr. im mediterranen Raum und im Vorderen Orient. Deutlich wird dies auch durch den Vergleich mit den in Tabelle 16 angegebenen Werten von Hartmann u.a. für Funde aus Nordhessen. Ein weiterer Vergleichsfund stammt aus Hauterive-Champréveyres, es handelt sich ebenfalls um eine mit einem hohen Zuschlag an Eisen dunkelgrün gefärbte Perle[393]. Somit erweist sich die anfangs durchgeführte Differenzierung der im Allendorfer Hortfund angetroffenen magnesiumreichen Natron-Kalk-Gläser in zwei Untergruppen als sinnvoll, denn die eingangs festgestellten divergierenden Werte der Natrium- und Siliciumanteile in diesen ansonsten sehr homogen erscheinenden Gläsern lassen sich nun in der Wahl unterschiedlicher Pflanzenaschen und Siliciumquellen begründen.

Den Abschluss der hier vorgenommenen Betrachtungen bildet die Glasgruppe 2b, die aus den verbleibenden drei schwarzen Perlen besteht. Diese Natron-Kalk-Gläser zeichnen sich durch niedrige Magnesium- und Calciumgehalte aus. Die übrigen charakteristischen Bestandteile passen jedoch gut zu denen der Glasgruppe 2a. So trifft man auch hier auf erhöh-

---

[392] Die sehr harmonisch verlaufenden Natriumgehalte sind mit einer gewissen Vorsicht nur einzubinden, da nur die Werte der ersten drei Perlen des Diagramms gesichert aus den Analysen hervorgingen (Katalog Nr.: 93, 87, 88) hinsichtlich der Kalium- und Chlorwerte finden sich im Bereich der Perlen Katalog Nr.: 93, 87, 88, 79 Übereinstimmungen. Diese Sachverhalte begründen die im Plotdiagramm gewählte Reihenfolge der Perlen.

[393] Henderson 1993, Analyse 37.

V. Glasperlen

te Phosphat- und Chlorgehalte, die von erhöhten Kaliumwerten begleitet werden[394], genau das Gegenteil wäre bei der Verwendung eines mineralischen Alkalis zu erwarten. Es handelt sich hier zwar um ein magnesiumarmes Natron-Kalk-Glas, dessen alkalische Rohstoffquelle wirft jedoch einige Fragen auf. Ein Plot der Hauptbestandteile ergab, dass keine eindeutigen Korrelationen auszumachen waren. So dass die Frage nach der Rohstoffmixtur auf diesem Wege nicht geklärt werden kann. So bleibt beim derzeitigen Informationsstand nur die Annahme, dass man hier unter der Verwendung einer magnesiumarmen Pflanzenasche und eines magnesiumarmen Sandes ein entsprechendes Natron-Kalk-Glas hergestellt hat. Sowohl die Phosphatanteile, aber insbesondere die im Vergleich mit den Gläsern der Glasgruppe 2a deutlich hohen Kaliumanteile[395], als auch die diesbezüglich niedrigen Analysewerte des Natrons in Tabelle 14, sprechen deutlich gegen eine Verwendung dieses Rohstoffes. Hier zeigt sich wieder einmal sehr deutlich, wie wichtig es ist, bei der Frage nach den Rohstoffen alle maßgeblichen Bestandteile in ihrer Gesamtheit in Augenschein zu nehmen[396]. In diesem Zusammenhang wird klar, dass ein magnesiumarmes Natron-Kalk-Glas nicht ausschließlich mit mineralischem Natron hergestellt wurde, sondern dass man von einer viel größeren Bandbreite bei der Auswahl der Rohstoffe ausgehen muss, als bisher angenommen. Brill sprach sich bereits 1970 dafür aus, dass der Forschung bislang unbekannte Pflanzen ähnliche Werte wie Natron hervorrufen können.

Eine Einbindung des Glastyp 2 in Vergleichsfunde, dargestellt in Diagramm 9, ergibt ein weitgehend homogenes Bild. So findet man hinsichtlich der Magnesiumwerte eine dichte Konzentration an magnesiumreichen Natron-Kalk-Gläsern zwischen 3 und 4%*, deren Kaliumwerte weitgehend unter 2%* bleiben[397]. Eine kleinere Gruppe von Gläsern bewegt sich zwischen 2 und unter 3%* Magnesium, hier finden sich drei Allendorfer Gläser. Die Gruppe der magnesiumarmen Natron-Kalk-Gläser bewegt sich dicht gedrängt unterhalb 1%* Kalium sowie 1%* Magnesium. Die Allendorfer Perlen des Glastyp 2b heben sich hinsichtlich der oben beschriebenen Werte für Kalium aus der Gruppe ab.

Hinsichtlich der möglichen Rezepturen für Natron-Kalk-Glas sind zwei Versuchsschmelzen aus der Literatur heranzuziehen. So erstellte Brill anhand einer Rezeptur von 6 Teilen Pflanzenasche zu 5 Teilen Quarzkieseln eine Versuchsschmelze des so genannten mesopotamischen zukû, und Löber fertigte anhand des überlieferten Rezeptes von Plinius d. Ä. ein Glas auf der modifizierten Basis von einem Teil Natursoda zu einem Teil Sand an. Die Analysen dieser zwei Versuchsschmelzen finden sich in Tabelle 17. Es lassen sich keine direkten Übereinstimmungen mit den Allendorfer Gläsern konstatieren. Lediglich für die Glasgruppe 2a schwarz konnte eine diesen Versuchsschmelzen und Glastypen entsprechende Rohstoffmixtur nachgewiesen werden. Hier handelt es sich um magnesiumreiches Natron-Kalk-Glas, dass mit einer entsprechenden Pflanzenasche hergestellt wurde. Die somit in Betracht zu ziehende Versuchsschmelze von Brill weist einen viel zu niedrigen Siliciumanteil auf, auch die Natriumanteile sind hier um einiges höher, so dass das hier herangezogene Mischungsverhältnis nicht übertragen werden kann. Jedoch finden einzelne charakteristische Bestandteile dieses Natron-Kalk-Glases hier noch einmal eine deutliche Bestätigung, betrachtet man die im Vergleich hohen Kalium-, Magnesium- und Phosphatwerte. Die Gläser der Gruppe 2a blau passen etwas besser zu dieser Versuchsschmelze, da hier etwas niedrigere Siliciumanteile und analog höhere Natriumwerte festgestellt wurden. Jedoch ergab die Betrachtung des Zusammenspiels der einzelnen Inhaltsstoffe, dass hier eine magnesiumarme Pflanzenasche mit einer entsprechend magnesiumreichen Siliciumquelle gemischt wurde. Hinsichtlich der Glasgruppe 2b lassen sich noch einmal die Argumente gegen die Verwendung mineralischen Natrons an der Löberschen Versuchsschmelze belegen. Hier finden sich die typischen niedrigen Magnesiumgehalte im Verbund mit niedrigen Kalium- und Phosphatanteilen, die bei den Allendorfer Perlen nicht festzustellen waren.

Fasst man die hier erzielten Ergebnisse einmal zusammen, so wird noch einmal deutlich, dass nicht nur der Gehalt der einzelnen charakteristischen Grundbestandteile eines Glases zu dessen Klassifikation herangezogen werden kann, sondern dass darüber hinaus das Zusammenspiel dieser Oxide von großer

---

[394] Vgl. dazu die Werte in Tab. 10.

[395] Vergleicht man die diesbezüglichen Werte für Kaliumgehalte in magnesiumarmen Natron-Kalk-Gläsern (Tab.16), so liegen diese deutlich unter 1 Gew.%.

[396] Man muss auch die Möglichkeit in Betracht ziehen, dass ein kaliumreicher Sand, wie in Tab. 12 für Deuna in Thüringen angegeben, einem mineralischen Natron zugegeben wurde. Dann müssten die Phosphatanteile als begleitende Bestandteile beim Zuschlag einer Eisenschlacke interpretiert werden, ein kurzer Hinweis dazu findet sich bei Braun 1983, 172. Ein Plot der originären Eisengehalte mit den Phosphatwerten ergab keinen Zusammenhang, hier müsste eine größere Probenanzahl vorliegen, um zu sicheren Ergebnissen gelangen zu können. Eine weitere Möglichkeit stellt die Verwendung von „Altglas" hier dar.

[397] Lediglich die Funde aus Ost- und Südosteuropa zeichnen sich durch höhere Kaliumwerte von ca. 1%* aus. Hier finden sich auch die höchsten Magnesiumgehalte.

Bedeutung für den Nachweis der vom Glashandwerker verwendeten Rohstoffe ist.

4.4. Die färbenden Bestandteile

Zum Allendorfer Hort gehören insgesamt 51 Glasperlen unterschiedlicher Farbgebung und Verzierung. Sie wurden unter typenchronologischen Gesichtspunkten in monochrome und polychrome Perlen unterteilt, wobei die mehrfarbigen Stücke nach der heutigen Grundfarbe in zwei Untergruppen, das heißt in blaue und schwarze Perlen aufgeteilt wurden[398]. Im Zuge der Analysen konnten auch die Fragen nach den färbenden Zuschlägen beantwortet werden. Es wurden insgesamt 21 Matrixanalysen durchgeführt, an zehn dieser Perlen wurden neben der farbigen Grundmatrix auch die Farbeinlagen analysiert, an zwei weiteren Perlen nur die Farbeinlagen. Die Verteilung der analysierten Farbeinlagen auf die jeweiligen Grundgläsern der Matrix gestaltet sich wie folgt: insgesamt wurde an fünf Perlen der Glasgruppe 1, an drei Perlen der Glasgruppe 2a schwarz und an zwei Perlen der Glasgruppe 2b schwarz die jeweilige Farbeinlage analytisch bestimmt[399]. Darüber hinaus wurden an fünf Grundgläsern und an fünf Farbeinlagen gezielt Einschlüsse analysiert[400]. Inwieweit sich diese Grundgläser auch innerhalb der Farbeinlagen wieder finden lassen, soll neben der Klärung der Frage nach den färbenden Zuschlägen in diesem Kapitel beantwortet werden.

4.4.1. Die färbenden Bestandteile der Glasgruppe 1

Am Anfang dieser Betrachtung stehen die sieben Perlen der Glasgruppe 1, vier von ihnen verfügen über einen blauen Glasgrundkörper mit einer weißen Dekoration, einmal ist auf einen blauen Glasgrundkörper eine nur minimal zu unterscheidende dunkler blaue Dekoration aufgebracht worden, eine weitere Perle dieser Gruppe ist von translucentem hellgrünen Glas, eine dritte Perle ist unverziert. Die augenscheinlichen Farbbeschreibungen reichen von translucent türkisblau bis opaque dunkelblau. Die weiße Farbeinlage findet sich hier durchgängig in opaquer Gestaltung.

Betrachtet man zunächst die unterschiedlich blau gefärbten Gläser der Glasgruppe 1 in Diagramm 14, so fällt auf[401], dass die ersten fünf türkis bis hellgrün gefärbten Gläser alle mit Kupfer eingefärbt wurden und zwar in der oxidierten Form als Cu^{2+}[402]. Die Kupfergehalte bewegen sich auf einem hohen Niveau von 2,26 bis 4,12 Gew.%, sie werden von erhöhten Antimongehalten begleitet. Zum einen kann hier mit einer kupferhaltigen metallurgischen Schlacke gefärbt worden sein, dies würde sich an einem relativ konstanten Verhältnis der Kupfergehalte zu den Eisenwerten ablesen lassen, zum anderen ist die Verwendung eines Fahlerzes wie Tetraedrit (Antimonfahlerz) möglich[403]. Der zweite Vorschlag scheint in diesem Zusammenhang sinnvoll, da keine Korrelation der Eisen- und Kupfergehalte eruiert werden konnte.

Die Antimongehalte in diesen gemischt-alkalischen Gläsern bewegen sich zwischen 0,15 und 0,31 Gew.%, so dass hier nicht von Spurenbestandteilen gesprochen werden kann, vielmehr ist es über das kupferhaltige Erz in die Glasmasse eingebracht worden. Hartmann konnte an gemischt-alkalischen Gläsern aus Hessen Kupfergehalte konstatieren, die den Allendorfer Gläsern gut entsprechen, auch hier fanden sich begleitende Antimongehalte, die allerdings höher, zwischen 3000 und 3700 ppm lagen. Es ist durchaus möglich, dass die Antimongehalte zur Klärung der Schmelze beitrugen, da man in farblosen magnesiumarmen Natron-Kalk-Gläsern aus Niedersachsen Antimongehalte von einmal 2773 und einmal deutlich höher 10097 ppm festgestellt hat. Allerdings liegt bei den zwei angeführten Beispielen eine andere Grundglaszusammensetzung vor, so dass eine direkte Übertragung dieser Funktion des Antimon anhand der hier konstatierten Mengen mit gewissen Vorbehalten betrachtet werden muss[404].

---

[398] Jedes Einzelstück erfuhr im Katalog eine differenzierte Farbbeschreibung anhand des MICHEL-Farbenführer 36. Aufl. (München 1992).

[399] Die jeweiligen Ergebnisse finden sich in Anhang I und II. Zur Glasgruppe 1 zählen die Perlen Katalog Nr.: 73, 74, 76, 77, 78; zur Glasgruppe 2a schwarz die Perlen Katalog Nr.: 72, 89, 93; zur Glasgruppe 2b die Perlen Katalog Nr.: 94, 98; von den Perlen Kat.-Nr.: 82 und 85 liegen nur Dekorationsanalysen vor.

[400] Vgl. dazu die Analysedaten in Anhang III.

[401] Zu den im Diagramm 14 dargestellten Gläsern der Gruppe 1 gehören die Perlen Kat.-Nr.: 55, 68, 73, 76, 78, 74, 76 und 77; die verbleibenden Perlen Kat.-Nr.: 56, 58, 60 und 71 bilden die Glasgruppe 2a blau. Hinsichtlich der Zusammenhänge zwischen Färbung und farbgebenden Elementen sind hier die präzisen Farbbeschreibungen der Perlen angegeben.

[402] Vgl. dazu die Ausführungen von Brill 1970, 119 f.

[403] Zu dem Zusammenhang von Kupfer und Eisen siehe Brill 1992, 14. Da Zinn in der Analyse nicht berücksichtigt werden konnte, kann die Frage nach der Verwendung einer Bronze als farbgebende Substanz hier nicht weiter erörtert werden.

[404] Hartmann u.a. 1997, 556.

V. Glasperlen

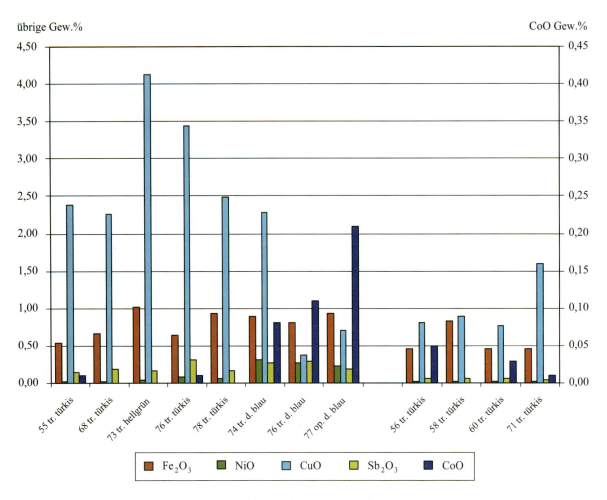

Diagramm 14: Glasgruppe 1 und 2a blau färbende Bestandteile der blauen Gläser in Gew.%

Braun gibt für farblose HaC-zeitliche Gläser Antimongehalte von 0,25 bis 0,75 % an, es handelt sich auch hier um magnesiumreiche Natron-Kalk-Gläser[405]. Sind die in den Allendorfer Perlen festgestellten Antimongehalte auch durchschnittlich etwas niedriger, so spricht doch alles dafür, dass die Klärung der Schmelze über diesen Bestandteil erfolgte, da das Glas nicht komplett entfärbt werden musste, genügen etwas geringere Gehalte. Allerdings ist das Antimon begleitend über das kupferhaltige Erz in die Glasmasse eingebracht worden und nicht als bewusster singulärer Zuschlagstoff[406].

Die grünliche Färbung der Perle 73 lässt sich auf das Zusammenspiel der hohen Kupfer- und Eisengehalte von 4,12 und 1,01 Gew.% zurückführen. Die augenscheinlichen Variationen der türkisen Gläser liegen ebenfalls im jeweiligen Verhältnis von Kupfer zu Eisen begründet.

Die verbleibenden drei blauen Gläser sind von translucenter und opaquer dunkelblauer Farbe[407]. Hier wurde unter der Zugabe von Kupfer begleitet von Kobalt und Nickel gefärbt. Es lassen sich deutliche Unterschiede hinsichtlich der Oxidgehalte feststellen. So verfügen die Perlen 76 und 77 über Kupfergehalte von 0,36 und 0,71 Gew.%, die von deutlich erhöhten Kobaltgehalten von 0,11 und 0,21 Gew.% begleitet werden; hinzukommen Nickelwerte von 0,27 bzw. 0,23 Gew.%. Die dritte Perle Nr. 74 verfügt über einen deutlich höheren Kupfergehalt, der denen der türkis eingefärbten Perlen entspricht, begleitet von einem niedrigeren Wert für Kobalt und einer höheren Menge an Nickel. Da Kobalt fünf bis zehnmal stärker färbt als Kupfer, erklären sich die hier konstatierten Zusammenhänge deutlich. Bei einem niedrigen Kupfergehalt benötigt man mehr Kobalt und umgekehrt.

---

[405] Braun 1983, 154.

[406] Vgl. dazu die Bemerkungen von Braun 183, 154 hinsichtlich der Verwendung von Antimonit, u.a. angeblich als Augenkosmetikum in Ägypten und Mesopotamien bekannt.

[407] Hinsichtlich der Perle 76 handelt es sich hierbei um die dunkelblauen Augenauflagen.

4. Ergebnisse

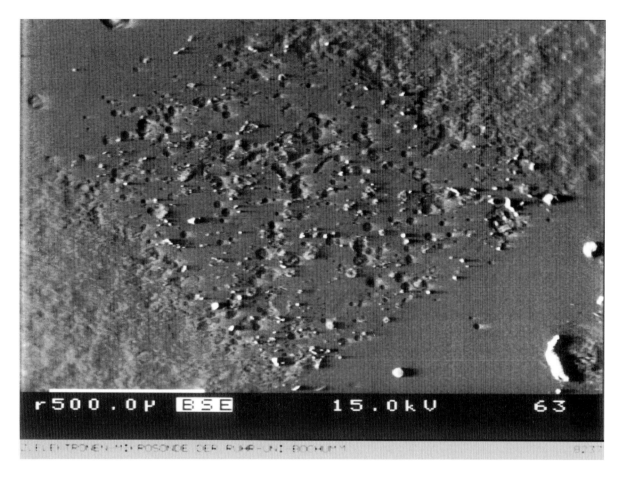

Abb. 5: Polierte Fläche Perle 77

Das Zusammenspiel der Nickel- und Kobaltgehalte bei Perle Nr. 74 ist verantwortlich für deren fahle und rauchigblaue Färbung, die beiden anderen Exemplare sind analog zu den höheren Kobaltgehalten von intensiver und leuchtender Färbung. Auch hier spielt der Eisengehalt wieder eine Rolle, der bei der Färbung aufgehoben oder überdeckt werden musste. So wird hier sehr deutlich, dass die Nuancen einer Farbe und deren Intensität durch die Quantität und Qualität der zugeschlagenen Färbemittel bedingt sind.

In welcher Form diese drei analysierten Oxide ehemals in die Glasschmelze eingebracht wurden, lässt sich zum Teil anhand eines analysierten Einschlusses im Glas der Perle 77 weiter ausführen. Hier wurde eine intermetallische Verbindung von Kupfer und Nickel festgestellt, begleitet wird diese Verbindung von erhöhten Antimongehalten, die Kobaltgehalte sind hier allerdings wesentlich niedriger als im Grundglas festgestellt, sie bewegen sich knapp unter- und oberhalb der Spurenbestandteilsgrenze.[408]. Man kann in diesem Zusammenhang an ein Sulfid denken, wie Sulfospinell. Eine natürliche Verbindung von Kupfer und Nickel, begleitet von geringen Gehalten an Schwefel und Kobalt, wobei der Schwefel z.B. aufgrund einer zu hohen Eingabetemperatur zerfällt.

Es findet sich innerhalb der blauen Gläser der Glasgruppe 1 nur ein opaques Glas, es handelt sich um die Perle 77. Dies ist allerdings allein in der dichten Kobaltfärbung des Glases begründet. Hinweise auf andere Trübungsmittel konnten nicht eruiert werden[409], auch ist die Schmelze nur von singulären Lufteinschlüssen durchzogen, deutlich ist dies auf der Abbildung 5 zu erkennen, die Matrix dieses Glases ist im Vergleich zu jener der Farbeinlage sehr homogen.

---

[408] Vgl. dazu die Werte in Anhang III, Analyse Nr.: 1–3.

[409] Die an dieser Perle festgestellten Antimongehalte passen gut zu denen der übrigen, translucenten Exemplare der Glasgruppe 1.

V. Glasperlen

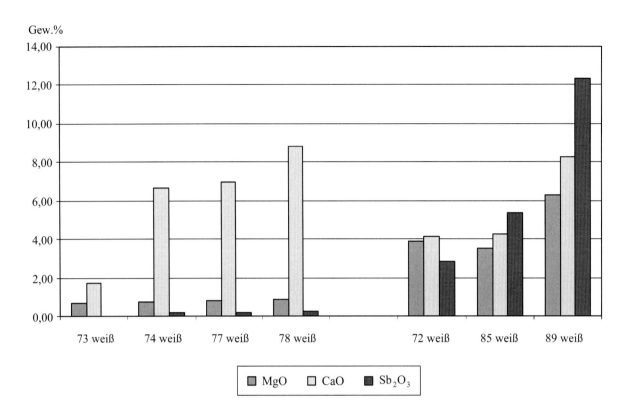

Diagramm 15: Glasgruppe 1 und 2a schwarz färbende Bestandteile der weißen Dekoreinlagen in Gew.%

Nun richtet sich der Blick auf die vier opaque weißen Dekoreinlagen an den Perlen Nr. 73, 74, 77 und 78 der Glasgruppe 1. Es handelt sich auch hier um gemischt-alkalische Gläser, die sich nur hinsichtlich der höheren Calciumoxidwerte von den Grundgläsern der Matrix unterscheiden; lediglich die weiße Einlage der Perle 73 muss hier vernachlässigt werden, da sie heute stark verwittert ist und hauptsächlich noch aus Siliciumoxid besteht, insbesondere die Natrium- und Kaliumgehalte haben sich hier fast gänzlich abgereichert. Dem Diagramm 15 ist zu entnehmen, dass sich die Calciumgehalte der verbleibenden drei Farbeinlagen hier zwischen 6,63 und 8,84 Gew.%, also durchschnittlich bei 7,47 Gew.% bewegen, der reduzierte durchschnittliche Calciumgehalt der blauen Grundgläser liegt bei 2,53*%, der originäre Wert ist minimal niedriger.

Es existieren unterschiedliche Möglichkeiten, ein opaques Glas herzustellen, zum einen kann eine Vielzahl von Luftblasen diesen Effekt erzielen. Dies hängt zum Teil von der Höhe der Schmelztemperatur ab, ist diese zu niedrig, können die kleinen Luftblasen nicht entweichen und das Glas erscheint opaque oder nur schwach durchscheinend[410].

Weitere Trübungsmittel sind feinkörnige kristalline Bestandteile, die sich aus einzelnen nicht aufgeschmolzenen Glasbestandteilen oder rekristallisierten Phasen bilden. Dazu zählen z.B. Calciumantimonatkristalle und nicht oder nur teilweise aufgeschmolzenes Siliciumoxid, die Dichte der vorhandenen Kristalle lässt das Glas opaque erscheinen[411]. An Perle 77 und 78 wurden einzelne Einschlüsse gezielt analysiert, um der Frage nach den färbenden und trübenden Bestandteilen nachzugehen[412]. Bei der Perle Nr. 77 wurden einzig erhöhte Calciumwerte von 23,91 Gew.% festgestellt, im Vergleich dazu konnten an Perle Nr. 78 sowohl erhöhte Magnesiumgehalte von 4,41 bis 10,53 Gew.% im Verbund mit Calciumgehalten von 18,62 bis 56,82 Gew.% konstatiert werden. Teilweise wurden diese Werte von erhöhten Phosphatanteilen von bis zu 2,23 Gew.% begleitet[413]. Demnach wurde die weiße Farbeinlage der Perle Nr. 77 allein mit Calcium gefärbt, die Trübung des Glases wurde durch eine Vielzahl an Luftblasen unterstützt, dies ist deutlich auf Abbildung 5 zu erkennen.

---

[410] Ebd. 20.

[411] Henderson 1993, 112 f., ders. 2000, 35 ff., Braun 1983, 164.

[412] Vgl. dazu die Werte in Anhang III, Analyse Nr.: 19–25.

[413] Vgl. dazu Anhang III, Analyse 19–25.

4. Ergebnisse

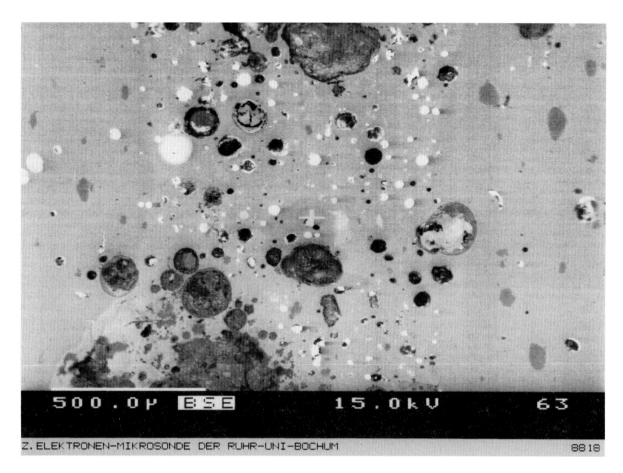

Abb. 6: Polierte Fläche Perle 78

Henderson hatte an den gemischt-alkalischen Gläsern aus Hauterive-Champréveyres ebenfalls nur erhöhte Calciumgehalte feststellen können, die Verwendung von Calciumantimonatkristallen, wie man sie für Gläser des 2. vorchristlichen Jahrtausends und später nachweisen kann, fand hier ebenso wie an den Allendorfer Exemplaren keine Bestätigung. Auch bei den schweizer Fundstücken war eine Vielzahl an Lufteinschlüssen für die Trübung verantwortlich[414].

Auf der Abbildung 6 sieht man ebenfalls sehr deutlich die Matrixunterschiede des blauen und weißen Glases der Perle Nr. 78. Das Kreuz markiert einen der direkt analysierten Einschlüsse. Die Vielzahl der auf der Abbildung hellen Einschlüsse ist sowohl für die Färbung als auch die Trübung des Glases verantwortlich, unterstützt wird der letztere Effekt durch eingeschlossene Luftblasen. Die Einschlüsse ähneln in ihrer Zusammensetzung Merwenit, da die Messwerte jedoch alle unterschiedlich sind, sind die Bestandteile wohl alle verglast. Auch die Verwendung von Dolomit ist in diesem Zusammenhang denkbar, dann wären die zum Teil erhöhten Phosphatanteile auf nicht vollständig aufgeschmolzene Bestandteile der Alkalilieferanten zurück zu führen.

4.4.2. Die färbenden Bestandteile der Glasgruppe 2

Das Augenmerk richtet sich nun auf die vier unverzierten blauen Gläser der Glasgruppe 2a blau. Sie sind alle als translucent türkisblau zu beschreiben. An dem Diagramm 14 sind deutlich die färbenden Zuschläge abzulesen, auch hier wurde mit Kupfer in seiner oxidierten Form als Cu^{2+} gearbeitet[415]. Die Kupfergehalte bewegen sich hier auf einem deutlich niedrigeren Niveau als bei den gemischt-alkalischen Gläsern, die Werte reichen von 0,76 bis zu 1,59 Gew.%. Sie werden zweimal von leicht erhöhten Kobaltwerten begleitet, die für die intensivere und etwas dunklere Färbung der Perlen Nr. 56 und 60 verantwortlich sind. Die Antimongehalte bewegen sich hier knapp ober- und unterhalb der Spurengrenze und sind insofern zu vernachlässigen.

---

[414] Henderson 1993, 113.

[415] Es handelt sich um die Perlen Katalog Nr.: 56, 58, 60, 71.

V. Glasperlen

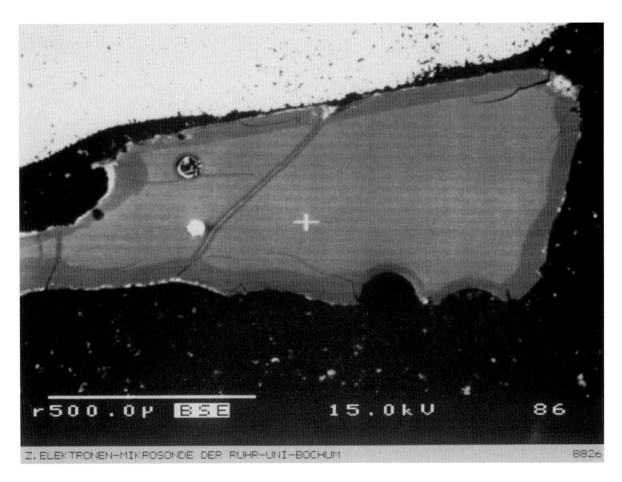

Abb. 7: Polierte Fläche Perle 71

Deutlich wird hier im Vergleich zu den gemischtalkalischen Gläsern, dass wesentlich weniger Kupfer benötigt wurde um eine entsprechende Blaufärbung hervorzurufen, dies ist auf die Grundzusammensetzung der Gläser zurückzuführen. Hartmann konnte an Vergleichsfunden aus Hessen ebenfalls nur Kupfer als färbenden Bestandteil konstatieren[416]. Es sind keinerlei Begleitbestandteile auszumachen, die die Zugabe des Kupfers weiter verifizieren könnten[417]. Die translucente Erscheinung eines dieser Gläser ist zu erklären, die Abbildung 7 der Perle 71 zeigt sehr deutlich die ausgesprochen homogene Gestaltung der Glasmatrix. Die verbleibenden drei Perlen sind allerdings stärker von Luftblasen durchzogen, dies hat die Durchsichtigkeit der Gläser aber nicht wesentlich beeinträchtigt.

Die opaque schwarzen Gläser der Glasgruppe 2a schwarz sind unterschiedlich dekoriert worden. Es handelt sich um drei opaque weiße und eine translucente orange Farbeinlage. Schwarz erscheinendes Glas besteht häufig aus einem dicht gefärbten und dunklen violetten, blauen oder grünen Glas. Der Eindruck der Farbe Schwarz entsteht dann, wenn von der Rückseite kein Licht durch das Glas fallen kann[418]. Im Streiflicht erscheinen die hier betrachteten Gläser an den rezenten Bruchkanten translucent olivgrün.

Das Diagramm 16 zeigt deutlich, dass die Grundgläser durch einen hohen Zuschlag an Eisen gefärbt wurden[419]. Die Eisengehalte reichen von 4,55 bis zu 13,59 Gew.%. In welcher Form das Eisen eingebracht wurde, muss offen bleiben, denkbar ist die Beimengung einer metallurgischen Schlacke oder aber die Verwendung eines eisenreichen Sandes. Es liegt bislang ein analysierter Vergleichsfund vor. Bei der translucent dunkelgrünen Perle aus Hauterive-Champréveyres handelt es sich um ein magnesiumreiches Natron-Kalk-Glas, dass unter Zugabe von 7,1 Fe_2O_3 Gew.% eingefärbt wurde.

---

[416] Hartmann u.a. 1997, 555; Appendix, Analysen C, 6, 1300h.

[417] Auch hier machen sich die nicht durchgeführten Analysen auf Zinngehalte bemerkbar, so dass die Frage nach dem Zuschlag einer Bronze offen bleiben muss.

[418] Stern/Schlick-Nolte 1994, 21.

[419] Zur Glasgruppe 2a schwarz gehören die ersten sieben Perlen, zur Gruppe 2 b die letzten drei.

4. Ergebnisse

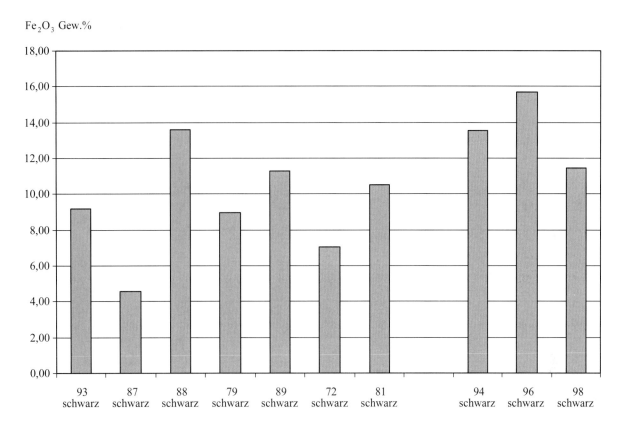

Diagramm 16: Glasgruppe 2a schwarz und 2b färbende Bestandteile der schwarzen Gläser in Gew.%

Neben den chemischen Übereinstimmungen entspricht auch der Perlentyp einzelnen Allendorfer Stücken der Glasgruppe 2a schwarz[420]. Die gezielten Analysen von Einschlüssen an den Perlen Nummer 81 und 89 erbrachten den Hinweis auf Amphibole, hierbei handelt es sich jedoch um Neubildungen im Glas[421]. Eine Kathodenluminiszenzdarstellung der Eisengehalte der Perle 89 zeigte deutlich die dichte Verteilung der Eisenanteile im Grundglas. Diese dichte Färbung erklärt neben einzelnen Einschlüssen und mikroskopisch sichtbaren rezenten Sprüngen die Lichtundurchlässigkeit dieses Glases.

Dreimal wurden an den Gläsern der Gruppe 2a schwarz opaque weiße Farbeinlagen analysiert, an den Perlen 72 und 89 zusätzlich zur Grundmatrix, an der Perle 85 nur die Einlage. Dem Diagramm 15 sind deutlich die färbenden Zuschläge zu entnehmen. Unter der Zugabe von Antimon reagiert das im Glas vorhandene Calcium und bildet in der Form von Calciumantimonit oder Calciumantimonat feine Kristalle[422], die Dichte der Kristalle ist für die Trübung des Glases verantwortlich, auf der Abbildung 8 der Perle 72 ist deutlich die Vielzahl der antimonhaltigen Einschlüsse zu erkennen, das Kreuz markiert einen der direkt analysierten Calciumantimonateinschlüsse[423].

---

[420] Siehe dazu Henderson 1993, Analyse 37 Matrix; Taf. 122,8; es handelt sich hier augenscheinlich um eine Streifenperle, die die Farbeinlage verloren hat. Siehe dazu die Allendorfer Streifenperlen der Glasgruppe 2a schwarz: Taf. 20, 87. 88; 21. 89.

[421] Vgl. dazu die Analysewerte in Anhang III, 4–12; 16,17.

[422] Braun 1983, 164, Henderson 2000, 35.

[423] Vgl. dazu die hohen Antimonwerte in Anhang III, 18.

V. Glasperlen

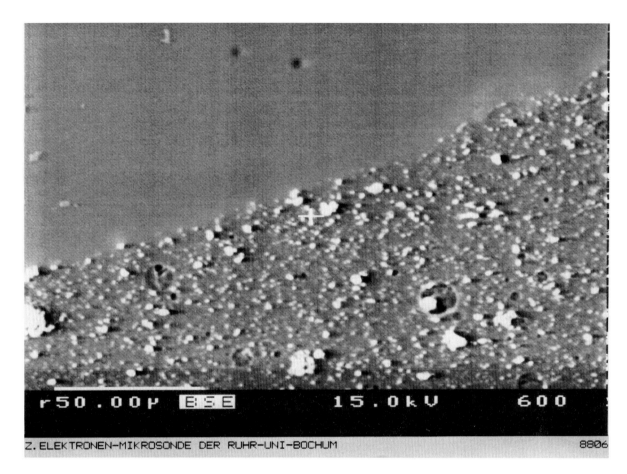

Abb. 8: Polierte Fläche Perle 72

Eine ähnlich dichte Verteilung von Kristallen innerhalb der weißen Matrix war an Perle 85 zu beobachten. Auch hier wurden einzelne dieser Einschlüsse direkt untersucht, und auch hier bestätigten Antimongehalte von 44,43 bis zu 72,69 Gew.% im Verbund mit Calciumwerten von 9,17 bis 13,84 Gew.% die vermuteten Trübungs- und Färbemittel[424]. An einer der drei Dekoreinlagen sind die Magnesiumgehalte ca. 1,5 Gew.% höher als im dazugehörigen Grundglas. Alle drei Dekorgläser verfügen abgesehen von den färbenden Bestandteilen und einer daraus resultierenden Abnahme der Grundbestandteile über die gleiche chemische Zusammensetzung wie die Grundgläser der Glasgruppe 2a schwarz[425].

Vergleicht man nun die weißen Gläser der Glasgruppe1 mit den hier besprochenen, so werden die Unterschiede deutlich. Durch eine hohe Zugabe an Calcium erzielte man das gleiche Ergebnis wie durch die Beimengung von sehr viel Antimon.

Innerhalb der Glasgruppe 2a schwarz findet sich auch eine analysierte translucente orange Farbeinlage an Perle 93. Die Abbildung 9 zeigt deutlich die bandförmig verlaufenden Einschlüsse innerhalb der Grundmatrix. Eine direkte Analyse der Einschlüsse ergab Bleiantimonat, eine Verbindung die natürlich als Bindheimit vorkommt[426].

---

[424] Siehe dazu die Analysedaten in Anhang III, 26–30.

[425] Hierbei muss man auch noch berücksichtigen, dass die niedrigen Natriumwerte verantwortlich sind für die fehlerhaften Analysesummen. Die Zuordnung der analysierten Farbeinlage von Perle 85 zu dieser Glasgruppe erfolgte über einen Abgleich der Grundbestandteile mit den entsprechenden Durchschnittswerten der Glasgruppe 2a schwarz.

[426] Henderson 2000, 35.

4. Ergebnisse

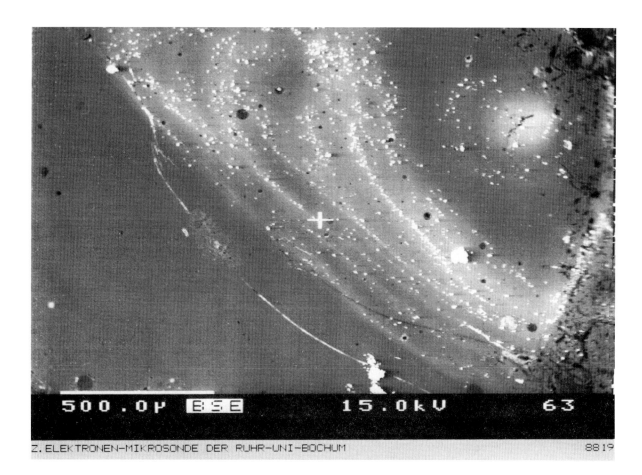

Abb. 9: polierte Fläche Perle 93

Die Analyse des Dekorgrundglases, dargestellt in Diagramm 17, zeigte darüber hinaus neben erhöhten Kupferanteilen einen erstaunlich hohen Wert für Mangan an. Dieser Bestandteil erklärt neben den Antimongehalten zum einen die Durchsichtigkeit des Glases. Allerdings wurde Mangan erst ab dem 2. Jh. v. Chr. anstelle von Antimon regelhaft als entfärbender Zuschlag in der Glasproduktion genutzt[427]. Darüber hinaus ist der Zuschlag von 1% Mangan oder mehr für die Färbung von purpurfarbigen Gläsern ab der Eisenzeit in Europa nachgewiesen[428]. Bleiantimonat allein würde eine opaque gelbe Farbe im Glas hervorrufen, erst in Verbindung bzw. Mischung mit den purpurrot färbenden Manganbestandteilen kann der hier angetroffene Orangeton erreicht werden. Hinzu kommen die erhöhten Kupferanteile, die innerhalb einer reduzierten Atmosphäre ebenfalls eine rote Färbung des Glases hervorrufen.

An den opaque schwarzen Gläsern der Gruppe 2b ist einmal an Perle 82 eine opaque gelbe und an Perle 94 eine opaque rote Einlage analysiert worden[429]. Hinsichtlich der schwarzen Grundgläser lassen sich hier die gleichen Feststellungen treffen, wie bei jenen der Glasgruppe 2a schwarz. Auch hier erscheinen die Gläser an den rezenten Bruchkanten und unter dem Mikroskop translucent olivgrün und auch hier finden sich färbende Eisenbestandteile von 11,42 bis zu 15,68 Gew.%, wie dem Diagramm 16 zu entnehmen ist. Damit liegen die Anteile des farbgebenden Zuschlages im Durchschnitt um 4,23 Gew.% höher, was sich auf das Mischungsverhältnis der Rohstoffe im Grundglas zurückführen lässt[430]. Denkbar ist auch hier die Verwendung eines eisenreichen dunklen Sandes oder die Zugabe einer metallurgischen Schlacke. Die dichte Färbung des Glases ist auch hier für das opaque Erscheinungsbild verantwortlich.

---

[427] Sayre/Smith 1967, 301; Henderson 1985, 284 f.
[428] Henderson 1985, 283.

[429] Die rote Einlage ist sehr klein und flach aufgetragen, sie erscheint auf dem Hintergrund des schwarzen Grundglases opaque.

[430] Hier sind die wesentlich niedrigeren Magnesium- und Calciumgehalte im Grundglas der Gruppe 2b im Vergleich zur Gruppe 2a schwarz gemeint.

V. Glasperlen

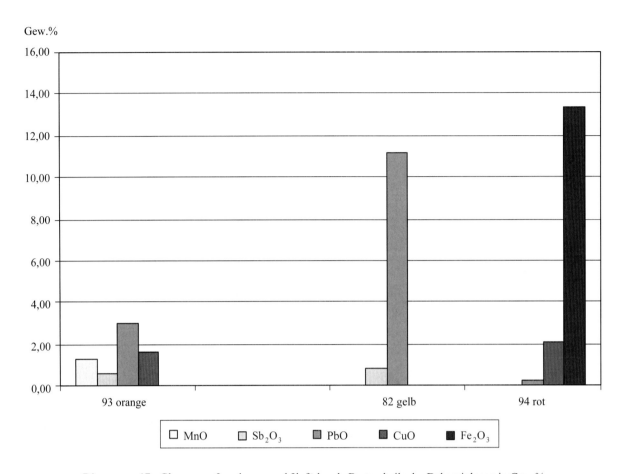

Diagramm 17: Glasgruppe 2a schwarz und 2b färbende Bestandteile der Dekoreinlagen in Gew.%

Die opaque gelbe Farbe der Dekoreinlage an Perle 82 ist durch die Zugabe von Bleiantimonat hervorgerufen worden; das Diagramm 17 stellt deutlich den hohen Anteil von 11,21 Gew.% PbO dar[431]. Die braunrote Färbung der Farbeinlage an Perle 94 ist ausschließlich auf den Kupfergehalt von 2,07 Gew.% zurückzuführen, der in einer reduzierten Atmosphäre diese Rotfärbung hervorgerufen hat[432].

Beide Dekorgläser verfügen abgesehen von den färbenden Bestandteilen und einer daraus resultierenden Abnahme der Grundbestandteile über die gleiche chemische Zusammensetzung wie die Grundgläser der Glasgruppe 2b schwarz.

4.5. Zusammenfassung

In diesem Kapitel werden die einzelnen Schritte der Untersuchung zusammengefasst und im Hinblick auf die eingangs formulierten Problematiken bezüglich Glastechnologie und deren Ursprung, Rohstoffbeschaffung und Nutzung lokaler Ressourcen sowie Glasrezeptur und Farbtechnologie ausgewertet. Darüber hinaus sollen die unter typenchronologischen Gesichtspunkten gewonnenen Ergebnisse mit jenen der chemischen Untersuchungen abgeglichen werden. Es ist hier noch einmal zu betonen, welches reichhaltige Spektrum an Glasperlentypen unterschiedlicher Provenienz durch den Allendorfer Hortfund in einem gemeinsamen Kontext zugänglich ist und das somit breit gefächerte Fragestellungen an einem einzigen Fundkomplex bearbeitet und zum Großteil geklärt werden können.

4.5.1. Ergebnisse Glasgruppe 1

Es handelt sich um gemischt-alkalische Gläser, hier als Glasgruppe 1 bezeichnet, die hinsichtlich der Grundbestandteile sehr homogen aus der Analyse hervorgehen. So konnte ein kaliumdominiertes Alkaligemisch mit einem durchschnittlichen Faktor von 0,60 festgestellt werden. Hinsichtlich der niedrigen Chlor- und Phosphatanteile sowie einer negativen Korrelation der zwei Alkalien wurde eine Mixtur aus

---

[431] Vgl. dazu die Analysewerte in Anhang II, Analyse 28.
[432] Siehe dazu die Werte in Anhang II, Analyse 32.

zwei aufbereiteten Pflanzenaschen eruiert. Eine solche Mischung ist auch für die Funde aus Hessen und Frattesina anzunehmen. Unterstützt wurde diese These an den Allendorfer Stücken durch die durchschnittlich niedrigen Magnesium- und Calciumanteile. Darüber hinaus wurde deutlich, dass lokal verfügbare Pflanzen wie Buche oder Farnkraut und Salicornia europaea dem Glashandwerker als Rohstoffe für die Alkalimixtur zur Verfügung standen. Den zweiten Hauptbestandteil lieferte ein sehr reiner Quarzsand, wie er sich z.B. in der heutigen Weserregion findet. Man kann von einem Mischungsverhältnis von 2:1 oder 3:1 ausgehen.

Hinsichtlich der färbenden Bestandteile wurde Kupfer in seiner oxidierten Form ausgemacht, die Klärung der Schmelze erfolgte über die entsprechenden Antimongehalte, die jedoch als Begleitbestandteil des kupferhaltigen Erzes in die Schmelze gelangten. Die dunkelblau gestalteten Gläser sind über die Zugabe von Kupfer in Begleitung von erhöhten Nickel- und Kobaltwerten eingefärbt worden, die direkte Analyse eines Einschlusses ergab den Hinweis auf ein Sulfid wie Sulfospinell. Die opaque weißen Einlagen dieser Gläser sind durch erhöhte Calciumgehalte charakterisiert. Die Trübung der Gläser entstand durch nicht aufgeschmolzene Einschlüsse sowie eine Vielzahl von Luftblasen.

Es tritt deutlich eine unabhängige europäische Glasproduktion zu Tage, dieser Sachverhalt ließ sich noch weiter unterstreichen: die Allendorfer Stücke zeigten im Abgleich mit Vergleichsfunden, dass sich die gemischt-alkalischen Gläser insgesamt in einem sehr engen Rahmen bezüglich der Alkalien und der Stabilisatoren bewegen, was auf eine einheitliche Rezeptur dieser Gläser in Europa schließen ließ. Hinsichtlich der Funde aus der schweizer Seerandstation Hauterive-Champréveyres besteht die größte Verwandtschaft mit den Allendorfer Fundstücken. Dieses Glas ist mittlerweile in spätbronzezeitlichen Fundkomplexen in England, Irland, Frankreich, der Schweiz, Deutschland und Italien nachgewiesen. Allerdings liegt erst aus Norditalien der Nachweis einer glasproduzierenden Werkstatt vor: es handelt sich um die Siedlung von Frattesina bei Rovigo in der Poebene. Hierher stammen die ersten Funde, die eine Glasproduktion vor Ort belegen. Schmelztiegel mit anhaftenden Glasresten, Rohglasbarren in Scheibenform und Glasabfälle sowie Analysen dieser Glasreste belegen die Verarbeitung und Herstellung gemischt-alkalischen Glases in dieser Region. Weitere Hinweise zur Glasarbeit stammen ebenfalls aus Norditalien, aus Mariconda di Melara[433].

Obwohl für die Spätbronzezeit bislang nur Frattesina als produzierende Glaswerkstatt in Betracht kommt, muss nicht jedes gemischt-alkalische Glas dorther stammen. Vielmehr muss von einer wesentlich älteren und weiter verbreiteten Glasproduktion in Europa ausgegangen werden. Die neuesten Analysen an zehn Exemplaren aus der Grotte de Bringairet, bei Armisson, Dept. Aude belegen die Existenz gemischt-alkalischer Gläser in Frankreich ab der Mittelbronzezeit[434]. Frattesina könnte demnach eher als Endpunkt oder Höhepunkt innerhalb dieser Entwicklung gesehen werden.

Bringt man nun die auf analytischem Wege erzielten Ergebnisse mit jenen der vorangegangenen typenchronologischen zusammen, so entsteht ein sehr klares und schlüssiges Bild: die typischen Vertreter der Urnenfelderkultur wie Pfahlbautönnchen, Pfahlbaunoppenperlen und Ringchenperlen sind aus gemischt-alkalischem Glas hergestellt. Vereinzelte Vergleichsfunde zu den eher unspezifischen Ringchenperlen stammen aus Hessen: zum einen die Ringchenperlen aus Borken-Kleinenglis, zum anderen die fragmentierten Ringperlen aus Lohfelden-Vollmarshausen[435]. Die größte Anzahl an Vergleichsfunden stammt aus der Schweiz, aus Hauterive-Champréveyres. Auch hier sind die Pfahlbaunoppenperlen und Pfahlbautönnchen auf eine gemischt-alkalische Glasrezeptur zurückzuführen. Es bestätigt sich nun auch an den Allendorfer Exemplaren auf analytischem und typenchronologischem Wege, dass es sich um europäische Glasperlentypen handelt, deren Herstellung auf eine lokale eigenständige Glashandwerkskunst zurückzuführen ist. Dieses Glas hat man sehr wahrscheinlich aus örtlich verfügbaren Rohstoffen hergestellt[436].

So begegnet man hier einer unabhängigen, in Europa entstandenen Glashandwerkskunst, die ihre eigenen und ganz speziellen Perlentypen hervorbrachte. Eine Verbreitungskarte der zwei Haupttypen macht deren Ursprung in Europa noch einmal deutlich. Fundzentren liegen im Bereich der Schweiz, Frankreich und Deutschlands. Darüber hinaus finden sich einzelne Fundzentren an der nördlichen Adria und in Norditalien[437]. So etwas hatte man bislang nur für den Vorderen Orient, Ägypten und das Mediterraneum ange-

---

[433] Bellintani u.a. 2001, 9 f.

[434] Ebd.: Ein Faiencefund aus dem Tumulus von Run-ar-Justicou in Frankreich, der wahrscheinlich an den Übergang zur mittleren Bronzezeit datiert wird, scheint ein Bindeglied zwischen Faience und Glasherstellung im Bereich der gemischt-alkalischen Zusammensetzung zu sein.

[435] Hartmann u.a. 1997, 548 m. Abb. 4.

[436] Dies bestätigen auch die typischen Perlen aus Hauterive-Champréveyres, Henderson 1993, 114.

[437] Bellintani u.a. 2001, 64.

V. Glasperlen

nommen. Das ein Technologietransfer aus diesen Regionen nach Europa stattfand, rückt immer mehr in den Hintergrund, vielmehr ist primär davon auszugehen, dass auch hier aus der Faienceherstellung die Glaskunst hervorging[438].

4.5.2. Ergebnisse Glasgruppe 2

Bei dieser Glasgruppe handelt es sich durchweg um Natron-Kalk-Gläser. Die Unterschiede in der Farbgebung, bestätigt durch die chemische Zusammensetzung, erlaubten eine Differenzierung in drei Untergruppen. Allen drei Gruppen ist ein kennzeichnend hoher Natriumanteil von 14,03 bis zu 19,54%* gemeinsam, dieser wird von niedrigen Kaliumwerten zwischen 1,10 und 1,86%* begleitet. Die Perlen der Glasgruppe 2a unterscheiden sich hinsichtlich der Magnesium- und Calciumwerte von denen der Gruppe 2b. Demnach können die Gläser als magnesiumreiche bzw. magnesiumarme Natron-Kalk-Gläser bezeichnet werden.

Die Gläser der Glasgruppe 2a blau sind hinsichtlich der Korrelation der Magnesium- und Calciumgehalte sowie der Werte für Aluminium und Eisen über einen entsprechend angereicherten Sand oder Sandstein im Verbund mit einer entsprechend gehaltarmen Pflanzenasche hergestellt worden. Bislang ging man in der Forschung davon aus, dass die Stabilisatoren primär über die Pflanzenasche eingebracht wurden, dies konnte deutlich widerlegt werden. Dennoch ist das Glas in seiner eigentlichen Grundzusammensetzung ein typischer Vertreter des 2. und 1. Jahrtausends v. Chr., wie es sich im nahen Osten und im Mittelmeerraum findet. Der Vergleich mit bekannten Versuchsschmelzen hinsichtlich der Mischungsverhältnisse der Rohstoffe erbrachte keine Ergebnisse.

Bei diesen Gläsern wurde hinsichtlich der Färbung mit Kupfer in seiner oxidierten Form als Cu^{2+} gearbeitet. Hier finden sich deutlich niedrigere Gehalte im Vergleich zu den gemischt-alkalischen Gläsern gleicher Farbe. Dies ist in der Grundzusammensetzung der Natron-Kalk-Gläser begründet, die nur einen geringeren Anteil an Kupfer zur Farbgebung benötigen. Zweimal werden die Kupfergehalte von leicht erhöhten Kobaltwerten begleitet, diese sind für die intensivere und dunklere Türkisfärbung der Perlen verantwortlich. Es ließen sich keine weiteren Bestandteile ausmachen, die die Form der Kupferzugabe weiter verifizieren könnten.

Bei diesen vier Perlen handelt es sich zum einen um das Fragment einer Melonenperle. Diese bilden nur eine kleine Gruppe innerhalb der urnenfelderzeitlichen Perlen und bleiben bis in die römische Zeit sehr selten. Die wenigen Vergleichsfunde stammen aus den schweizer Seerandstationen, vereinzelt aus Frankreich und Deutschland. Es liegen allerdings keine chemischen Vergleichsdaten dieses Perlentypus vor. Das hier verwendete Glas geht weitgehend auf die bekannte Rezeptur der Natron-Kalk-Gläser zurück, wie sie im Nahen Osten und im Mittelmeerraum angewandt wurde. Hinsichtlich der lückenhaften Forschungslage dieses Perlentypus kann nicht geklärt werden, ob die Perle oder aber nur das Rohglas importiert wurde, letzteres ist wahrscheinlicher. Ähnliches gilt für die verbleibenden drei Perlen, die in ihrer Gestaltung eher unspezifisch sind, einzelne Vergleichsfunde stammen wieder aus den schweizer Seerandstationen.

Die Gläser der Gruppe 2a schwarz sind aufgrund der gemeinsamen Korrelation von Natrium, Magnesium, Calcium und Phosphaten, stellenweise von Kalium- und Chlorwerten begleitet, mit einer magnesiumreichen Pflanzenasche wie Salicornia herbacera hergestellt worden. Dies wird auch durch die negative Korrelation der Siliciumwerte zu den übrigen Bestandteilen bestätigt. Es handelt sich hier um das typische Glas des 2. und 1. Jahrtausends v. Chr., wie es sich im nahen Osten und im Mittelmeerraum findet. Die nächsten Vergleichsfunde stammen aus Nordhessen und aus Hauterive-Champréveyres, es handelt sich hier ebenfalls um eine mit einem hohen Zuschlag an Eisen dunkelgrün gefärbte Perle. Der Vergleich mit bekannten Versuchsschmelzen hinsichtlich der Mischungsverhältnisse der Rohstoffe erbrachte keine direkten Übereinstimmungen.

Die Gläser der Gruppe 2b schwarz sind in erster Linie als magnesiumarme Natron-Kalk-Gläser zu bezeichnen, allerdings sprechen die erhöhten Phosphat- und Chlorgehalte, sowie die hohen Kaliumanteile gegen ein mineralisches Alkali und auch hier für die Verwendung einer Pflanzenasche, jedoch ohne die entsprechend hohen Magnesiumgehalte. Ein Abgleich der Grundbestandteile ließ keine Zusammenhänge erkennen. Die erhöhten Kaliumwerte unterscheiden diese Allendorfer Perlen ebenso von zeitgleichen Gläsern aus Hessen und Niedersachsen. Es handelt sich hier nur formal um magnesiumarme Natron-Kalk-Gläser. Das heißt, man kann die Allendorfer Gläser nicht so einfach in den weiteren zeitlichen Kontext dieser Glasgruppe einordnen. Man geht in der Forschung weitgehend davon aus, dass ein Rohstoffwandel von der Pflanzenasche zum mineralischen Alkali auch einen zeitlichen Einschnitt mar-

---
[438] Ebd. 8 f.

4. Ergebnisse

kiert; bezüglich Europa geht man von einem Prozess zwischen dem 8. und 7. Jh. v. Chr. aus[439].

Alle schwarzen Perlen sind durch einen sehr hohen Zuschlag an Eisen gefärbt worden. Die Werte variieren stark zwischen 4,55 und 13,59 Gew.%. Über die Art des Zuschlages können keine sicheren Aussagen getroffen werden, denkbar ist die Zugabe einer metallurgischen Schlacke oder aber die Verwendung eines stark eisenhaltigen Sandes. Die weißen Farbeinlagen an den schwarzen Perlen entstanden durch die Zugabe von Antimon, das im Glas vorhandene Calcium reagierte und es bildeten sich in Form von Calciumantimonit oder Calciumantimonat feine Kristalle. Die durchscheinend orange Farbeinlage an Perle 93 entstand zum einen durch Bleiantimonat, eine Verbindung die natürlich als Bindheimit vorkommt. Darüber hinaus fanden sich hier hohe Werte für Mangan, diese erklären die Durchsichtigkeit der Farbeinlage und den orangen Ton. Man kennt die Beimischung von Mangan an purpurfarbenen Gläsern der Eisenzeit in Europa. Einmal findet sich eine opaque gelbe Dekoration, die durch die Zugabe von Bleiantimonat entstand, eine opaque rote Einlage geht auf die Färbung mit Kupfer in reduzierter Atmosphäre zurück.

Unter typenchronologischen Gesichtspunkten ließen sich die schwarzen Perlen kaum präziser einordnen. Es existieren nur wenige Vergleichsfunde, diese sind singulär und weit über Europa verstreut. So stammen einzelne Entsprechungen aus Italien, Griechenland, der Schweiz und Deutschland. Bis auf einen Fund liegen zu den übrigen keine chemischen Analysen vor. Dieser analysierte Vergleichsfund stammt aus Hauterive-Champréveyres, es handelt sich um eine dunkelgrüne Perle mit ehemals umlaufendem weißen Farbband, die Analyse ergab das typische magnesiumreiche Natron-Kalk-Glas, wie es auch die Gläser der Gruppe 2a schwarz aufweisen. Auch hier wurde durch einen hohen Zuschlag an Eisen gefärbt. In Anbetracht der derzeitigen Forschungslage kann man nur einen Import der Perlen vermuten. Die chemische Zusammensetzung der Gläser verweist auf einen Ursprung im mediterranen Raum oder dem Vorderen Orient, die wenigen Vergleichsfunde lassen jedoch derzeit keinen Ursprungsort dieser Perlentypen erkennen. Vielmehr trifft man im Allendorfer Hortfund die bislang größte Anzahl dieser Perlengattungen an.

Die eingangs festgestellten äußerlichen Qualitätsunterschiede an den blauen und schwarzen Perlen ließen sich anhand der chemischen Profile nicht bestätigen. Vielmehr verfügen alle drei Glasgruppen über unterschiedliche Qualitäten, die wiederum divergierende Korrosionserscheinungen bedingen.

Fasst man die in diesem Kapitel dargestellten Sachverhalte zusammen, so entsteht folgendes Bild: die typenchronologischen Ergebnisse hinsichtlich des Ursprungs und der Verbreitung der unterschiedlichen Perlentypen ließen sich durch die chemischen Analysen bestätigen. Die typischen Urnenfelderperlen stehen im Kontext einer eigenständigen europäischen Glashandwerkskunst, deren Ursprung ebenfalls in Europa zu finden und mit der Herstellung der Faience zu verknüpfen ist. Damit sind diese Allendorfer Perlen in den immer größer werdenden Fundkontext der gemischt-alkalischen Gläser einzureihen. Einzelne Vergleichsfunde stammen ebenfalls aus Hessen, die größte Anzahl findet sich jedoch in der schweizer Seerandstation Hauterive-Champrevéyres.

Ferner stellte sich heraus, dass ein quantitativ seltener Typus wie die Melonenperle und andere eher unspezifische blaue Perlen aus dem typischen Natron-Kalk-Glas gefertigt wurden, wie man es für die Zeitspanne 1500 bis 800 v. Chr. im Mittelmeerraum und im Vorderen Orient kennt und dass in diesem Zusammenhang zumindest von einem Import des Glases auszugehen ist. Außerdem konnte hier die Frage nach den Rohstoffen weiter verifiziert werden. Hinsichtlich der großen Gruppe der schwarzen Perlen wurden erst durch die Analysen Ergebnisse sichtbar. So traf man hier die magnesiumreiche als auch die magnesiumarme Variante des Natron-Kalk-Glases an. Es ist in der neueren Forschung bekannt, dass die erste Form mit einer Übergangsphase von der zweiten abgelöst wird. Das Zusammentreffen dieser beiden Gläser in einem Hortfund bestätigt diese These.

Hinsichtlich der Datierung der einzelnen Perlen- und Glastypen kann man folgende Aussagen treffen: Die typischen Urnenfelderperlen wie Pfahlbautönnchen und Pfahlbaunoppenperlen setzen bekanntlich vereinzelt in HaA ein, die Masse der Funde stammt allerdings aus HaB-zeitlichen Zusammenhängen. Die so genannten Kreisaugenperlen sind typologisch in Deutschland erst ab der Phase HaC zu fassen, in Italien setzen sie bereits um 900 v. Chr. ein; die Masse der Funde ist jedoch im 8. und 7. Jahrhundert auszumachen.

Die Röhrenperlen besitzen singuläre Vergleichsfunde in Cumae, die dort an die Wende vom 9. zum 8. Jahrhundert datiert werden. Vergleichsfunde zu den Streifen- und Tupfenperlen stammen aus geometrischen Grabfunden, eine weitere Tupfenperle stammt aus Schleswig-Holstein und wird dort in die Periode

---
[439] Henderson 1989, 41 ff. Bezüglich der bronzezeitlichen Fundplätze des Mediterraneums ist die strikte Trennung zwischen diesen zwei Arten von Natron-Kalk-Gläsern ebenfalls nicht mehr so eindeutig. Siehe dazu Henderson 2000, 56 ff m. Abb. 3.28.

V. Glasperlen

III datiert. Die übrigen magnesiumreichen Natron-Kalk-Gläser, hier durch monochrom blaue und einen Großteil der schwarzen Perlen vertreten, lassen sich durch ihr chemisches Profil innerhalb der Zeitspanne 1500 bis 800 v. Chr. einordnen. Die magnesiumarmen Natron-Kalk-Gläser, hier durch drei schwarze Perlen vertreten, lösen diese im Zeitraum von 800 bis 750 v. Chr. ab. Die jüngsten Perlen sind demnach die Kreisaugenperlen und ein Teil der schwarzen Perlen, die über ihr chemisches Profil an das Ende der Urnenfelderzeit und den Übergang zur Hallstattzeit zu setzen sind.

VI. Bernsteinschmuck

Im Hortfund befanden sich die drei größeren Perlen Nr. 103–105 (Taf. 23,103–105), die neun kleineren Exemplare Nr. 106–114 (Taf. 23,106–114)[440] sowie die Bernsteinschieber Nr. 115–118 (Taf. 24,115–118). Die farbliche Spannbreite dieser Bernsteinobjekte reicht von hellbraungelb bis zu dunkelbraun. Dies muss nicht der ursprünglichen Farbe des Bernsteins entsprechen, da dieser unter dem oxidierenden Einfluss von Sauerstoff allmählich verwittert und im Zuge dessen die Farbe verändert. Die an allen Objekten zu beobachtenden Risse an der Oberfläche bezeichnet man als Krakelbildungen[441].

Um die Herkunft des Bernsteins lokalisieren zu können, müssten die Objekte infrarotspektroskopisch untersucht werden[442].

Bislang ist besonders der Perlenschmuck aus Bernstein in der Literatur nur summarisch im Hinblick auf Verbreitung und Handelsbeziehungen untersucht worden. Es zeichnet sich jedoch ab, dass Bernsteinschmuck in der Hügelgräberbronzezeit und erneut in der beginnenden Eisenzeit eine größere Verbreitung besaß als in der Urnenfelderzeit[443]. Das Vorhandensein von nur wenigen spätbronzezeitlichen Bernsteinfunden kann in Zusammenhang mit der zu dieser Zeit dominierenden Brandbestattung stehen. Während der Urnenfelderzeit scheint sich die Nutzung von Bernstein zum Großteil auf die schweizer Seerandstationen und die Südzone des nordischen Kreises zu beschränken[444]. In Osteuropa findet sich Bernstein in ca. dreißig Depots der älteren Urnenfelderzeit[445]. Ein weiteres Verbreitungszentrum liegt während der Spätbronzezeit in Südfrankreich[446].

1. Bernsteinperlen

Die große Perle Nr. 103 besitzt die Form einer Spinnwirtel, Nr. 104 ist von ovalem Umriss und Nr. 105 war wohl ehemals von ähnlicher Form. Die Perle Nr. 103 lässt im Querschnitt deutlich die Bohransätze von beiden Seiten erkennen. Alle drei Perlen besitzen kleine Durchlochungen.

Die neun kleineren Exemplare sind teils von gedrückt kugeliger bis zylindrischer Form und verfügen über große Durchlochungen im Verhältnis zu ihrem jeweiligen Durchmesser.

Bernsteinschmuck findet sich seit der Hügelgräberbronzezeit in Rhein-Mainischen Grabinventaren[447]. Th. E. Haevernick hatte für die Perlen Nr. 103 und 104 bereits gute Vergleichsstücke genannt[448]. Weitere entsprechende Fundstücke zu den großen und kleinen Perlen stammen aus den schweizer Seerandstationen[449]. Eine wohl urnenfelderzeitliche Bernsteinperle stammt aus Grab Nr. 216 vom Gräberfeld in Vollmarshausen im Kreis Kassel. J. Bergmann hatte aber bereits darauf verwiesen, dass sich solch unspezifische Perlen von der Hügelgräberzeit bis zur Stufe HaD finden lassen[450]. Zwei fragmentierte, doppelkonische Perlen stammen aus dem HaA-zeitlichen Grab von Petterweil im Kreis Friedberg[451].

Die Allendorfer Bernsteinperlen können nur über den geschlossenen Hortverband datiert werden.

---

[440] In den Ortsakten und bei Haevernick 1949/50, 213, Abb. 3,1 wurden elf kleine Bernsteinperlen erwähnt, so dass bis heute zwei Exemplare verloren gegangen sind.

[441] M. Ganzlewski, Aussehen und Eigenschaften von „Bernstein". In: M. Ganzlewski/R. Slotta (Hrsg.), Bernstein. Tränen der Götter. (Bochum 1996) 25.

[442] S. dazu Ausführungen von C. W. Beck, Zur Herkunftsbestimmung von Bernstein. In: Ganzlewski u.a. (Anm. 441) 59–61.

[443] Vgl. J. Jensen, Bernsteinfunde und Bernsteinhandel der jüngeren Bronzezeit Dänemarks. Acta Arch. 36, 1965, 43–86, bes. 69 ff.; ebenso Bernatzky-Goetze 1987, 79 m. Anm. 294.

[444] Jensen (Anm. 443) Karte 1.3.

[445] Hansen 1994, 299, Abb. 194 zur Verbreitung der Depots mit Gold, Bernstein und Glas. In den ca. dreißig genannten Depots fand sich nie Bernstein mit Glas vergesellschaftet, wie dies in Allendorf der Fall ist.

[446] Dazu die Verbreitungskarte bei C. d. Gardin, La parure d'ambre à l'âge du Bronze en France. Bull. Soc. Préhist. Francaise 1986, 11–12, 546–580, Taf. 12.

[447] Wels-Weyrauch 1978, 168 Tab. 3A; vgl. auch Taf. 93 D: der reiche Bernsteinschmuck aus dem Grab von Gießen, Hochwartgelände.

[448] Vgl. Haevernick 1949/50, 213 m. Anm. 50 und 50a. – Zwei weitere Spinnwirtelperlen finden sich bei Jensen (Anm.443) 52, sie stammen aus der Periode V der nordischen Bronzezeit.

[449] Aus Hauterive-Champréveyres: Rychner-Faraggi 1993, Taf. 123; weitere große Perlen stammen aus Mörigen: Bernatzky-Goetze 1987, Taf. 116, 2-7; in großer Anzahl fanden sich große Perlen in Auvernier: Rychner 1979, Taf. 99; vgl. ferner die Perlenkette aus Zürich: Wyss 1981, Taf. 7, Abb. 8 mit den Perlen aus Auvernier. – S. die Verbreitungskarte zu den urnenfelderzeitlichen Bernsteinfunden in der Schweiz bei M. Primas, Der Bernsteinfund vom Montlinger Berg. Germania 65, 1987, 203–208, Abb. 3; Abb.1 zeigt eine Perle, die den Allendorfern gleicht. – An die 140 Bernsteinperlen stammen aus dem Depot vom Padnal bei Savognin, hier handelt es sich wohl um einen mittelbronze- bis älterurnenfelderzeitlichen Fundkomplex: J. Rageth, Die bronzezeitliche Siedlung auf dem Padnal bei Savognin. Jahrb. SGUF 59, 1976, bes. 172, Abb. 41.

[450] Bergmann 1981, 30; Taf. 211, 216d.

[451] Herrmann 1966, Taf. 118C, 8. 9.

VI. Bernsteinschmuck

2. Bernsteinschieber

Von den Bernsteinschiebern Nr. 115 – Nr. 118 hat sich nur der erste intakt erhalten. Die Stücke Nr. 115 und Nr. 116 sind von gleicher Farbe und rechteckiger Form. Beide Schieber besitzen etwas unregelmäßig angebrachte, einfache Bohrungen. Die Schieber Nr. 117 und Nr. 118 sind halbmondförmig. Der Schieber Nr. 117 hat auf einer Seite vier und auf der gegenüberliegenden fünf Bohröffnungen. Nr. 118 besaß ehemals mindestens sechs Bohrungen. Bei allen Schiebern handelt es sich um einfach ausgeführte Bohrkanäle.

Ob die zwei Fragmente Nr. 119 und Nr. 120 tatsächlich als Reste von zwei weiteren Bernsteinschiebern betrachtet werden können, kann aufgrund deren erhaltener Größe nicht entschieden werden[452].

Im Gegensatz zur Gruppe der Bernsteinperlen sind die Schieber immer wieder in der Literatur behandelt worden. 1957 erschien der Aufsatz von R. Hachmann zu den bronzezeitlichen Bernsteinschiebern. Er unterschied hier deutlich die mitteleuropäischen Stücke von jenen der Wessex-Kultur und den griechischen Stücken. Den Großteil der mitteleuropäischen Stücke wies er der süddeutschen Hügelgräberkultur zu. Als typische Form benannte er in diesem Zusammenhang die rechteckigen Schieber mit leicht gebauchten Seiten und abgerundeten Ecken[453]. Dazu würden demnach auch die Allendorfer Stücke Nr. 115 und Nr. 116 gehören.

Eine von S. Gerloff verfertigte Kartierung der bronzezeitlichen Bernsteinschieber ergab drei Zentren der Verbreitung in Südengland, Mitteleuropa und in Griechenland[454]. Eine Erweiterung dieser Karte lässt einen zusätzlichen Verbreitungsschwerpunkt in Südfrankreich erkennen[455].

Sowohl die rechteckigen als auch die halbmondförmigen Schieber aus Allendorf finden gute Entsprechungen in dem jedoch wesentlich älteren Grab E von Asenkofen, das in die Hügelgräberbronzezeit datiert[456]. Ein rechteckiger, urnenfelderzeitlicher Schieber stammt aus Mörigen[457].

Die Allendorfer Bernsteinschieber können nur über den gesamten Fundkontext datiert werden. Fasst man die obigen Ausführungen zusammen, so stellt der Allendorfer Hortfund eines der reichsten Bernsteinvorkommen in der südwestlichen Urnenfelderkultur dar.

---

[452] Anderer Meinung war Haevernick 1949/50, 214.

[453] R. Hachmann, Bronzezeitliche Bernsteinschieber. Bayer. Vorgeschbl. 22, 1957, 1–36; bes. 11 ff.

[454] S. Gerloff, The early bronze age daggers in Great Britain. PBF VI,2 (München 1975) Taf. 63.

[455] A. F. Harding, The Mycenaeans and Europe. (London 1984) 76 Abb. 17; 309 f. App. 2; J. Bouzek, The shifts of the amber route. In: C. W. Beck/ J. Bouzek (Hrsg.), Amber in Archeology. (Prag 1993) 141–146 Abb. 1.

[456] Hachmann (Anm. 453) 14 Abb.3.

[457] Bernatzky-Goetze 1987, Taf. 117,17.

VII. Gagatperlen

Zum Depotfund gehören zwölf intakte Gagatperlen Nr. 121 – Nr. 132 (Taf. 24,121–132) und die Fragmente von mindestens acht weiteren Exemplaren, summarisch aufgeführt unter Nr. 133 – Nr. 135.

Die Perlen variieren in der Form von gedrückt kugelig bis zylindrisch. Ferner unterscheiden sie sich etwas hinsichtlich der Größe. Th. E. Haevernick führte diese Unterschiede auf die jeweilige Größe des Rohmaterials zurück[458].

Gagatschmuck ist in der Urnenfelderzeit sehr selten. Ein vergleichbarer Fund stammt aus der schweizer Inselsiedlung Zürich, Großer Hafner. Hier fanden sich siebenundvierzig Gagatperlen schwarzer und hellbeiger Farbe unter anderem mit Glas- und Bernsteinperlen vergesellschaftet in einer Holzschachtel. Der Fund wird in die Frühphase von HaB datiert[459].

Ein weiterer Vergleichsfund stammt aus der Station Uerschhausen im Kanton Thurgau. Hier entdeckte man achtzehn Gagatperlen zusammen mit einer braunschwarz-roten Glasperle. Der Fund wird in die Stufe HaB3 datiert[460]. Weitere Vergleichsfunde aus der Spätbronzezeit liegen zur Zeit nicht vor. Generell erfreute sich Schmuck aus Gagat im Neolithikum und erneut in der Eisenzeit großer Beliebtheit[461]. Auch hier stellt sich die Frage, ob das nur vereinzelte Auftauchen von Gagatschmuck in der Spätbronzezeit mit der Brandbestattung zusammenhängt.

---

[458] Haevernick 1949/50, 214.

[459] Wyss 1981, Abb. 7; M. Primas/U. Ruoff, Die urnenfelderzeitliche Inselsiedlung „Großer Hafner" im Zürichsee. Germania 59, 1981, 31 ff. Abb. 8; 45 f.

[460] G. Braun, Die Funde der spätbronzezeitlichen Station Uerschhausen-Horn TG. In: Schweizerisches Landesmuseum Zürich (Hrsg.), Die ersten Bauern. Pfahlbaufunde Europas. (Zürich 1990) 227–228. Leider sind die Fundstücke bislang nur in der Literatur beschrieben und noch nicht abgebildet.

[461] O. Rochna, Hallstattzeitlicher Lignit- und Gagatschmuck. Fundber. Schwaben N.F. 16, 1962, 44–83 Abb. 5 zeigt die Lagerstätten von Gagat.

VIII. Scheibenperlen

Die Perlen Nr. 136 – Nr. 140 wurden aus der Literatur übernommen[462]. Von den ehemals fünf Exemplaren ist eines zur Materialbestimmung dieser Perlengruppe verwendet worden. Die mineralogische Untersuchung ergab, dass die Objekte aus sehr feinem Quarzpulver, das in ein toniges Bindemittel, wahrscheinlich Kaolinit, gebettet wurde, gefertigt wurden[463]. Th. E. Haevernick identifizierte diese Masse 1978 als Fayence[464]. Allerdings kann hier nicht von Fayence gesprochen werden, da die Ansicht des Dünnschliffs im Polarisationsmikroskop ganz deutlich zeigt, dass die Quarzsplitter nicht an- oder aufgeschmolzen sind. Dies würde der Definition von Fayence entsprechen[465]. Vielmehr scheint es sich hier um den Versuch zu handeln, eine entsprechende Perlenmasse herzustellen, die Temperatur war nicht hoch genug, als dass sich das Quarzpulver irgendwie verändert hätte, sie reichte jedoch aus, um die nötige Haltbarkeit der Perlen zu erzielen[466]. Dennoch muss man Reinecke zustimmen, der schon 1957 den seltenen Charakter dieser Perlen im Zusammenhang mit der südwestdeutschen Urnenfelderkultur betonte[467].

---

[462] Die Beschreibungen im Katalog sind dem Aufsatz von G. Rein, Mineralogische Untersuchung einer Gesteinsperle aus dem Schatzfund von Allendorf (Hessen). Germania 35, 1957, 23–28 entnommen worden. Welche der fünf beschriebenen Perlen rezent zerstört wurde, lässt sich seinen Ausführungen nicht entnehmen und wurde somit im Katalog nicht erwähnt.

[463] Ebd.

[464] Haevernick 1978, 377 m. Anm. 13 u. 14.

[465] Brill/Lilyquist 1993, 18.

[466] Reinecke 1957, 22 m. Anm. 7.

[467] Ebd.

IX. Datierung und kulturelle Bezüge

Der überwiegende Teil der Hortbestandteile lässt sich urnenfelderzeitlichen Kontexten zuordnen. Die oberständigen Lappenbeile vom Typ Homburg sowie der astragaliert Armring des gleichen Typus zählen zu den Leitformen der Stufe HaB3. Ebenso finden die rasiermesserförmigen Anhänger, das Rasiermesser mit seitlichem Ringgriff und die Ringgehänge Entsprechungen in endurnenfelderzeitlichen Fundkomplexen.

Die verbleibenden Bronzeartefakte besitzen längere Laufzeiten, sie können aber teilweise über Vergleichsfunde ebenfalls der späten Urnenfelderzeit zugewiesen werden. Der Tüllengeradmeißel stellt eine Geräteform mit einer chronologischen Bandbreite von der Stufe Reinecke A2 bis HaB3 dar, findet aber die besten Entsprechungen in endurnenfelderzeitlichen Horten Südwestdeutschlands. Bezüglich der Drahtspiralen finden die zwei Stücke mit aufgezogenen Perlen die einzigen Entsprechungen in der jüngeren nordischen Bronzezeit, wohingegen einfache Drahtspiralen während der gesamten Urnenfelderzeit verbreitet sind.

Die kleinen Geräte und die Spiralröllchen tauchen während der gesamten Bronzezeit auf und lassen sich chronologisch nicht näher eingrenzen. Die kleinen Ringe und die Knopfscheiben besitzen Entsprechungen während der gesamten Urnenfelderzeit.

Der kleine Armring ist zu schlecht erhalten, als dass man ihn einem Typus und somit einer bestimmten Zeitstufe zuordnen könnte.

Zum Zierblech wiederum liegen bislang keine Vergleichsfunde vor, die sicher zur Datierung herangezogen werden könnten. Der Vergleich der Dekorelemente des Bleches mit jenen unterschiedlicher Artefaktgruppen ergab eine zeitliche Spanne von der älteren bis zur späten Urnenfelderzeit bzw. der Perioden IV und V der nordischen Bronzezeit, so dass dieses Fundstück aufgrund des Zierstils der Urnenfelderzeit zugeordnet werden kann. Eine feinere Datierung ist folglich aufgrund der bislang fehlenden Vergleichsfunde nicht möglich.

Die Lanzenspitze stellt das älteste Bronzeobjekt des Hortes dar. Sie kann aufgrund der Vergleichsfunde als deponiertes Altstück aus dem Horizont HaA angesprochen werden[468].

Hinsichtlich der Glasperlen stellen die monochrom blauen Ringchenperlen eine Fundgattung dar, die eine räumlich und zeitlich sehr weite Verbreitung über die Urnenfelderkultur hinaus besitzen. Die Masse dieser Funde scheint aber häufig in Zusammenhang mit den so genannten Pfahlbautönnchen und Pfahlbaunoppenperlen aufzutreten, für die wiederum eine Datierung von HaA bis HaB, mit dem Schwerpunkt am Ende der Urnenfelderzeit, belegt ist. Die so genannten Kreisaugenperlen setzen erst in HaB3-Kontexten ein und laufen bis HaC, vereinzelt finden sie sich noch darüber hinaus. Die unterschiedlichen monochromen Perlen schwarzer Grundfarbe besitzen nur singuläre Vergleichsfunde in Griechenland und Italien, die aber auch an das Ende der Urnenfelderkultur verweisen[469].

Der Bernsteinschmuck besitzt Vergleichsfunde aus der Hügelgräberbronzezeit und vereinzelt aus der Urnenfelderzeit[470].

Die Gagatperlen lassen sich mit einem endurnenfelderzeitlichen Fundkomplex verbinden[471].

Fasst man die oben summarisch ausgeführten Datierungen der einzelnen Objekte bzw. Objektgruppen zusammen, so ist der Allendorfer Hortfund an das Ende der Urnenfelderzeit, in die Stufe HaB3 zu datieren, die von W. Kubach für den mitteldeutschen Raum als Stufe Wallstadt nach dem gleichnamigen Depot von Mannheim-Wallstadt benannt wurde[472]. 1994 schlug C. Dobiat vor, für den nordhessischen Raum die von B. Grimmer-Dehn für den Oberrheingraben entwickelte Stufengliederung zu übernehmen. Diese grobe Schemata unterteilt die Urnenfelderzeit in drei Stufen, basierend auf der Feststellung, dass eine Zäsur zwischen HaA2 und HaB1 unter anderem für die hessischen Verhältnisse nicht zutreffend ist. Nach dieser Einteilung ist das Allendorfer Depot der Stufe III zuzuordnen, die die Stufen HaB3 und den

---

[468] Detaillierte Ausführungen zu diesen Fundstücken finden sich in den einzelnen Abschnitten des Kap. IV.

[469] Siehe Kapitel V.
[470] Siehe Kapitel VI.
[471] Siehe Kapitel VII.
[472] Vgl. W. Kubach, Die Nadeln in Hessen und Rheinhessen. PBF XIII, 3 (München 1977) 35 f; Uenze 1949/50, 220 datierten den Fundkomplex ebenfalls an den Ausgang der Urnenfelderkultur. – Neueste Ansätze zu absolut-chronologischen Daten dieser Stufe bei V. Rychner u.a., Stand und Aufgaben dendrochronologischer Forschung zur Urnenfelderzeit. In: Beiträge zur Urnenfelderzeit nördlich und südlich der Alpen. (Bonn 1995) 455–487; bes. 477 ff. Allerdings handelt es sich hier um dendrochronologische Sequenzen von schweizer Seerandstationen.

IX. Datierung und kulturelle Bezüge

Übergang zur Stufe HaC bzw. deren Beginn zusammenfasst[473].

An der breiten Zusammensetzung des Allendorfer Hortes lassen sich unterschiedliche regionale und überregionale Bezüge ablesen. So handelt es sich bei den Lappenbeilen, dem Tüllenmeißel, den Armringen, Anhängern, Ringen und Knopfscheiben sowie den einfachen blauen Ringchenperlen um Artefakte, die zum allgemeinen Inventar der südwestdeutschen Urnenfelderkultur zu zählen sind. Die Ringgehänge gehören zu den selteneren Fundstücken, deren Hauptverbreitung sich in Hessen findet.

Das Rasiermesser sowie ein Teil der Glasperlen[474] und auch des Bernsteinschmucks weisen deutliche Bezüge zu den schweizer Seerandstationen auf. Die Lanzenspitze und ein Teil der Glasperlen[475] verweisen in den Südost- bzw. Südeuropäischen Raum. Hingegen können an dem Zierblech deutliche Kontakte zum Kulturraum der nordischen Bronzezeit abgelesen werden. Es wird hier noch einmal ganz deutlich, welch große Spanne unterschiedlicher kultureller Bezüge und Kontakte sich innerhalb eines einzigen Fundkomplexes ablesen lassen.

---

[473] Dazu ausführlicher Dobiat 1994, 154 f. m. Tab. 9.

[474] Gemeint sind hier die Pfahlbautönnchen und Pfahlbaunoppenperlen, innerhalb der analysierten Gläser handelt es sich hier um die Glasgruppe 1.

[475] Hier ist die Rede von den Kreisaugenperlen sowie einem großen Teil der verzierten schwarzen Perlen, diese Bezüge decken sich mit den Ergebnissen der Glasgruppen 2a blau und 2a schwarz und 2b.

X. Bezüge zur Archäologie des Umlandes

Der Allendorfer Hortfund liegt in Mittelhessen, wenige Kilometer südlich der Rhein-Weser-Wasserscheide. Diese gliedert den hier besiedelbaren Raum in zwei in unterschiedliche Richtungen entwässernde Landschaften. Das Allendorfer Depot befindet sich in der südwestlich der Wasserscheide gelegenen Landschaft, die geomorphologisch eng an die Wetterau und das Rhein-Main-Becken angegliedert ist[476].

K. Nass untersuchte Ende der dreißiger Jahre die Urnenfelderkultur im mittleren und nördlichen Hessen, die Arbeit wurde postum von O. Uenze 1952 publiziert[477]. Nass gelangte unter anderem zu dem Ergebnis, dass es sich hier um eine scharf ausgeprägte regionale Zweiteilung dieses Kulturraumes handelt. Die Grenze verläuft entlang der Wasserscheide und stellt gleichzeitig die Nordgrenze der Verbreitung der süddeutschen Urnenfelderkultur dar[478].

An ca. vierzig Grabfunden des Marburger Raumes, die zur Jahrhundertwende untersucht worden waren, erarbeitete er eine oberhessische Urnenfeldergruppe, die zwar regionales Eigengepräge besitze, ansonsten aber unmittelbar mit der süddeutschen Urnenfelderkultur zu verknüpfen sei[479]. Er ordnete sie der so genannten Ostgruppe nach Vogt bzw. der untermainisch-schwäbischen Gruppe nach Kimmig zu[480]. Die Fundkomplexe nordwestlich der Wasserscheide benannte er als niederhessische Mischgruppe, die zwar über kulturelle Einflüsse aus der süddeutschen Urnenfelderkultur verfüge, zum Großteil aber an nordwestdeutschen Formen orientiert sei. Die hier vertretenen Keramikformen finden vor allem Entsprechungen im mittleren Wesergebiet und im südlichen Westfalen[481].

Nass erkannte analog zu Vogt die enge kulturelle und zeitliche Verknüpfung der Stufen HaA und der Gündlinger Stufe bzw. der Stufe HaB, die er beide zur Urnenfelderzeit rechnete. Nass sprach bezüglich der Marburger Funde von einer Marburger Urnenfeldergruppe. Die von ihm in diesem Zusammenhang herangezogenen Grabkomplexe ordnete er einer Spätphase der Stufe HaA zu, nach Müller-Karpes Definition von 1959 also der Stufe HaA2. Als einzigen spätumenfelderzeitlichen Fund benannte er das westlich der Lahn gelegene Hügelgrab von Cyriaxweimar[482].

1949 erschien eine Arbeit von H. Müller-Karpe, die sich unter anderem mit den Gräbern der Urnenfelder- und Frühhallstattkultur im Marburger Raum befasste. Anhand von fünfzehn Fundkomplexen definierte er detailliert die Keramikformen der von ihm benannten Marburger Gruppe[483]. Er belegte die regionale Eigenständigkeit dieser Gruppe unter anderem am gehäuften Auftauchen des Doppelkonus als Grabgefäß sowie der Bestattungsweise unter Hügeln[484]. Auf diese Faktoren hatte auch Nass hingewiesen[485]. Müller-Karpe rechnete derzeit nur die Stufe HaA zur Urnenfelderkultur, die Stufe HaB verband er mit dem Beginn der Hallstattzeit und sah auch das Grab von Cyriaxweimar in diesem Zusammenhang[486].

1960 befasste sich O. Uenze mit der Bronzezeit in Nordhessen. Auf den Ausführungen von Nass aufbauend, beschäftigte er sich mit der Urnenfelderkultur im Marburger Raum in ihren Grundzügen. Er datierte das Grab von Cyriaxweimar in die Stufe HaB2. Uenze benutzte jedoch nicht den Begriff der Marburger Gruppe[487]. Er wies bereits auf den Siedlungsfund Mardorf II hin. Dort hatte man 1951 ein Konglomerat von Siedlungsgruben entdeckt, von denen eine Material der jüngeren Urnenfelderzeit enthalte[488].

Der Begriff der Marburger Gruppe blieb bis in die achtziger Jahre bestehen[489]. 1986 erschien C. Dobiats Aufsatz zum Stand der urnenfelderzeitlichen Forschungen in Mittelhessen bzw. zur Marburger Gruppe. Er äußerte bereits Kritik an dieser Gruppendefinition und setzte sich kritisch mit der von Nass aber vor allem von Müller-Karpe herausgestellten keramischen Sonderprägung dieses Raumes ausein-

---

[476] Detaillierte Ausführungen zur Topographie finden sich in Kap. III.

[477] Nass 1952/1; ders. 1952/2.

[478] Ders. 1952/1, 19 m. Karte 1.

[479] Ebd. 21; 40; 43 ff.

[480] Ebd. 40.

[481] Ders. 1952/2, 70 f.

[482] Ders. 1952/1, 12.

[483] Müller-Karpe 1949, 29 ff.; 36 ff.

[484] Ebd. 36; 38 f.

[485] Nass 1952/1, 40 ff.

[486] Müller-Karpe 1949, 44.

[487] O. Uenze, Hirten und Salzsieder. Bronzezeit in Nordhessen. (Marburg/Lahn 1960) 174 ff. bes. 177.

[488] Ebd. 180; vgl. auch die Angaben dazu bei J. Klug, Die vorgeschichtliche Besiedlung des Amöneburger Beckens und seiner Randgebiete. (Bonn 1989) 78 f. Katalog Nr. 305 Taf. 10.

[489] Vgl. die Kartierung zu urnenfelderzeitlichen Gruppen in Hessen bei Herrmann 1966, Abb. 7; s. ferner A. Jockenhövel, Zum Beginn der Urnenfelderkultur in Niederhessen. Arch. Korrbl. 13, 1983, 209 ff. Abb. 1.

X. Bezüge zur Archäologie des Umlandes

ander[490]. Des Weiteren diskutierte er den Grabbau dieser Gruppe anhand von neu gewonnenen Grabungsergebnissen[491]. 1994 erschien die Publikation zu den neu gegrabenen Kleinfriedhöfen „Stempel", „Botanischer Garten" und „Lichter Küppel" im Marburger Raum[492]. Anhand der detaillierten Grabungsergebnisse wurde die regionale Sonderstellung der Marburger Gruppe aufgehoben und die Datierung verifiziert. Der Beginn der urnenfelderzeitlichen Grabhügel auf den Lahnbergen setzte bereits in der älteren Urnenfelderzeit ein, die Auflassung der Friedhöfe erfolgte in der jüngeren Urnenfelderzeit. Die Hauptbelegung aller drei Nekropolen findet sich in dem Abschnitt der mittleren Urnenfelderzeit[493].

Erneute Ausgrabungen Anfang der neunziger Jahre im Bereich der Siedlung Mardorf ergaben eine Datierung der Funde analog zu den von Dobiat untersuchten Grabhügelgruppen in die Zeitspanne HaA2 bis HaB1[494].

Demnach findet der endurnenfelderzeitliche Hortfund von Allendorf keine zeitliche Entsprechung in den in Betracht kommenden Grabnekropolen und Siedlungen. Singulär bleibt der Grabfund von Cyriaxweimar, der ebenfalls an das Ende der Urnenfelderzeit datiert wird. Somit befindet sich das Allendorfer Depot in isolierter Lage, im Raum der nördlichsten Verbreitung der süddeutschen Urnenfelderkultur.

---

[490] Vgl. C. Dobiat, Die „Marburger Gruppe". Zum Stand der urnenfelderzeitlichen Forschung in Mittelhessen. In: Marburger Studien zur Vor- und Frühgeschichte 7. Gedenkschrift G. v. Merhart. (Marburg 1986) 17–44.

[491] Ebd. 36 f.

[492] Dobiat 1994, 13.

[493] Ebd. 154 f. m. Tab. 9.

[494] S. dazu M. Meyer, Mardorf 3 – Grabung an einer Siedlung der Urnenfelderkultur im Amöneburger Becken. Bericht der Kommission für archäologische Landesforschung in Hessen 1, 1990/91, 50–52; ders., Mardorf 3 – eine Siedlung der Urnenfelderzeit, des Endneolithikums und der Rössener Kultur. Bericht der Kommission für archäologische Landesforschung in Hessen 2, 1992/93, 49–87; bes. 60.

XI. Kompositionsmuster

Entsprechend der damaligen Forschungslage hatte O. Uenze den Allendorfer Hort in folgende Bestandteile aufgeteilt: Waffen und Geräte eines Mannes, Schmuck und Trachtausstattung einer Frau und Objekte von wahrscheinlich kultischer Bedeutung, damit waren die Ringgehänge gemeint[495]. Will man sich mit der Intention der hier ausgewählten und niedergelegten Artefakte befassen, so kommen die Arbeiten von Stein und Hansen in Betracht. Aber auch hier sind die Möglichkeiten einer Interpretation begrenzt, da der Hortfund aufgrund seiner reichen Beigabe von Glas-, Bernstein- und Gagatschmuck aus dem Rahmen fällt und wie sich zeigen wird nur wenige Vergleichsfunde besitzt.

Ende der siebziger Jahre sind von F. Stein die süddeutschen Hortfunde der gesamten Bronzezeit im Hinblick auf Ausstattungsmuster, Datierung und Intention der Niederlegung untersucht worden[496]. Die Horte der Urnenfelderzeit im Rhein-Main-Gebiet sind von S. Hansen Anfang der neunziger Jahre systematisch und sehr detailliert analysiert worden, unter anderem sowohl im Hinblick auf zeitlich zu fixierende Deponierungsmuster als auch auf quantitative Verteilungen der Einzelbestandteile auf verschiedene Quellengattungen[497]. Die Horte in diesem Gebiet sind also gut zu überblicken. Zunächst wurden die Deponierungen in diesem Raum zum Vergleich ausgewählt, da die Fundlage des Allendorfer Hortes an Entsprechungen in diesem Raum denken lässt, als auch ein Großteil der Bronzefunde des Hortes an Südwestdeutschland orientiert ist.

Zunächst einmal müssen die Einzelstücke des Hortes unter verschiedenen Kriterien betrachtet werden, um das Kompositionsmuster greifen zu können. Eine Aufschlüsselung der Einzelstücke im Hinblick auf eine vorhandene Fragmentierung zum Zeitpunkt der Deponierung ergab, dass 24,8 % in fragmentiertem Zustand und 75,2 % in intakter Erhaltung niedergelegt wurden. Dabei blieb unberücksichtigt, ob es sich um eine Teilfragmentierung handelt, die eine weitere Nutzung ermöglichte[498] oder ob eine solche gänzlich auszuschließen ist[499]. Ungefähr ein Viertel der im Allendorfer Hort enthaltenen Artefakte ist demnach in fragmentiertem Zustand niedergelegt worden[500].

F. Stein ordnete den Allendorfer Fundkomplex den von ihr definierten Fertigwarenhorten gemischten Inhaltes zu. Diese Hortklasse wurde unter anderem so charakterisiert, dass es sich um benutzbare, neue, fast neue, gebrauchte aber noch nicht unbrauchbare Objekte handelt[501]. Dies scheint zumindest nicht auf die Lanzenspitze Nr. 1, das Rasiermesser Nr. 7, das Zierblech Nr. 28 und die Spiralröllchen Nr. 52 und Nr. 53 zuzutreffen. Diese Stücke sind als unbrauchbar in ihrer eigentlichen Funktion zu betrachten und so ist wohl auch die Definition bei F. Stein zu verstehen. Der Allendorfer Hort ist also nicht als Fertigwarenhort gemischten Inhaltes zu betrachten und somit können auch die Interpretationen Steins zur Intention der Deponierung dieser Hortklasse außer Acht gelassen werden. Ferner ist der dominierende Anteil der Schmuck- und Trachtbestandteile dieses Hortes bei ihr unbeachtet geblieben.

S. Hansens detaillierte Untersuchungen zu den Ausstattungsmustern der HaB3-zeitlichen Horte in Hessen und Rheinhessen ergab, dass in fast der Hälfte dieser Depots die Kombination von Beil, Sichel und Armring vertreten ist[502]. Bis auf die fehlende Sichel lässt sich das Allendorfer Depot zwar diesem Kompositionsmuster zuordnen, jedoch bleibt auch hier der überwiegende Anteil der Schmuck- und Trachtbestandteile unberücksichtigt. Hansen betrachtete die große Anzahl unterschiedlicher Perlen und Schieber als ein Schmuckstück, dies wird der hier vertretenen Vielfalt jedoch nicht gerecht[503]. Ferner differenzierte er die Horte nach der Quantität der jeweils deponierten Objektgruppen. Er gelangte zu dem Schluss, dass in den Depots mit breiterem Typenspektrum, dazu zählt der Allendorfer Fund, das Verhältnis zwischen Geräten, Waffen und Schmuck ausgeglichen ist und keine dieser Gruppen einen Anteil von über fünfzig Prozent erreicht[504]. Betrachtet man die Abbildung 10, so ist dieses Ergebnis nicht auf das Allendorfer Depot zu übertragen, da hier Schmuck- und Trachtbestandteile deutlich mehr als fünfzig Prozent des Ge-

---

[495] Uenze 1949/50, 203.
[496] Vgl. Stein 1976; dies. 1979.
[497] Hansen 1991.
[498] Z. B. das Lappenbeil Nr.3.
[499] Z. B. das Rasiermesser Nr.7, das Ringfragment Nr. 27.

[500] Zur Ermittlung der Werte wurden die Artefakte nach der Anzahl aufgenommen, d. h. auch jede Perle wurde als Einzelstück betrachtet. Anders Hansen 1991, 160 Abb. 58 der alle Perlen als ein Schmuckstück wertet.
[501] Stein 1976, 19.
[502] Vgl. Hansen 1991, 158 m. Abb. 57.
[503] Ebd.
[504] Ebd. 158 f. m. Abb. 58.

XI. Kompositionsmuster

samtinventares ausmachen. Auch hier erscheint der Allendorfer Fundkomplex in ein Klassifikationssystem gedrängt.

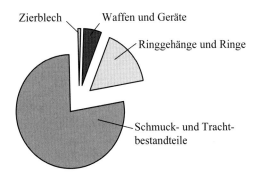

Diagramm 18: Verteilung der Fundkategorien nach Stückzahlen

S. Hansen analysierte die Einzelbestandteile der Horte hinsichtlich ihrer quantitativen und zeitlichen Verteilung auf einzelne Quellengattungen. Bezüglich der Lanzenspitzen gelangte er zu dem Ergebnis, dass sie in den Deponierungspräferenzen jenen der Schwerter gleichen. So finden sie den quantitativ größten Niederschlag als Gewässerfunde. Erst im Anschluss daran finden sie sich mit etwas mehr als zwanzig Prozent in Hortfunden. Die Menge der deponierten Lanzenspitzen steigt im Verlauf von HaA zu HaB deutlich an, hingegen nimmt die Sitte der Waffenbeigabe in Gräbern deutlich ab[505]. Als Charakteristikum der in Horten niedergelegten Lanzenspitzen nannte er deren fragmentarischen Zustand, dagegen sind jene aus Flüssen und Mooren meist unfragmentiert. Ferner handelt es sich nicht nur bei der Allendorfer Lanzenspitze um ein deponiertes Altstück, sondern dies ist auch der Fall bei zwei weiteren Lanzenspitzen aus den fraglichen Horten von Hochborn und vom Haimberg[506].

Urnenfelderzeitliche Rasiermesser stammen im Rhein-Main-Gebiet zu knapp 78% aus Grabfunden und nur 6,4% finden sich in Horten. Aus spätürnenfelderzeitlichen Horten sind nur die Exemplare aus Allendorf und Hanau bekannt[507]. Ein von Hansen angestellter überregionaler Vergleich der Rasiermesser bezüglich ihrer Verteilung auf die einzelnen Quellen ergab unter anderem für Böhmen eine Konzentration dieser in Horten[508].

Eine Aufschlüsselung der Beile nach Quellen ergab, dass 45,4% der urnenfelderzeitlichen Stücke aus Horten und 27,6% aus Gewässern stammen. Hingegen überwiegen in der älteren Urnenfelderzeit die Einzeldeponierungen gegenüber den Fluss- und Depotfunden der späten Urnenfelderzeit[509].

Hansen nahm im Rhein-Main-Gebiet 506 Arm- und Beinringe auf, von denen sich der Großteil zu annähernd gleichen Anteilen auf Grab- und Hortfunde verteilt. Allerdings dominiert die Grabbeigabe deutlich von BzD bis HaA um im Verlauf von HaB drastisch zu sinken. Hingegen erreicht die Niederlegung von Ringschmuck in Depots der Stufe HaB ihr Maximum[510].

Fasst man die oben ausgeführten Punkte zusammen, so fügen sich einzelne Bestandteile des Allendorfer Hortes zum Teil gut in die von Hansen erarbeiteten regionalen Deponierungsmuster ein. Der Hortfund in seiner Gesamtheit fällt jedoch aus den vorgestellten Kompositionsmustern deutlich heraus und verbleibt, analog zu den fehlenden zeitlichen Äquivalenten des Umlandes, in isolierter Lage[511].

Es existieren nur wenige Vergleichsfunde. Insbesondere in dieser Reichhaltigkeit ist der Perlenschmuck kaum anzutreffen. Aus Zürich vom Großen Hafner und vom Montlinger Berg stammen ebenfalls reichhaltige Schmuckdepots mit Glas- und Bernsteinperlen. Hansen hatte für die ältere Urnenfelderzeit immerhin ca. dreißig Horte benennen können, die entweder Gold, Bernstein oder Glas beinhalteten. Auch wenn es sich hier um einen älteren Zeitabschnitt handelt, wird doch die besondere Bedeutung dieser Güter durch ihre seltene Beigabe unterstrichen. Sie scheinen einen besonders wertvollen Besitz darzustellen, insbesondere die Beigabe von Glas und Bernstein ist begrenzt auf Horte in Transdanubien und entlang des Mures. Neben der Schmuckfunktion scheinen die Perlen auch einen gewissen Amulettcharakter zu besitzen, ein weiterer Grund für deren seltene Beigabe in Horten und statt dessen eher in Grä-

---

[505] Ebd. 53 Abb. 9; 10.
[506] Ebd. 54 Abb. 11.
[507] Ebd. 75.
[508] Ebd.; vgl. Abb. 21 mit Taf. 26.

[509] Ebd. 94 f. Abb. 29; 30.
[510] Ebd. 120 f. Abb. 42; 43.
[511] Als Vergleichsfund ist hier auf den ebenfalls endurnenfelderzeitlichen Hortfund von Arsbeck im Kreis Erkelenz hinzuweisen. Hier fand sich ebenfalls eine Melonenperle aus Glas vergesellschaftet mit zwei Bernsteinperlen und Spiralschmuck, s. dazu Bonner Jahrb. 146, 1941, Abb. 47. – Die zuletzt erschienene Arbeit zu Hortfunden und deren Kompositionen von Chr. Huth, Westeuropäische Horte der Spätbronzezeit. (Bonn 1997) 267, 42; 308 f. führt in Katalog 1 den Allendorfer Hortfund auf, In Katalog 2 werden nur noch jene Horte berücksichtigt, deren genaue Größe und Zusammensetzung bekannt ist. Der Allendorfer Hort fehlt hier und insbesondere auf den Karten Nr. 18; 20; 26; 32, so dass auf ein weiteres Einbeziehen dieser Arbeit verzichtet wurde.

bern[512]. Auch in diesem Zusammenhang wird noch einmal die besondere Zusammensetzung des Allendorfer Hortes unterstrichen. Ein Vergleich mit weiteren schmuckreichen Horten der Spätbronzezeit könnte Hinweise auf die Intention der Niederlegung geben[513]. Deutlich wurde, dass hier Artefakte aus den unterschiedlichsten Kulturräumen zusammengetragen wurden um mit einer bestimmten Bedeutung deponiert zu werden. Welche Motive den oder die handelnden Menschen leiteten muss hier offen bleiben und kann vielleicht später auf der Basis neuerer Funde beantwortet werden.

---

[512] Hansen 1994, 299 ff.

[513] Dies wäre weit über den Rahmen der hier vorgelegten Arbeit hinausgegangen.

XII. Zusammenfassung – Summary

Ziel dieser Studie war es zum einen, den Hortfund von Stadtallendorf vor dem Hintergrund der Erstpublikation von 1949/50 neu aufzunehmen und auszuwerten. So erfolgte im Rahmen der Magisterarbeit eine Neuvorlage der Einzelfunde und eine Betrachtung derer im Spiegel der Literatur. Diese Ergebnisse sind unter Einbindung neuerer Literatur weitgehend eingeflossen. In einem zweiten Schritt wurden die zahlreichen Gläser in den Mittelpunkt gerückt, da nur anhand naturwissenschaftlicher Untersuchungen weiterführende Ergebnisse hinsichtlich ihres technologischen und kulturellen Ursprunges erzielt werden können. Somit konnte der recht einzigartigen Ausstattung dieses Hortes, die schon bei der Betrachtung der Einzelfunde abzulesen war, in einem größeren Rahmen entsprochen werden.

Aufgrund der Ausführlichkeit der einzelnen Kapitel werden hier nur die wichtigsten Ergebnisse zusammengetragen.

In Kapitel zwei und drei wurde die Problematik des unbekannten Fundortes bzw. dessen genauer Lokalisation angesprochen. Das Fundareal lässt sich sehr wahrscheinlich auf das heutige Werksgelände von Ferrero eingrenzen, detailliertere Aussagen sind aufgrund der Quellen nicht zu gewinnen.

In Kapitel vier wurde der gesamte Fundstoff in funktionsbestimmte Gruppen aufgeteilt. Jedes Einzelstück wurde im Anschluss daran hinsichtlich seiner Datierung sowie der regionalen und überregionalen Bezüge eingehend beleuchtet. Aus der ersten Gruppe, jener der Waffen und Geräte, ist vor allem die Lanzenspitze hervorzuheben, da sie als deponiertes Altstück aus dem Horizont HaA angesprochen werden konnte. Ferner lassen sich an diesem Objekt deutliche kulturelle Bezüge zum südosteuropäischen Raum ablesen. So stammen Lanzenspitzen mit profilierter Tülle vornehmlich aus dem Theißgebiet und die Masse der Funde wird dort in die frühe und ältere Urnenfelderzeit datiert.

Die Diskussion der Lappenbeile ergab, dass es sich, wie von Uenze schon formuliert, um Leitformen der Endurnenfelderzeit handelt. Verbreitungsschwerpunkte dieser Beilform finden sich am Ende der Urnenfelderkultur im Rhein-Main-Gebiet sowie in der Westschweiz im Bereich der Seerandstationen.

Der Tüllenmeißel sowie die kleinen Geräte stellen sehr unspezifische Artefakte dar, lediglich der Meißel besitzt Vergleichsfunde in Horten der Stufe HaB3.

Das einschneidige Rasiermesser mit seitlichem Ringgriff gehört zu jenen Messern, deren Ursprung in den Seerandstationen der Westschweiz am Ende der Urnenfelderkultur zu lokalisieren ist.

Die nächste Fundgruppe umfasst die Ringgehänge und die Einzelringe. Es ist zu betonen, dass es sich hier um das bislang größte Vorkommen dieser Artefakte innerhalb eines Fundkomplexes handelt. Darüber hinaus besitzen Gehänge dieses Querschnittes ihre Hauptverbreitung in Hessen. Vergleichsfunde zu diesen Stücken datieren in die Stufe HaB3 und in die Periode V der nordischen Bronzezeit, ein ähnliches Stück stammt aus einem Depot südlich von Prag; dieses wird an den Übergang von HaB zu HaC datiert. Betreffend der Herstellungsweise wurde der Vorschlag Vorlaufs kritisch hinterfragt und es wurden weitere Ideen zur Gestaltung der Gussformen vorgeschlagen. Eine Betrachtung der Vergleichsfunde ergab keine weiterführenden Aussagen hinsichtlich der Herstellungstechnik. Bezüglich der Funktion dieser Artefakte konnten alte Thesen nicht bestätigt werden und die Frage danach bleibt weiter unbeantwortet. Auch hier war anhand der Vergleichsfunde kein weiterer Erkenntnisgewinn möglich. Insofern erscheint es nur sinnvoll weiterhin von Ringgehängen zu sprechen, da dieser Begriff keine Funktion impliziert.

Das nächste Unterkapitel des Fundstoffes befasste sich mit dem so genannten Zierblech, das lange Zeit als Gürtelblech angesprochen wurde. Sowohl die Fragen zur Funktion als auch zum kulturellen Ursprung wurden eingehend diskutiert. Da es bislang keinen Vergleichsfund gibt und eine Restauration des Bleches weiter aussteht, ist keine präzise Funktionsweise zuzuordnen. Die einzige Möglichkeit angesichts des derzeitigen Forschungsstandes besteht darin, das Zierblech im Zusammenhang mit den großen Blechbügeln der Typen Weißenbrunn und Reisen zu sehen. Hinsichtlich der Vergleiche zum Dekor konnten die Aussagen von Uenze, die sich zum einen auf die süddeutsche Urnenfelderkultur, zum anderen auf den nordischen Kreis beschränkten, nach Südwest- und Osteuropa erweitert werden.

Die Gruppe der Schmuck und Trachtbestandteile erbrachte unter anderem ebenfalls eine Leitform der Endurnenfelderzeit, einen astragalierten Armring vom Typ Homburg. Der kleine Ring kann als Kinderring angesprochen werden. Die Rasiermesseranhänger datieren auch in die Endurnenfelderzeit. Die übrigen Artefakte dieser Gruppe, wie die Drahtspiralen und Spiralröllchen besitzen hingegen eine sehr weiträumige Verbreitung sowie eine lange Laufzeit.

XII. Zusammenfassung – Summary

Die umfangreichste Bearbeitung erfuhren die Glasperlen. Am Beginn stand eine typenchronologische Betrachtung dieser in Form und Farbe reichhaltig zusammengesetzten Fundgruppe. Auf der Basis der hier erzielten Ergebnisse und auch offen gebliebenen Fragen wurden an Einzelstücken Analysen zur Bestimmung des chemischen Profils erstellt und im Anschluss ausgewertet.

Es stellte sich heraus, dass die typischen Vertreter der Urnenfelderkultur wie Pfahlbautönnchen, Pfahlbaunoppenperlen und Ringchenperlen, die vereinzelt in HaA auftreten, gehäuft aber erst in HaB zu finden sind, die zahlreichsten Entsprechungen im Bereich der schweizer Seerandstationen besitzen. Diese Perlen sind aus gemischt-alkalischem Glas hergestellt worden. Man kann bei der Rohstoffrezeptur von einem Verhältnis 2:1 oder 3:1 einer Mischung aus zwei Pflanzenaschen und einem Quarzsand ausgehen. Die Färbung der Gläser erfolgte über Kupfer und Calcium. So fand sich an den Allendorfer Stücken ein weiterer Beleg für eine eigenständige europäische Glasproduktion, die auf der Basis örtlich verfügbarer Rohstoffe eigene Gläser und Perlentypen hervorbrachte. Befunde zu Werkstätten, die diese Gläser produzierten, liegen bislang aus Norditalien vor.

Im Zuge der chemischen Analysen kristallisierte sich eine zweite Gruppe heraus. Es handelt sich um Natron-Kalk-Gläser. Sowohl die Unterschiede in der Farbgebung als auch die chemischen Profile erlaubten eine Differenzierung in drei Untergruppen. Hinsichtlich der Gruppe 2a blau handelt es sich um eine Melonenperle, die nur wenige Vergleichsfunde innerhalb der Urnenfelderzeit besitzt, dieser Typus bleibt bis in die römische Zeit sehr selten. Die drei übrigen Perlen sind in ihrer Gestaltung unspezifisch, finden aber auch singuläre Vergleiche in den schweizer Seerandstationen. Diese Gläser wurden ebenfalls mit Kupfer jedoch in geringerem Gehalt gefärbt. Es handelt sich um magnesiumreiche Natron-Kalk-Gläser, die bis auf die Zusammensetzung der Pflanzenasche jenen Gläsern entsprechen, die typisch sind für das 2. und 1. Jahrtausend v. Chr. im Nahen Osten und im Mittelmeerraum. An dieser Gruppe wurde hinsichtlich der Rohstoffe der Kenntnisreichtum der antiken Glashandwerker deutlich.

Die Perlen der Gruppe 2a schwarz entsprechen genau den oben beschriebenen magnesiumreichen Natron-Kalk-Gläsern. Hier wurde unter Verwendung von salicornia herbacera Glas gefertigt. Die Perlen der Gruppe 2b schwarz sind formal als magnesiumarmes Natron-Kalk-Glas zu bezeichnen, das allerdings auch mit einer Pflanzenasche hergestellt wurde und nicht mit einer mineralischen Alkaliquelle und somit nicht in den zeitlichen Kontext dieser Glasgruppe eingeordnet werden kann. Die Färbung aller schwarzen Gläser erfolgte über einen hohen Eisenanteil, in Form einer metallurgischen Schlacke oder eines stark eisenhaltigen Sandes. Weitere Farben wie weiß, gelb und orange entstanden durch Antimon und Calcium, Bleiantimonat und Mangan. Vergleichsfunde zu den schwarzen Perlen stammen vereinzelt aus ganz Europa und verweisen an das Ende der Urnenfelderzeit und den Beginn der Eisenzeit. In Anbetracht der derzeitigen Forschungslage kann bei diesen Perlen nur ein Import vermutet werden, allerdings stammt die größte bislang bekannte Anzahl dieser Perlen aus dem Allendorfer Hortfund.

Bezüglich des reichen Bernsteinschmuckes und der Gagatperlen konnten nur wenige ebenfalls endurnenfelderzeitliche Vergleichsfunde angeführt werden. Generell sind diese Funde in Horten sehr selten.

Die Scheibenperlen sind nicht länger als Faienceperlen zu bezeichnen, dies ergab die genaue Untersuchung der Bestandteile im Dünnschliff. Es mangelt bislang an Vergleichsfunden.

In Kapitel neun wurde die Datierung des gesamten Fundkomplexes dargestellt und Uenzes Ergebnis wurde bestätigt, dass es sich um einen Fundkomplex vom Ausgang der Urnenfelderzeit, der Stufe HaB3 handelt, der einen Altfund aus der Stufe HaA beinhaltet. Zum einen finden sich typische endurnenfeldezeitliche Artefakte, die direkt auf die süddeutsche Urnenfelderkultur verweisen, wie die Beile, der Armring und die gemischt-alkalischen Gläser. Auf der anderen Seite ist man mit Fundstücken konfrontiert, die größere kulturelle Strömungen ablesen lassen. Hier ist die Rede vom so genannten Zierblech, den Ringgehängen und den unterschiedlichen Natron-Kalk-Gläsern.

Die letzten zwei Kapitel zu den Bezügen zum archäologischen Umland sowie zum Ausstattungsmuster unterstrichen die zeitlich isolierte Lage des Fundes und das Fehlen von Horten ähnlicher Ausstattung im kulturell anschließenden Raum. Im Gegensatz dazu konnten die weitreichenden kulturellen Bezüge aufgezeigt werden, die sich an der breiten Zusammensetzung dieses Hortes ablesen lassen. Hinsichtlich der älteren Urnenfelderzeit kennt man ca. 30 Horte, die entweder Gold, Bernstein oder Glas beinhalten. Vor dem Hintergrund der enormen Anzahl an Depots in dieser Zeit wird die besondere Beigabe dieser Güter deutlich unterstrichen, insbesondere die Beigabe von Glas und Bernstein ist in dieser Zeit auf Horte in Transdanubien und entlang des Mures begrenzt. Die nur singulären Vergleichsfunde vom Ende der Urnenfelderzeit scheinen beim derzeitigen Forschungsstand die besondere Bedeutung dieser

XII. Zusammenfassung – Summary

Güter noch weiter zu unterstreichen. Abschließend bleibt zu bemerken, dass der Allendorfer Depotfund aufgrund seiner Zusammensetzung und seiner Datierung isoliert am Nordrand des Verbreitungsgebietes der südwestdeutschen Urnenfelderkultur liegt.

One aim of this study was to resume and re-examine the hoard find of Stadtallendorf against the background of the first publication in 1949/50. Thus, within the scope of the thesis, a new presentation of the individual finds as well as their examination as seen by literature followed. These results together with new literature have been extensively worked into the presentation. In a second step, the numerous glasses were focused on, as continuative results as to their technological and cultural origin can only be reached by scientific researches. Thus, the quite unique equipment of this hoard which had become apparent already when examining the individual finds could be met on a larger scale.

Due to the detailed nature of the individual chapters only the most important results will be compiled.

In Chapter two and three, the problem of the unknown site of the discovery i.e. its exact location was broached. The area of the find can be most probably be narrowed down to today's works premises of Ferrero. Due to the sources, more detailed statements cannot be obtained.

In Chapter four, all items of the find were divided into groups according to function. Every single item was then closely examined as to its date as well as its regional and national references. Above all, the spearhead of the first group, which contains weapons and tools, has to be stressed as it could be identified as a deposited ancient item from the horizon HaA. Furthermore, this object provides clear cultural references to the Southeast European area. Thus, profiled socketed spearheads mostly come from the area around the Tisza and most of the findings date to the early and late Urnfield period.

As already stated by Uenze, the discussion about the winged axes showed that they are central forms of the end of theUrnfield period.The centers of distribution of this type of axe can be found at the end of the Urnfield culture in the Rhein-Main area as well as in West Switzerland around the lakeside stations.

The socketed chisel as well as the smaller tools represent very unspecific artefacts, only the chisel has finds of comparison in hoards of the HaB3-phase.

The one-edged razor with lateral ring handle pertains to those knives which have their origin in the lakeside stations in West Switzerland at the end of the Urnfield culture.

The next find group comprises the ring-hangers and the single rings. Emphasis needs to be put on the fact that this is so far the largest existence of these artefacts within one find complex. Furthermore, hangers of this profile are mainly distributed in Hesse. Finds similar to these pieces date to the HaB3-phase as well as to the period V of the Nordic Bronze Age. A similar piece stems from the deposit south of Prague, which is dated to the transition from HaB to HaC. As concerns the manufacturing method, the proposal of Vorlauf was critically scrutinized and further ideas as to the design of the casting molds were suggested. An observation of the finds of comparison did not lead to any continuative statements as to the manufacturing techniques. As to the function of these artefacts, old theses could not be confirmed and this point continues to remain unanswered. Neither could any further knowledge be obtained on the basis of the finds of comparison. Insofar, it seems reasonable to continue to speak of ring-hangers as this term does not imply any function.

The next sub-chapter of the find items dealt with the so-called ornamented sheet which, for a long time, had been called belt-sheet. Questions as to its function as well as its cultural origin were discussed in detail. No precise mode of functioning can be allocated to this metal sheet as so far there has not been any find of comparison and a restoration of the metal sheet is still due. In view of the current state of research the ornamented sheet can only be related to the large sheet handles of a the fibula types Weißenbrunn and Reisen. Regarding the comparisons as to decoration, the statements made by Uenze, which were limited to the South-German Urnfield culture on the one hand and to the Nordic area on the other hand, could be extended to Southwest and East Europe.

The group of jewel and costume items also provided a central form of the end of the Urnfield culture, which is the arm ring of the type Homburg. The small ring can be called child ring. The razor pendants also date to the end of the Urnfield culture.The remaining artefacts of this group as the wire coil and coil reels are very widely spread and have a long life-term.

The most comprehensive examination was effected on the glass beads. In the beginning, a typo-chronological examination of this find group, which is rich in forms and colours, was carried out.On the basis of the results here produced and the still open questions analyses on the single items were effected

XII. Zusammenfassung – Summary

and then evaluated in order to determine the chemical profile.

It turned out that the typical representatives of the Urnfield culture such as "Pfahlbautönnchen", (spirally-decorated, barrel-shaped beads), "Pfahlbaunoppenperlen" (bead with four bosses, on the top with unstratified eyes) and small anunular beads, which sporadically can be found in HaA but more numerous not until HaB, mostly appear in the area of the Swiss lakeside stations. These beads were manufactured out of mixed alcali glass. It can be assumed that the raw material composition is based on a mixture of two plant ashes and silica sand in a ratio of 2:1 or 3:1. The colouring of the glasses resulted from copper and calcium. Thus, the pieces of Allendorf presented another evidence for an independent European glass production which brought forward its own glasses and bead types on the basis of regionally available raw materials. So far, only North Italy has findings as to evidences of workshops producing these glasses.

A second group crystallized out of the chemical analyses: the soda-lime glasses. Both the differences in colouring and in chemical profiles allowed a division into three sub-groups. As to group 2a blue, we have a melon bead of with only a few finds of comparison within the Urnfield period. This type appears very seldom up until the Roman time. The three other beads are unspecific as to their design, however, there are isolated finds of comparison in the Swiss lakeside stations. These glasses were also coloured with copper, however, with a lower concentration. These are soda-lime glasses rich in magnesium which except for the composition of the plant ash correspond to the glasses typical for the 2nd and 1st millennium BC in the Middle East and in the Mediterranean area. By means of this group the great knowledge of the antique glass manufacturers as to the raw materials became clear.

The beads of group 2a correspond exactly to the soda-lime glasses rich in magnesium as described above. Here glass was manufactured by using salicornia herbacera. The beads of group 2bblack are formally to be named soda-lime glasses low in magnesium which, however, were also manufactured with a plant ash and not with a mineral alkali source and thus cannot be related timewise to this glass group. The colouring of all black glasses was obtained by a high concentration of iron, in form of a metallurgical slag or a sand containing plenty of iron. Further colours such as white, yellow and orange resulted from antimony and calcium, lead antimonate and manganese. The black beads have isolated finds of comparison all over Europe and refer to the end of the Urnfield period and the beginning of the Iron Age. In view of the current status of research only an import of these beads can be assumed, however, the largest number of beads known so far come from the hoard find Allendorf.

Only a few finds of comparison of the end of the Urnfield period could be cited with respect to the rich amber ornament and the jet beads. These finds in hoards are generally very seldom.

An exact study of the components in a thin section showed that the disc beads can no longer be referred to as faience beads. This is up to now due to a lack of finds of comparison.

Chapter nine described the dating of the entire find complex and confirmed the result by Uenze that this is a find complex dating to the end of the Urnfield period, i.e. phase HaB3, and which contains an ancient find of phase HaA. On the one hand, we have artefacts typical for the end of the Urnfield period referring directly to the South-German Urnfield culture, such as the axes, the arm ring and the mixed alkali glasses. On the other hand, one is confronted with finds anticipating larger cultural currents: the so-called ornamented sheet, the ring hangers as well as the different soda-lime glasses.

The last two chapters regarding the references to the archaeological environs as well as to the composition pattern emphasized the chronologically isolated place of the find and the lack of hoards of similar equipment in the culturally following area. In contrast to this, the extensive cultural references could be shown due to the wide composition of this hoard. As to the early Urnfield period, 30 hoards containing either gold, amber or glass are known. Against the background of the enormous amount of deposits during this time the specific addition of these goods is clearly emphasized. During this period, especially the addition of glass and amber is limited to hoards in Transdanubien and along the Mures. In view of the current status of research, the only isolated finds of comparison from the end of the Urnfield period seem to stress even more the special meaning of these goods. Finally it remains to be noted that due to its composition and dating the Allendorf deposit find is situated isolated on the Northern edge of the distribution area of the southwest german Urnfield culture.

Translation: Tanja Müller

XIII. Literaturverzeichnis

Barag 1970
: D. Barag, Mesopotamian core-formed glass vessels (1500–500 B.C.) In: A. L. Oppenheim u.a. (Hrsg.), Glass and glassmaking in ancient Mesopotamia. (London 1970) 131–199.

Bernatzky-Goetze 1987
: M. Bernatzky-Goetze, Mörigen, die spätbronzezeitlichen Funde. Antiqua 16 (Basel 1987).

Bergmann 1981
: J. Bergmann, Ein Gräberfeld der jüngeren Bronze- und älteren Eisenzeit bei Vollmarshausen, Kr. Kassel. (Marburg 1981).

Bellintani u.a. 2001
: P. Bellintani / G. Gambacurta / J. Henderson / A. Towle, Frattesina and Adria: report of scientific analyses of early glass from Veneto. Padusa 37, 2001, 7–68.

Braun 1983
: C. Braun, Analysen von Gläsern aus der Hallstattzeit mit einem Exkurs über römische Fenstergläser. In: O. Frey (Hrsg.), Glasperlen der vorrömischen Eisenzeit I. Marburger Studien zur Vor- und Frühgeschichte 5 (Marburg 1983) 129–175.

Brill 1986
: R. H. Brill, Chemical analyses of some early indian glasses. In: Indian ceramic society (Hrsg.), XIV International congress on glass (New Delhi 1986) Section I, 1–25.

Brill 1992
: R. H. Brill, Chemical analyses of some glasses from Frattesina. JGS 34, 1992, 11–22.

Brill / Lilyquist 1993
: R. H. Brill / C. Lilyquist, Studies in early egyptian glass. (New York 1993).

Bulle 1907
: H. Bulle, Orchomenos I. Die älteren Ansiedlungsschichten. Abhandlungen der philosophisch-philologischen Klasse der königlich bayerischen Akademie der Wissenschaften. XXIV, II (München 1907).

von Berg 1987
: A. von Berg, Untersuchungen zur Urnenfelderkultur im Neuwieder Becken und angrenzenden Landschaften. (Marburg 1987).

von Brunn 1968
: W. A. von Brunn, Mitteldeutsche Hortfunde der jüngeren Bronzezeit. (Berlin 1968).

Bezborodov 1975
: M. A. Bezborodov, Chemie und Technologie der antiken und mittelalterlichen Gläser. (Mainz 1975).

Caley 1962
: E. R. Caley, Analyses of ancient glasses 1790 – 1957. (New York 1962).

XIII. Literaturverzeichnis

Dobiat u.a. 1987 — C. Dobiat / O.-H. Frey / H. Roth (Hrsg.), Glasperlen der vorrömischen Eisenzeit II. Nach Unterlagen von Th. E. Haevernick. Marburger Studien zur Vor- und Frühgeschichte 9 (Marburg 1987).

Dobiat 1994 — C. Dobiat, Forschungen zu Grabhügelgruppen der Urnenfelderzeit im Marburger Raum. Marburger Studien zur Vor- und Frühgeschichte 17 (Marburg 1994).

Frána / Mastalka 1989 — J. Frána / A. Mastalka, The neutron activation analysis. In: T. Malinowski (Hrsg.), Research on glass of the Lusatian and Pomeranian cultures in Poland (Slupsk 1989) 37–85.

Geilmann / Jennemann 1953 — W. Geilmann; H. Jennemann, Der Phosphatgehalt alter Gläser und seine Bedeutung für die Geschichte der Schmelztechnik. Glastechn. Ber. 26, Heft 9 (1953) 259–263.

Geilmann 1955 — W. Geilmann, Beträge zur Kenntnis alter Gläser III. Die chemische Zusammensetzung einiger alter Gläser, insbesondere deutscher Gläser des 10. Bis 18. Jahrhunderts. Glastechn. Ber. 28, Heft 4 (1955) 146–156.

Geilmann u.a. 1956 — W. Geilmann, K. Beyermann, G. Tölg, Beträge zur Kenntnis alter Gläser IV. Die Zersetzung der Gläser im Boden. Glastechn. Ber. 29, Heft 4 (1956) 145–168.

Haevernick 1949/50 — Th. E. Haevernick, Der Hortfund von Allendorf. Hals- und Haarschmuck. Prähist. Zeitschr. 34/35, 1949/50 (1953) 213–217.

Haevernick 1953 — Th. E. Haevernick, Einige Glasperlen aus Gräbern der Lausitzer Kultur in Sachsen. (Arbeits- u. Forschber. Sächs. Bodendenkmalpfl. 2. Teil 1953, 52–56) In: Th. E. Haevernick (Hrsg.), Beiträge zur Glasforschung. Die wichtigsten Aufsätze von 1938 bis 1981. (Mainz 1981) 14–17.

Haevernick 1960 — Beiträge zur Geschichte des antiken Glases III. Mykenisches Glas. (JRGZM 7, 1960, 36–50) In: Th. E. Haevernick (Hrsg.), Beiträge zur Glasforschung. Die wichtigsten Aufsätze von 1938 bis 1981. (Mainz 1981) 71–83.

Haevernick 1974 — Gedanken zur frühesten Glasherstellung in Europa. (JRGZM 21, 1974, 205–209) In: Th. E. Haevernick (Hrsg.), Beiträge zur Glasforschung. Die wichtigsten Aufsätze von 1938 bis 1981. (Mainz 1981) 299–301.

Haevernick 1978 — Th. E. Haevernick, Urnenfelderzeitliche Glasperlen. Eine Bestandsaufnahme. (Zeitschr. Schweizer. Arch. u. Kunstgesch. 35, 1978, 145–157) In: Th. E. Haevernick (Hrsg.), Beiträge zur Glasforschung. Die wichtigsten Aufsätze von 1938 bis 1981. (Mainz 1981) 375–383.

XIII. Literaturverzeichnis

Hansen 1991	S. Hansen, Studien zu den Metalldeponierungen während der Urnenfelderzeit im Rhein-Main-Gebiet. Universitätsforschungen zur prähistorischen Archäologie 5 (Bonn 1991).
Hansen 1994	S. Hansen, Studien zu den Metalldeponierungen während der älteren Urnenfelderzeit zwischen Rhônetal und Karpatenbecken. Universitätsforschungen zur prähistorischen Archäologie 21 (Bonn 1994).
Hartmann 1994	G. Hartmann, Late-medieval glass manufacture in the Eichsfeld region (Thuringia, Germany). Chemie der Erde 54, 1994, 103–128.
Hartmann u.a. 1995	G. Hartmann / K. Grote/B. Arndt / I. Kappel, Antike Glasperlen und Glasarmringe aus Hessen und Niedersachsen. In: A. Hauptmann u.a. (Hrsg.), Archäometrie und Denkmalpflege. Kurzberichte 1995, 19–21.
Hartmann u.a. 1997	G. Hartmann / I. Kappel / K. Grote / B. Arndt, Chemistry and technology of Prehistoric Glass from Lower Saxony and Hesse. Journal of Archaeological science 24, 1997, 547–559.
Heinrichs / Herrmann 1990	H. Heinrichs, A. G. Herrmann, Praktikum der Analytischen Geochemie. (Berlin 1990)
Henderson 1985	J. Henderson, The raw materials of early glass production. Oxford Journal of Archaeology 4, 1985, 267–291.
Henderson 1988a	Electron probe microanalysis of mixed-alkali glasses. Archaeometry 30, 1, 1988, 77–91.
Henderson 1988b	J. Henderson, Glass production and Bronze Age Europe. Antiquity 62, 1988, 435–451.
Henderson 1989	The scientific analysis of ancient glass and its archaeological interpretation. In: J. Henderson (Hrsg.), Scientific Analysis in Archaeology and ist Interpretation. Oxford University Committee on Archaeology Monograph no. 19, UCLA Institute of Archaeology Research Tools 5 (Oxford 1989) 30–62.
Henderson 1993	J. Henderson, Chemical analysis of the glass and faience from Hauterive-Champréveyres, Switzerland. In: A. M. Rychner-Faraggi, Métal et parure au Bronze final. Hauterive-Champréveyres 9. Archéologie neuchâteloise 17 (Neuchâtel 1993).
Henderson 1995	J. Henderson, The scientific analysis of glass beads. In: M. Rasmussen u.a. (Hrsg.), Glass beads. Studies in Technology and Culture Vol. 2. Proceedings of the Nordic glass bead seminar 16.–18. October 1992. (Lejre 1995) 67–73.

XIII. Literaturverzeichnis

Henderson 2000 — J. Henderson, The science and archaeology of materials. (London, New York 2000).

Henderson / Ponting 1999 — J. Henderson / M. Ponting, Aspects of bronze age glass technology from Frattesina, Italy. Bead Study Trust Newsletter 34, 1999, 4–5.

Herrmann 1966 — F.-R. Herrmann, Die Funde der Urnenfelderkultur in Mittel- und Südhessen. (Berlin 1966).

Hundt 1978 — H.-J. Hundt, Die Rohstoffquellen des europäischen Nordens und ihr Einfluss auf die Entwicklung des nordischen Stils. Bonner Jahrb. 178, 1978, 125–162.

Jacob-Friesen 1967 — G. Jacob-Friesen, Bronzezeitliche Lanzenspitzen Norddeutschlands und Skandinaviens. (Hildesheim 1967).

Jockenhövel 1971 — A. Jockenhövel, Die Rasiermesser in Mitteleuropa. PBF VIII, 1 (München 1971).

Jockenhövel 1974 — A. Jockenhövel, zu befestigten Siedlungen der Urnenfelderzeit aus Süddeutschland. Fundber. Hessen 14, 1974, 19–62.

Jockenhövel 1980 — A. Jockenhövel, Die Rasiermesser in Westeuropa. PBF VIII, 3 (München 1980).

Kibbert 1984 — K. Kibbert, Die Äxte und Beile im mittleren Westdeutschland II. PBF IX,13 (München 1984).

Kilian-Dirlmeyer 1975 — I. Kilian-Dirlmeyer, Gürtelhaken, Gürtelbleche und Blechgürtel der Bronzezeit in Mitteleuropa. PBF XII,2 (München 1975).

Kimmig 1935 — W. Kimmig, Das Bronzedepot von Wallstadt. Germania 19, 1935, 116–123.

Kimmig 1940 — W. Kimmig, Die Urnenfelderkultur in Baden. (Berlin 1940).

Kimmig / Schiek 1957 — W. Kimmig / S. Schiek, Ein neuer Grabfund der Urnenfelderkultur von Gammertingen (Kr. Siegmaringen). Fundber. Schwaben N.F. 14, 1957, 50–77.

Knoll u.a. 1979 — H. Knoll / A. Locher / R. C. A. Rottländer / O. Schaaber / H. Scholz / G. Schulze / G. Strunk-Lichtenberg / D. Ullrich, Glasherstellung bei Plinius dem Älteren. Glastechn. Ber. 12, 1979, 265–270.

Lucas 1948 — A. Lucas, Ancient Egyptian Materials and industries. (London 1948).

Mayer 1977 — E. F. Mayer, Die Äxte und Beile in Österreich. PBF IX, 9 (München 1977).

Moorey 1985	P.R.S. Moorey, Materials and Manufacture in Ancient Mesopotamia: The evidence of Archaeology and Art. Metals and metalworks, glazed materials and glass. BAR international series 237 (Oxford 1985).
Müller-Karpe 1948	H. Müller-Karpe, Die Urnenfelderkultur im Hanauer Land. (Marburg 1948).
Müller-Karpe 1949	H. Müller-Karpe, Hessische Funde von der Altsteinzeit bis zum frühen Mittelalter. Schriften zur Urgeschichte II. (Marburg 1949).
Müller-Karpe 1959	H. Müller-Karpe, Beiträge zur Chronologie der Urnenfelderzeit nördlich und südlich der Alpen. (Berlin 1959).
Nass 1952/1	K. Nass, Die Nordgrenze der Urnenfelderkultur in Hessen. 1. Teil Oberhessen. O. Uenze (Hrsg.), Kurhessische Bodenaltertümer II, 1. (Marburg 1952).
Nass 1952/2	K. Nass, Die Nordgrenze der Urnenfelderkultur in Hessen. 2. Teil Niederhessen. O. Uenze (Hrsg.), Kurhessische Bodenaltertümer II, 2. (Marburg 1952).
Neuninger / Pittioni 1959	H. Neuninger/R. Pittioni, Woher stammen die blauen Glasperlen der Urnenfelderkultur? Arch. Austriaca 26, 1959, 52–66.
Oppenheim 1970	L: Oppenheim, The cuneiform texts. In: A. L. Oppenheim u.a. (Hrsg.), Glass and glassmaking in ancient Mesopotamia. (London 1970) 2–104.
Pászthory 1985	K. Pászthory, Der bronzezeitliche Arm- und Beinschmuck in der Schweiz. PBF X, 3 (München 1985).
Rein 1957	G. Rein, Mineralogische Untersuchung einer Gesteinsperle aus dem Schatzfund von Allendorf (Hessen). Germania 35, 1957, 23–28.
Reinecke 1957	P. Reinecke, Zu den Glasperlen des Schatzfundes von Allendorf. Germania 35, 1957, 18–22.
Richter 1970	I. Richter, Der Arm- und Beinschmuck der Bronze- und Urnenfelderzeit in Hessen und Rheinhessen. PBF X, 1 (München 1970).
Rychner 1979	V. Rychner, L` âge du bronze final à Auvernier (Lac du Neuchâtel, Suisse). Typologie et chronologie des anciennes collections conservées en Suisse. Auvernier 1/2 CAR 15/16 (Lausanne 1979).
Rychner-Faraggi 1993	A.-M. Rychner-Faraggi, Métal et parure au Bronze final. Hauterive-Champréveyres 9. Archéologie neuchâteloise 17. (Neuchâtel 1993).

XIII. Literaturverzeichnis

Sayre / Smith 1961	E. V. Sayre, R. W. Smith, Compositional categories of ancient glass. Science 133 (1961) 1824–1826.
Sayre / Smith 1967	E. V. Sayre, R. W. Smith, Some materials of glass manufacture in antiquity. In: m. Levey (Hrsg.), Archaeological chemistry. (Philadelphia 1967) 279–312.
Schopper 1995	F. Schopper, Das urnenfelder- und hallstattzeitliche Gräberfeld von Künzig, Lkr. Deggendorf (Niederbayern). Materialien zur Bronzezeit in Bayern 1 (Regensburg / Bonn 1995)
Sprockhoff 1956	E. Sprockhoff, Jungbronzezeitliche Hortfunde der Südzone des nordischen Kreises (Periode V). (Mainz 1956).
Stein 1976	F. Stein, Bronzezeitliche Hortfunde in Süddeutschland. (Bonn 1976).
Stein 1979	F. Stein, Katalog der vorgeschichtlichen Hortfunde in Süddeutschland. (Bonn 1979).
Stern / Schlick-Nolte 1994	E. M. Stern/ B. Schlick-Nolte (Hrsg.), Frühes Glas der alten Welt. Sammlung Ernesto Wolf. (Stuttgart 1994).
Thrane 1975	H. Thrane, Europaeiske forbindelser. (Kopenhagen 1975).
Turner 1956	W. E. S. Turner, Studies of ancient glass and glass-making processes. Part V. Raw Materials and melting processes. Journal of the society off glass technology 40, 1956, 277T–300T.
Uenze 1949/50	O. Uenze, Der Hortfund von Allendorf. Prähist. Zeitschr. 34/35, 1949/50 (1953) 202–220.
Venclová 1990	N. Venclová, Prehistoric glass in Bohemia. (Prag 1990).
Vorlauf 1987	D. Vorlauf, Technische Bemerkungen zur Herstellung der bronzenen Ringgehänge aus dem Hortfund von Allendorf. Kleine Schriften aus dem vorgeschichtlichen Seminar Marburg 21, 1987, 35–45.
Vorlauf 1990	D.Vorlauf, Technische Bemerkungen zur Herstellung der bronzenen Ringgehänge aus dem Hortfund von Allendorf. In: Experimentelle Archäologie in Deutschland. Archäologische Mitteilungen aus Nordwestdeutschland. Beiheft 4 (Oldenburg 1990) 364–370.
Vorlauf 1996	D. Vorlauf, Komplizierte Gußverfahren für bronzezeitliche Ringgehänge. In: Experimentelle Archäologie in Deutschland. Texte zur Wanderausstellung. Archäologische Mitteilungen aus Nordwestdeutschland. Beiheft 13 (Oldenburg 1996) 99–100.

XIII. Literaturverzeichnis

Wedepohl 1993 — K. H. Wedepohl, Die Herstellung mittelalterlicher und antiker Gläser. Akademie der Wissenschaften und der Literatur. (Mainz 1993).

Wegner 1996 — G. Wegner (Hrsg.), Leben – Glauben – Sterben vor 3000 Jahren. Bronzezeit in Niedersachsen. (Oldenburg 1996).

Wels-Weyrauch 1978 — U. Wels-Weyrauch, Die Anhänger und Halsringe in Südwestdeutschland und Nordbayern. PBF XI, 1 (München 1978).

Wyss 1981 — R. Wyss, Kostbare Perlenkette als Zeuge ältesten Fernhandels in Zürich. In: R. Degen (Hrsg.), Zürcher Seeufersiedlungen. Helvetia archaelogica 12,1981.

XIV. Anhang I

Analyse:	1 Matrix					2 Matrix					3 Matrix				
Kat.-Nr.:	55					56					58				
Tafel:	16,55					16,56					16,58				
Typus/Profil:	tonnenförmig					konisch					konisch				
Farbe:	tr. türkisblau					tr. türkisblau					tr. türkisblau				
Oxide/Gew.%:		s	n	Min.	Max.		s	n	Min.	Max.		s	n	Min.	Max.
Na_2O	**6,45**	0,22	28	5,71	6,92	**18,98**	0,18	18	18,58	19,29	**17,03**	0,11	14	16,83	17,27
MgO	**0,67**	0,04	42	0,56	0,76	**3,45**	0,08	20	3,29	3,65	**4,03**	0,10	21	3,92	4,28
Al_2O_3	**1,90**	0,19	42	1,49	2,29	**1,10**	0,03	19	1,06	1,15	**1,53**	0,04	21	1,49	1,63
SiO_2	**74,73**	0,70	30	73,31	76,26	**68,48**	0,64	18	67,42	69,38	**68,91**	0,70	21	67,53	70,27
Cl	**0,12**	0,03	42	0,05	0,21	**0,79**	0,04	19	0,69	0,84	**0,58**	0,03	21	0,53	0,62
K_2O	**9,85**	0,13	28	9,59	10,25	**1,40**	0,05	20	1,31	1,50	**1,09**	0,05	21	0,97	1,18
CaO	**1,68**	0,12	36	1,52	2,00	**5,38**	0,17	20	5,10	5,69	**5,66**	0,10	21	5,38	5,83
TiO_2	**0,08**	0,02	42	0,04	0,13	**0,15**	0,03	20	0,12	0,20	**0,12**	0,02	21	0,09	0,19
Cr_2O_3	**0,02**	0,01	20	0,003	0,05	**0,02**	0,01	10	0,003	0,05	**0,02**	0,02	16	0,003	0,08
MnO	**0,03**	0,02	29	0,003	0,07	**0,02**	0,02	7	0,003	0,06	**0,28**	0,03	21	0,22	0,32
Fe_2O_3	**0,53**	0,06	42	0,44	0,67	**0,45**	0,04	20	0,39	0,54	**0,83**	0,07	20	0,76	0,88
CoO	**0,01**	0,004	7	0,003	0,01	**0,05**	0,03	2	0,03	0,07					
NiO	**0,03**	0,02	27	0,01	0,07	**0,03**	0,02	12	0,003	0,07	**0,02**	0,01	7	0,01	0,03
CuO	**2,39**	0,24	42	1,89	3,07	**0,81**	0,07	20	0,69	0,97	**0,90**	0,07	21	0,75	1,00
ZnO	**0,05**	0,04	25	0,004	0,14	**0,05**	0,04	10	0,01	0,12	**0,03**	0,03	10	0,002	0,07
Sb_2O_3	**0,15**	0,08	42	0,02	0,33	**0,06**	0,03	16	0,002	0,11	**0,06**	0,04	18	0,01	0,15
P_2O_5	**0,18**	0,06	42	0,08	0,34	**0,23**	0,03	20	0,17	0,30	**0,16**	0,03	20	0,12	0,21
PbO	**0,10**	0,05	26	0,03	0,12	**0,07**	0,04	11	0,01	0,13	**0,06**	0,05	16	0,01	0,14
Summe:	98,97					101,51					101,31				

XIV. Anhang I

Analyse:	4 Matrix					5 Matrix					6 Matrix				
Kat.-Nr.:	60					68					71				
Tafel:	16,60					17,68									
Typus/Profil:	konisch?					Ringchenperle					Fragm. Melonenperle				
Farbe:	tr. türkisblau					tr. türkisblau					tr. türkisblau				
Oxide/Gew.%:		s	n	Min.	Max.		s	n	Min.	Max.		s	n	Min.	Max.
Na₂O	**19,17**	0,50	18	17,73	19,61	**5,06**	0,06	14	4,94	5,19	**3,86**	0,26	10	3,17	4,08
MgO	**3,78**	0,06	20	3,67	3,87	**0,71**	0,02	15	0,68	0,77	**2,39**	0,07	18	2,26	2,57
Al₂O₃	**1,24**	0,02	20	1,20	1,28	**1,68**	0,05	15	1,58	1,78	**1,13**	0,06	18	1,02	1,23
SiO₂	**65,93**	0,39	20	65,43	66,96	**74,81**	0,46	14	73,99	75,49	**68,01**	0,52	10	67,30	68,63
Cl	**0,89**	0,04	20	0,80	0,95	**0,03**	0,02	14	0,001	0,07	**1,15**	0,06	18	1,05	1,27
K₂O	**1,32**	0,04	20	1,24	1,41	**10,45**	0,07	14	10,38	10,61	**1,35**	0,02	10	1,31	1,40
CaO	**6,18**	0,07	20	6,10	6,32	**2,52**	0,05	15	2,44	2,64	**4,42**	0,11	18	4,21	4,62
TiO₂	**0,14**	0,03	20	0,080	0,19	**0,09**	0,02	15	0,03	0,12	**0,25**	0,02	18	0,20	0,28
Cr₂O₃	**0,02**	0,01	9	0,003	0,03	**0,01**	0,01	7	0,003	0,03	**0,03**	0,02	11	0,01	0,06
MnO	**0,03**	0,02	12	0,003	0,06	**0,02**	0,01	11	0,004	0,04	**0,25**	0,05	18	0,17	0,39
Fe₂O₃	**0,46**	0,05	20	0,360	0,55	**0,66**	0,06	15	0,56	0,78	**0,45**	0,04	17	0,39	0,53
CoO	**0,03**	0,02	3	0,01	0,05						**0,01**	0,003	6	0,003	0,01
NiO	**0,02**	0,02	10	0,003	0,04	**0,01**	0,01	10	0,004	0,04	**0,03**	0,02	6	0,01	0,06
CuO	**0,76**	0,06	20	0,69	0,93	**2,26**	0,17	15	1,97	2,55	**1,59**	0,09	18	1,43	1,77
ZnO	**0,05**	0,04	8	0,02	0,13	**0,08**	0,03	7	0,04	0,12	**0,05**	0,04	7	0,01	0,10
Sb₂O₃	**0,06**	0,04	18	0,01	0,13	**0,19**	0,05	15	0,08	0,28	**0,04**	0,03	15	0,01	0,10
P₂O₅	**0,16**	0,03	20	0,12	0,22	**0,17**	0,03	15	0,12	0,23	**0,29**	0,04	18	0,23	0,39
PbO	**0,06**	0,05	15	0,01	0,15	**0,10**	0,04	10	0,04	0,15	**0,10**	0,05	17	0,03	0,19
Summe:	100,30					98,83					85,41				

XIV. Anhang 1

Analyse:	7 Matrix					8 Matrix					9 Matrix				
Kat.-Nr.:	73					74					76				
Tafel:	18,73					18,74					18,76				
Typus/Profil:	Pfahlbau-noppenperle					Pfahlbau-noppenperle					Augenperle				
Farbe:	tr. Hellgrün					tr. Dunkelblau					tr. türkisblau				
Oxide/Gew.%:		s	n	Min.	Max.		s	n	Min.	Max.		s	n	Min.	Max.
Na₂O	5,54	0,12	29	5,26	5,83	5,68	0,16	9	5,51	5,94	5,01	0,23	13	4,72	5,48
MgO	0,87	0,02	29	0,82	0,91	0,81	0,06	10	0,75	0,92	0,72	0,12	14	0,56	0,95
Al₂O₃	2,65	0,04	29	2,56	2,76	2,05	0,07	10	1,94	2,17	1,91	0,26	14	1,41	2,33
SiO₂	76,25	0,49	28	74,96	77,37	74,30	0,62	10	73,03	75,37	74,63	1,08	14	72,54	76,13
Cl	0,07	0,02	30	0,01	0,10	0,10	0,02	10	0,06	0,13	0,04	0,01	13	0,01	0,06
K₂O	7,18	0,18	30	6,65	7,44	8,70	0,90	10	7,66	9,71	9,60	0,29	14	9,13	10,13
CaO	2,00	0,07	30	1,90	2,17	4,28	1,00	10	3,06	5,48	2,38	0,42	14	1,68	3,19
TiO₂	0,12	0,02	30	0,08	0,17	0,09	0,02	10	0,06	0,12	0,09	0,03	14	0,03	0,14
Cr₂O₃	0,03	0,03	10	0,004	0,08	0,01	0,01	3	0,004	0,02	0,03	0,02	8	0,01	0,07
MnO	0,03	0,02	17	0,01	0,09	0,03	0,02	7	0,003	0,08	0,03	0,03	10	0,003	0,09
Fe₂O₃	1,01	0,08	30	0,85	1,18	0,88	0,09	10	0,74	1,02	0,65	0,06	9	0,56	0,76
CoO						0,08	0,04	5	0,04	0,14	0,01	0,01	4	0,003	0,02
NiO	0,03	0,03	18	0,003	0,09	0,31	0,26	10	0,02	0,73	0,09	0,04	14	0,02	0,16
CuO	4,12	0,14	30	3,83	4,38	2,29	0,19	5	2,06	2,56	3,44	0,71	14	1,91	4,25
ZnO	0,05	0,03	18	0,01	0,10	0,04	0,01	4	0,02	0,05	0,09	0,06	3	0,04	0,16
Sb₂O₃	0,16	0,03	30	0,08	0,23	0,26	0,05	10	0,18	0,35	0,31	0,07	14	0,19	0,42
P₂O₅	0,17	0,04	30	0,08	0,24	0,26	0,03	10	0,21	0,31	0,18	0,06	14	0,10	0,31
PbO	0,09	0,06	23	0,01	0,24	0,09	0,06	7	0,02	0,17	0,13	0,06	11	0,03	0,23
Summe:	100,37					100,28					99,33				

XIV. Anhang I

Analyse:	10 Matrix					11 Matrix					12 Matrix			
Kat.-Nr.:	77					78					72			
Tafel:	18,77					18,78					18,72			
Typus/Profil:	Pfahlbau-tönnchen					Pfahlbau-tönnchen					Kreisaugen-perle			
Farbe:	op. Dunkelblau					tr. Türkisblau					op. schwarz			
Oxide/Gew.%:		s	n	Min.	Max.		s	n	Min.	Max.		s	n	Min.	Max.
Na$_2$O	5,37	0,14	16	5,10	5,58	5,22	0,06	8	5,12	5,30	4,56	0,07	4	4,46	4,61
MgO	0,61	0,03	16	0,56	0,68	0,64	0,02	8	0,60	0,67	3,11	0,10	5	2,93	3,21
Al$_2$O$_3$	3,70	0,06	15	3,62	3,81	2,56	0,04	8	2,52	2,62	1,99	0,08	5	1,90	2,1
SiO$_2$	73,28	0,58	16	72,35	74,44	75,16	0,28	8	74,75	75,59	67,07	1,52	5	65,40	67,51
Cl	0,07	0,02	16	0,02	0,10	0,14	0,01	8	0,12	0,16	0,76	0,02	4	0,75	0,79
K$_2$O	10,16	0,11	16	9,97	10,38	9,03	0,13	8	8,81	9,20	1,04	0,03	4	1,01	1,08
CaO	2,04	0,06	16	1,94	2,15	2,10	0,04	8	2,04	2,16	3,42	0,22	5	3,06	3,64
TiO$_2$	0,10	0,02	16	0,08	0,14	0,12	0,02	8	0,10	0,15	0,25	0,02	5	0,24	0,28
Cr$_2$O$_3$	0,02	0,02	9	0,004	0,05	0,01	0,00	4	0,004	0,01	0,03	0,00	4	0,03	0,04
MnO	0,04	0,02	11	0,01	0,08	0,06	0,00	4	0,05	0,06	0,03	0,02	4	0,01	0,05
Fe$_2$O$_3$	0,93	0,09	16	0,75	1,06	0,94	0,05	8	0,89	1,02	7,06	0,39	5	6,54	7,45
CoO	0,21	0,09	16	0,06	0,37										
NiO	0,23	0,08	16	0,09	0,37	0,05	0,04	8	0,003	0,11	0,03	0,03	3	0,01	0,06
CuO	0,71	0,11	16	0,49	0,93	2,49	0,17	8	2,18	2,71	0,03	0,02	2	0,01	0,05
ZnO	0,08	0,06	10	0,02	0,20	0,05	0,05	5	0,01	0,12	0,03	0,00	3	0,03	0,04
Sb$_2$O$_3$	0,19	0,08	16	0,03	0,32	0,17	0,05	8	0,06	0,24	0,02	0,01	4	0,01	0,03
P$_2$O$_5$	0,14	0,05	16	0,03	0,22	0,14	0,04	8	0,07	0,19	0,11	0,03	5	0,07	0,14
PbO	0,08	0,06	13	0,01	0,20	0,12	0,08	7	0,01	0,24	0,15	0,07	4	0,08	0,24
Summe:	97,96					99,00					89,71				

XIV. Anhang 1

Analyse:	13 Matrix					14 Matrix					15 Matrix				
Kat.-Nr.:	79					81					87				
Tafel:	19,79					19,81					20,87				
Typus/Profil:	Röhrenperle					Augenperle					Streifenperle				
Farbe:	op. schwarz					op. schwarz					op. schwarz				
Oxide/Gew.%:		s	n	Min.	Max.		s	n	Min.	Max.		s	n	Min.	Max.
Na_2O	**4,72**	0,14	13	4,49	4,96	**5,18**	0,12	10	4,99	5,33	**15,74**	0,23	22	15,30	16,28
MgO	**2,39**	0,10	13	2,22	2,55	**3,23**	0,13	10	3,07	3,44	**3,90**	0,18	23	3,49	4,22
Al_2O_3	**1,19**	0,08	13	1,10	1,37	**1,21**	0,10	9	1,05	1,35	**1,27**	0,05	21	1,19	1,40
SiO_2	**65,76**	0,65	13	64,68	66,94	**63,03**	0,61	10	61,84	63,91	**67,10**	1,19	23	64,29	69,14
Cl	**0,74**	0,03	13	0,69	0,78	**0,58**	0,05	10	0,49	0,66	**0,85**	0,06	23	0,78	1,00
K_2O	**1,37**	0,15	13	1,17	1,61	**1,03**	0,02	10	1,00	1,05	**1,45**	0,05	23	1,35	1,58
CaO	**2,94**	0,14	13	2,66	3,13	**4,89**	0,07	10	4,79	5,03	**5,70**	0,24	23	5,04	6,14
TiO_2	**0,17**	0,03	13	0,12	0,23	**0,20**	0,03	10	0,15	0,24	**0,11**	0,02	23	0,07	0,17
Cr_2O_3	**0,03**	0,01	6	0,01	0,05	**0,02**	0,01	4	0,01	0,03	**0,03**	0,02	16	0,003	0,07
MnO	**0,04**	0,03	11	0,01	0,10	**0,04**	0,02	9	0,01	0,07	**0,02**	0,02	15	0,001	0,07
Fe_2O_3	**8,99**	0,30	13	8,35	9,48	**10,53**	0,32	10	10,04	10,97	**4,55**	0,29	23	4,05	5,08
CoO															
NiO	**0,07**	0,04	12	0,02	0,15	**0,03**	0,01	3	0,02	0,04	**0,02**	0,02	14	0,003	0,06
CuO	**0,06**	0,04	11	0,01	0,12	**0,06**	0,04	4	0,02	0,10	**0,05**	0,02	11	0,02	0,09
ZnO	**0,08**	0,00	4	0,07	0,08	**0,04**	0,03	6	0,01	0,07	**0,06**	0,04	12	0,002	0,13
Sb_2O_3	**0,06**	0,03	12	0,01	0,12	**0,04**	0,04	6	0,01	0,10	**0,09**	0,05	18	0,02	0,23
P_2O_5	**0,14**	0,02	8	0,12	0,18	**0,18**	0,05	10	0,10	0,25	**0,18**	0,04	23	0,08	0,25
PbO	**0,16**	0,09	11	0,07	0,33	**0,10**	0,04	9	0,03	0,16	**0,08**	0,06	15	0,01	0,21
Summe:	88,92					90,40					101,20				

XIV. Anhang I

Analyse:	16 Matrix					17 Matrix					18 Matrix				
Kat.-Nr.:	88					89					93				
Tafel:	20,88					21,89					21,93				
Typus/Profil:	Streifenperle					Streifenperle					Tupfenperle				
Farbe:	op. schwarz					op. schwarz					op. schwarz				
Oxide/Gew.%:		s	n	Min.	Max.		s	n	Min.	Max.		s	n	Min.	Max.
Na₂O	**13,12**	0,41	21	11,51	13,60	**5,75**	0,30	4	5,48	6,18	**14,25**	0,26	17	13,84	14,83
MgO	**1,87**	0,06	23	1,80	2,08	**4,63**	0,13	4	4,44	4,75	**2,97**	0,08	17	2,82	3,09
Al₂O₃	**1,26**	0,06	23	1,18	1,41	**1,44**	0,04	4	1,4	1,48	**1,55**	0,04	17	1,48	1,61
SiO₂	**66,12**	0,40	22	65,33	66,95	**59,61**	0,73	4	58,91	60,29	**65,12**	1,09	17	62,66	66,69
Cl	**0,51**	0,03	23	0,46	0,57	**0,70**	0,04	4	0,66	0,74	**0,43**	0,10	17	0,20	0,57
K₂O	**1,07**	0,04	22	0,98	1,15	**1,19**	0,01	3	1,18	1,2	**1,43**	0,12	17	1,28	1,69
CaO	**2,63**	0,08	23	2,52	2,76	**4,47**	0,13	4	4,31	4,59	**5,11**	0,27	17	4,75	5,79
TiO₂	**0,16**	0,02	23	0,12	0,20	**0,21**	0,01	4	0,2	0,22	**0,29**	0,04	17	0,18	0,35
Cr₂O₃	**0,02**	0,01	9	0,004	0,04	**0,02**	0,02	3	0,01	0,04	**0,03**	0,03	7	0,003	0,09
MnO	**0,02**	0,02	15	0,001	0,05	**0,01**	0,01	2	0,01	0,02	**0,04**	0,02	12	0,003	0,07
Fe₂O₃	**13,59**	0,26	23	12,86	14,04	**11,31**	0,40	4	10,78	11,66	**9,21**	0,73	17	7,96	10
CoO															
NiO	**0,02**	0,01	10	0,004	0,03	**0,02**		1	0,15		**0,03**	0,02	13	0,01	0,07
CuO	**0,03**	0,03	11	0,01	0,09	**0,00**		0			**0,09**	0,05	10	0,03	0,16
ZnO	**0,05**	0,02	16	0,01	0,09	**0,05**	0,01	2	0,04	0,06	**0,10**	0,07	11	0,01	0,25
Sb₂O₃	**0,08**	0,03	22	0,02	0,14	**0,02**	0,00	2	0,02	0,02	**0,02**	0,02	4	0,01	0,04
P₂O₅	**0,15**	0,04	23	0,07	0,22	**0,14**	0,04	4	0,11	0,18	**0,18**	0,05	17	0,11	0,26
PbO	**0,08**	0,04	20	0,02	0,17	**0,09**	0,06	3	0,02	0,14	**0,13**	0,07	10	0,02	0,23
Summe:	100,78					89,67					100,99				

XIV. Anhang 1

Analyse:	19 Matrix					20 Matrix					21 Matrix				
Kat.-Nr.:	94					96					98				
Tafel:	21,94					22,96					22,98				
Typus/Profil:	Tupfenperle					Streifen-Tupfen-Perle					Spinnwirtel-perle				
Farbe:	op. schwarz					op. schwarz					op. schwarz				
Oxide/Gew.%:		s	n	Min.	Max.		s	n	Min.	Max.		s	n	Min.	Max.
Na$_2$O	13,49	0,32	10	13,01	13,87	13,15	0,20	17	12,86	13,52	4,36	0,23	6	3,98	4,57
MgO	0,71	0,04	11	0,66	0,79	0,69	0,14	19	0,45	0,90	0,62	0,02	7	0,59	0,65
Al$_2$O$_3$	1,48	0,02	11	1,46	1,52	0,98	0,31	18	0,58	1,40	2,05	0,12	7	1,90	2,23
SiO$_2$	67,10	0,94	11	65,32	68,53	66,60	1,30	19	64,87	69,70	63,72	0,67	6	62,84	64,75
Cl	0,36	0,04	10	0,28	0,41	0,63	0,06	19	0,55	0,74	0,60	0,05	7	0,54	0,68
K$_2$O	1,40	0,06	11	1,32	1,49	1,18	0,10	18	0,93	1,33	1,62	0,09	6	1,49	1,74
CaO	1,07	0,06	10	0,97	1,16	1,36	0,20	19	1,08	1,65	1,53	0,04	7	1,49	1,58
TiO$_2$	0,21	0,03	11	0,17	0,26	0,13	0,03	19	0,06	0,19	0,33	0,03	7	0,29	0,38
Cr$_2$O$_3$	0,02	0,02	6	0,003	0,05	0,02	0,02	19	0,003	0,07	0,04	0,04	4	0,01	0,09
MnO	0,08	0,01	10	0,07	0,10	0,02	0,02	19	0,01	0,08	0,04	0,02	7	0,02	0,06
Fe$_2$O$_3$	13,56	0,71	11	12,08	15,04	15,68	0,42	17	14,78	16,40	11,42	0,33	7	10,97	11,99
CoO															
NiO	0,01	0,01	6	0,003	0,03	0,06	0,03	11	0,02	0,10	0,04	0,02	2	0,03	0,06
CuO	0,13	0,08	8	0,06	0,28	0,05	0,03	13	0,01	0,11	0,06	0,01	6	0,05	0,08
ZnO	0,08	0,05	7	0,01	0,14	0,05	0,06	8	0,01	0,17	0,07	0,03	4	0,02	0,09
Sb$_2$O$_3$	0,05	0,03	7	0,01	0,09	0,08	0,04	11	0,01	0,15	0,03	0,02	5	0,01	0,05
P$_2$O$_5$	0,16	0,04	11	0,09	0,24	0,19	0,05	19	0,10	0,29	0,31	0,04	7	0,27	0,36
PbO	0,17	0,10	9	0,04	1,08	0,12	0,09	15	0,02	0,33	0,06	0,03	6	0,01	0,09
Summe:	100,07					100,99					86,91				

113

XIV. Anhang I

Analyse:	22 Dekoration					23 Dekoration					24 Dekoration				
Kat.-Nr.:	72					73					74				
Tafel:	18,72					18,73					18,74				
Typus/Profil:	Kreisaugen-perle					Pfahlbau-noppenperle					Pfahlbau-noppenperle				
Farbe:	op. weiß					op. weiß					tr. weiß				
Oxide/Gew.%:		s	n	Min.	Max.		s	n	Min.	Max.		s	n	Min.	Max.
Na₂O	3,18	0,10	6	3,06	3,33	0,02	0,01	13	0,01	0,03	6,23	0,45	6	5,60	6,87
MgO	3,90	0,08	6	3,77	4,03	0,70	0,06	13	0,61	0,83	0,72	0,03	6	0,67	0,77
Al₂O₃	2,21	0,04	6	2,14	2,26	1,31	0,19	13	1,09	1,66	1,75	0,05	6	1,64	1,81
SiO₂	67,12	0,70	6	65,82	67,78	81,03	1,60	9	78,64	82,93	74,87	1,15	6	73,57	76,21
Cl	0,40	0,03	6	0,37	0,44	0,05	0,04	13	0,004	0,13	0,12	0,01	6	0,10	0,14
K₂O	0,80	0,03	6	0,74	0,83	0,17	0,13	12	0,01	0,47	8,58	1,08	6	7,27	9,91
CaO	4,13	0,09	6	4,01	4,23	1,71	0,30	13	1,20	2,08	6,63	0,44	6	5,84	6,95
TiO₂	0,46	0,03	6	0,41	0,49	0,06	0,02	14	0,02	0,10	0,10	0,02	6	0,07	0,12
Cr₂O₃	0,04	0,02	3	0,01	0,06	0,03	0,02	8	0,004	0,06	0,04	0,03	5	0,004	0,10
MnO	0,04	0,03	3	0,02	0,08	0,03	0,01	10	0,01	0,05	0,03	0,01	4	0,02	0,03
Fe₂O₃	0,59	0,07	5	0,52	0,68	0,39	0,17	14	0,01	0,63	0,60	0,06	6	0,51	0,65
CoO						0,02	0,00	3	0,02	0,02					
NiO	0,03	0,02	3	0,02	0,05	0,02	0,00	3	0,02	0,03	0,06	0,00	3	0,06	0,06
CuO	0,04	0,02	3	0,01	0,06	0,16	0,09	14	0,03	0,32	0,11	0,07	6	0,03	0,21
ZnO	0,03	0,02	2	0,01	0,04	0,05	0,03	9	0,01	0,10	0,07		1	0,07	0,07
Sb₂O₃	2,82	0,34	6	2,47	3,40	0,03	0,02	10	0,004	0,05	0,18	0,06	6	0,10	0,27
P₂O₅	0,15	0,04	6	0,09	0,20	0,21	0,05	13	0,12	0,27	0,27	0,03	6	0,24	0,31
PbO	0,17	0,03	4	0,15	0,21	0,19	0,08	13	0,05	0,37	0,08	0,06	5	0,01	0,16
Summe:	86,09					86,16					100,44				

XIV. Anhang 1

Analyse:	25 Dekoration				26 Dekoration				27 Dekoration			
Kat.-Nr.:	76				77				78			
Tafel:	18,76				18,77				18,78			
Typus/Profil:	Augenperle				Pfahlbau-tönnchen				Pfahlbau-tönnchen			
Farbe:	blau				op. weiß				op. weiß			
Oxide/Gew.%:		s	n	Min.	Max.		s	n	Min.	Max.		s	n	Min.	Max.
Na$_2$O	6,64	0,05	9	6,56	6,70	4,73	0,17	4	4,51	4,91	5,48	0,15	6	5,29	5,68
MgO	0,58	0,03	10	0,53	0,62	0,80	0,04	5	0,73	0,84	0,88	0,07	6	0,79	0,99
Al$_2$O$_3$	1,54	0,07	10	1,48	1,68	3,86	0,14	4	3,67	3,96	1,60	0,08	6	1,46	1,70
SiO$_2$	77,71	0,35	9	77,27	78,24	70,24	0,24	3	70,09	70,52	71,41	0,52	6	70,66	72,13
Cl	0,16	0,02	10	0,14	0,18	0,06	0,01	5	0,04	0,07	0,05	0,03	6	0,02	0,09
K$_2$O	9,42	0,16	9	9,30	9,74	9,48	0,09	3	9,39	9,57	9,68	0,21	6	9,41	9,91
CaO	1,37	0,06	9	1,27	1,45	6,94	0,48	4	6,35	7,50	8,84	0,22	6	8,52	9,11
TiO$_2$	0,07	0,02	10	0,03	0,12	0,10	0,04	5	0,04	0,14	0,09	0,01	6	0,08	0,10
Cr$_2$O$_3$	0,03	0,02	2	0,010	0,04	0,03	0,01	3	0,02	0,03	0,03	0,02	3	0,02	0,06
MnO	0,02	0,02	7	0,00	0,04	0,04	0,02	5	0,03	0,07	0,05	0,01	3	0,04	0,06
Fe$_2$O$_3$	0,81	0,09	10	0,70	0,97	0,78	0,05	5	0,74	0,74	0,66	0,06	6	0,55	0,70
CoO	0,11	0,03	9	0,06	0,15			1			0,01		1	0,01	0,01
NiO	0,27	0,05	10	0,22	0,38	0,04	0,02	4	0,04	0,04	0,03	0,02	4	0,01	0,05
CuO	0,36	0,10	10	0,18	0,52	0,20	0,02	4	0,19	0,23	0,29	0,04	6	0,24	0,34
ZnO	0,04	0,03	4	0,01	0,09	0,04		4	0,01	0,06					
Sb$_2$O$_3$	0,28	0,08	10	0,11	0,41	0,20	0,05	5	0,14	0,26	0,22	0,03	6	0,18	0,26
P$_2$O$_5$	0,11	0,02	9	0,09	0,14	0,17	0,04	5	0,12	0,23	0,24	0,02	6	0,20	0,27
PbO	0,10	0,08	8	0,01	0,29	0,09	0,08	4	0,02	0,19	0,10	0,07	4	0,02	0,18
Summe:	99,62					97,81					99,65				

XIV. Anhang I

Analyse:	28 Dekoration				29 Dekoration				30 Dekoration			
Kat.-Nr.:	82				85				89			
Tafel:	19,82				20,85				21,89			
Typus/Profil:	Kreisaugen-perle				Streifenperle				Streifenperle			
Farbe:	op. gelb				op. weiß				op. weiß			
Oxide/Gew.%:		s	n	Min.	Max.		s	n	Min.	Max.		n	Min.	Max.

Oxide/Gew.%:		s	n	Min.	Max.		s	n	Min.	Max.		n	Min.	Max.
Na_2O	0,06	0,05	12	0,01	0,17	3,61	0,16	12	3,35	3,92	3,46	2	3,40	3,52
MgO	0,78	0,06	14	0,64	0,87	3,54	0,10	14	3,33	3,73	6,31	2	6,05	6,56
Al_2O_3	1,27	0,11	15	1,08	1,53	1,92	0,06	14	1,81	2,04	1,70	2	1,61	1,80
SiO_2	71,59	1,26	14	68,58	73,41	62,30	1,49	14	60,23	66,00	54,69	2	51,67	57,72
Cl	0,70	0,13	15	0,38	0,90	0,42	0,08	14	0,31	0,56	0,31	2	0,30	0,32
K_2O	0,23	0,23	15	0,04	0,78	0,98	0,06	13	0,88	1,06	0,93	2	0,93	0,93
CaO	1,62	0,11	10	1,51	1,83	4,27	0,23	14	3,83	4,82	8,25	2	7,45	9,06
TiO_2	0,24	0,04	15	0,18	0,31	0,21	0,03	14	0,15	0,25	0,14	2	0,11	0,18
Cr_2O_3	0,03	0,02	8	0,003	0,05	0,05	0,04	4	0,01	0,10	0,02	1		
MnO	0,03	0,02	8	0,01	0,07	0,03	0,01	6	0,01	0,04	0,03	2	0,03	0,04
Fe_2O_3	0,89	0,11	9	0,74	1,02	0,60	0,07	14	0,50	0,73	0,63	2	0,58	0,68
CoO						0,02	0,01	2	0,01	0,02				
NiO	0,02	0,02	8	0,01	0,06	0,03	0,02	6	0,003	0,06	0,05	1		
CuO	0,11	0,10	14	0,01	0,34	0,07	0,04	9	0,004	0,12	0,07	2	0,06	0,08
ZnO	0,11	0,07	12	0,03	0,25	0,08	0,06	8	0,01	0,20	0,10	1		
Sb_2O_3	0,75	0,35	12	0,06	1,44	5,36	1,23	14	2,79	7,28	12,31	2	9,02	15,59
P_2O_5	0,24	0,07	15	0,11	0,37	0,12	0,04	14	0,04	0,17	0,14	2	0,14	0,15
PbO	11,21	1,27	11	8,68	13,80	0,09	0,05	11	0,02	0,16	0,12	2	0,10	0,13
Summe:	89,89					83,66					89,26			

XIV. Anhang 1

Analyse:	31 Dekoration					32 Dekoration				
Kat.-Nr.:	93					94				
Tafel:	21,93					21,94				
Typus/Profil:	Tupfenperle					Tupfenperle				
Farbe:	tr. orange					op. Rot				
Oxide/Gew.%:		s	n	Min.	Max.		s	n	Min.	Max.
Na_2O	**14,44**	1,08	19	12,63	15,94	**13,60**	0,31	15	13,12	14,08
MgO	**2,29**	0,07	19	2,11	2,36	**0,77**	0,03	15	0,74	0,83
Al_2O_3	**3,60**	0,13	19	3,36	3,80	**1,48**	0,03	15	1,44	1,53
SiO_2	**63,15**	1,96	19	58,70	66,20	**64,60**	0,84	14	62,52	66,16
Cl	**0,53**	0,05	19	0,42	0,60	**0,35**	0,05	15	0,25	0,46
K_2O	**2,01**	0,14	19	1,67	2,19	**1,39**	0,06	15	1,30	1,49
CaO	**4,37**	0,19	19	4,03	4,73	**1,56**	0,04	14	1,50	1,61
TiO_2	**0,34**	0,04	19	0,27	0,43	**0,21**	0,03	15	0,17	0,25
Cr_2O_3	**0,03**	0,02	7	0,01	0,05	**0,04**	0,02	11	0,003	0,07
MnO	**1,32**	0,08	19	1,11	1,44	**0,07**	0,03	14	0,03	0,12
Fe_2O_3	**2,04**	0,21	19	1,79	2,52	**13,36**	0,44	15	12,50	14,23
CoO					0,00					
NiO	**0,02**	0,02	9	0,01	0,06	**0,05**	0,03	10	0,01	0,09
CuO	**1,61**	0,16	19	1,30	1,85	**2,07**	0,56	12	1,29	2,96
ZnO	**0,05**	0,03	10	0,01	0,09	**0,05**	0,03	6	0,03	0,10
Sb_2O_3	**0,53**	0,05	18	0,42	0,62	**0,04**	0,03	7	0,002	0,08
P_2O_5	**0,17**	0,04	19	0,09	0,25	**0,18**	0,04	15	0,11	0,27
PbO	**3,01**	2,38	19	0,25	7,87	**0,19**	0,09	14	0,07	0,32
Summe:	99,50					100,00				

XV. Anhang II

Analyse:	1 Matrix	2 Matrix	3 Matrix	4 Matrix	5 Matrix	6 Matrix	7 Matrix	8 Matrix
Kat. Nr.:	55	56	58	60	68	71	73	74
Tafel:	16,55	16,56	16,58	16,60	17,68		18,73	18,74
Typus/Profil:	tonnenförmig	konisch	konisch	konisch	Ringchenperle	Fragm. Melonenperle	Pfahlbau-noppenperle	Pfahlbau-noppenperle
Farbe:	tr. türkisblau	tr. türkisblau	tr. türkisblau	tr. türkisblau	tr. türkisblau	tr. türkisblau	tr. hellgrün	tr. dunkelblau
Oxide/Gew.%:								
Na_2O	6,45	18,98	17,03	19,17	5,06	18,39	5,54	5,68
MgO	0,67	3,45	4,03	3,78	0,71	2,39	0,87	0,81
Al_2O_3	1,90	1,10	1,53	1,24	1,68	1,13	2,65	2,05
SiO_2	74,73	68,48	68,91	65,93	74,81	67,77	76,25	74,30
Cl	0,12	0,79	0,58	0,89	0,03	1,15	0,07	0,10
K_2O	9,85	1,40	1,09	1,32	10,45	1,35	7,18	8,70
CaO	1,68	5,38	5,66	6,18	2,52	4,42	2,00	4,28
TiO_2	0,08	0,15	0,12	0,14	0,09	0,25	0,12	0,09
Cr_2O_3	0,02	0,02	0,02	0,02	0,01	0,03	0,03	0,01
MnO	0,03	0,02	0,28	0,03	0,02	0,25	0,03	0,03
Fe_2O_3	0,53	0,45	0,83	0,46	0,66	0,45	1,01	0,88
CoO	0,01	0,05		0,03		0,01		0,08
NiO	0,03	0,03	0,02	0,02	0,01	0,03	0,03	0,31
CuO	2,39	0,81	0,90	0,76	2,26	1,59	4,12	2,29
ZnO	0,05	0,05	0,03	0,05	0,08	0,05	0,05	0,04
Sb_2O_3	0,15	0,06	0,06	0,06	0,19	0,04	0,16	0,26
P_2O_5	0,18	0,23	0,16	0,16	0,17	0,29	0,17	0,26
PbO	0,10	0,07	0,06	0,06	0,10	0,10	0,09	0,09
Summe:	98,97	101,51	101,31	100,30	98,83	99,70	100,37	100,28

XV. Anhang II

Analyse:	9 Matrix	10 Matrix	11 Matrix	12 Matrix	13 Matrix	14 Matrix	15 Matrix	16 Matrix
Kat. Nr.:	76	77	78	72	79	81	87	88
Tafel:	18,76	18,77	18,78	18,72	19,79	19,81	20,87	20,88
Typus/Profil:	Augenperle	Pfahlbautönnchen	Pfahlbautönnchen	Kreisaugenperle	Röhrenperle	Augenperle	Streifenperle	Streifenperle
Farbe:	tr. türkisblau	op. dunkelblau	tr. türkisblau	op. schwarz	op. schwarz	op. schwarz	op. schwarz	op. schwarz
Oxide/Gew.%:								
Na_2O	5,01	5,37	5,22	12,87	13,31	14,61	15,74	13,12
MgO	0,72	0,61	0,64	3,11	2,39	3,23	3,90	1,87
Al_2O_3	1,91	3,70	2,56	1,99	1,19	1,21	1,27	1,26
SiO_2	74,63	73,28	75,16	68,38	67,05	64,27	67,10	66,12
Cl	0,04	0,07	0,14	0,76	0,74	0,58	0,85	0,51
K_2O	9,60	10,16	9,03	1,04	1,37	1,03	1,45	1,07
CaO	2,38	2,04	2,10	3,42	2,94	4,89	5,70	2,63
TiO_2	0,09	0,10	0,12	0,25	0,17	0,20	0,11	0,16
Cr_2O_3	0,03	0,02	0,01	0,03	0,03	0,02	0,03	0,02
MnO	0,03	0,04	0,06	0,03	0,04	0,04	0,02	0,02
Fe_2O_3	0,65	0,93	0,94	7,06	8,99	10,53	4,55	13,59
CoO	0,01	0,21						
NiO	0,09	0,23	0,05	0,03	0,07	0,03	0,02	0,02
CuO	3,44	0,71	2,49	0,03	0,06	0,06	0,05	0,03
ZnO	0,09	0,08	0,05	0,03	0,08	0,04	0,06	0,05
Sb_2O_3	0,31	0,19	0,17	0,02	0,06	0,04	0,09	0,08
P_2O_5	0,18	0,14	0,14	0,11	0,14	0,18	0,18	0,15
PbO	0,13	0,08	0,12	0,15	0,16	0,10	0,08	0,08
Total:	99,33	97,96	99,00	99,33	98,79	101,06	101,20	100,78

XV. Anhang II

Analyse:	17 Matrix	18 Matrix	19 Matrix	20 Matrix	21 Matrix	22 Dekoration	23 Dekoration	24 Dekoration
Kat. Nr.:	89	93	94	96	98	72	73	74
Tafel:	21,89	21,93	21,94	22,96	22,98	18,72	18,73	18,74
Typus/Profil:	Streifenperle	Tupfenperle	Tupfenperle	Streifen-Tupfen-Perle	Spinnwirtelperle	Kreisaugenperle	Pfahlbau-noppenperle	Pfahlbau-noppenperle
Farbe:	op. schwarz	op. schwarz	op. schwarz	op. schwarz	op. schwarz	op. weiß	op. weiß	tr. weiß
Oxide/Gew.%:								
Na$_2$O	16,22	14,25	13,49	13,15	14,16	3,18	0,02	6,23
MgO	4,63	2,97	0,71	0,69	0,62	3,90	0,70	0,72
Al$_2$O$_3$	1,44	1,55	1,48	0,98	2,05	2,21	1,31	1,75
SiO$_2$	60,78	65,12	67,10	66,60	66,48	67,12	81,03	74,87
Cl	0,70	0,43	0,36	0,63	0,60	0,40	0,05	0,12
K$_2$O	1,19	1,43	1,40	1,18	1,62	0,80	0,17	8,58
CaO	4,47	5,11	1,07	1,36	1,53	4,13	1,71	6,63
TiO$_2$	0,21	0,29	0,21	0,13	0,33	0,46	0,06	0,10
Cr$_2$O$_3$	0,02	0,03	0,02	0,02	0,04	0,04	0,03	0,04
MnO	0,01	0,04	0,08	0,02	0,04	0,04	0,03	0,03
Fe$_2$O$_3$	11,31	9,21	13,56	15,68	11,42	0,59	0,39	0,60
CoO							0,02	
NiO	0,02	0,03	0,01	0,06	0,04	0,03	0,02	0,06
CuO	0,00	0,09	0,13	0,05	0,06	0,04	0,16	0,11
ZnO	0,05	0,10	0,08	0,05	0,07	0,03	0,05	0,07
Sb$_2$O$_3$	0,02	0,02	0,05	0,08	0,03	2,82	0,03	0,18
P$_2$O$_5$	0,14	0,18	0,16	0,19	0,31	0,15	0,21	0,27
PbO	0,09	0,13	0,17	0,12	0,06	0,17	0,19	0,08
Total:	101,31	100,99	100,07	100,99	99,47	86,09	86,16	100,44

XV. Anhang II

Analyse:	25 Dekoration	26 Dekoration	27 Dekoration	28 Dekoration	29 Dekoration	30 Dekoration	31 Dekoration	32 Dekoration
Kat. Nr.:	76	77	78	82	85	89	93	94
Tafel:	18,76	18,77	18,78	19,82	20,85	21,89	21,93	21,94
Typus/Profil:	Augenperle	Pfahlbautönnchen	Pfahlbautönnchen	Kreisaugenperle	Streifenperle	Streifenperle	Tupfenperle	Tupfenperle
Farbe:	tr. Dunkelblau	op. weiß	op. weiß	op. gelb	op. weiß	op. weiß	tr. orange	op. rot
Oxide/Gew.%:								
Na_2O	6,64	4,73	5,48	0,06	3,61	3,46	14,44	13,60
MgO	0,58	0,80	0,88	0,78	3,54	6,31	2,29	0,77
Al_2O_3	1,54	3,86	1,60	1,27	1,92	1,70	3,60	1,48
SiO_2	77,71	70,24	71,41	71,59	62,30	54,69	63,15	64,60
Cl	0,16	0,06	0,05	0,70	0,42	0,31	0,53	0,35
K_2O	9,42	9,48	9,68	0,23	0,98	0,93	2,01	1,39
CaO	1,37	6,94	8,84	1,62	4,27	8,25	4,37	1,56
TiO_2	0,07	0,10	0,09	0,24	0,21	0,14	0,34	0,21
Cr_2O_3	0,03	0,03	0,03	0,03	0,05	0,01	0,03	0,04
MnO	0,02	0,04	0,05	0,03	0,03	0,03	1,32	0,07
Fe_2O_3	0,81	0,78	0,66	0,89	0,60	0,63	2,04	13,36
CoO	0,11		0,01		0,02			
NiO	0,27	0,04	0,03	0,02	0,03	0,02	0,02	0,05
CuO	0,36	0,20	0,29	0,11	0,07	0,07	1,61	2,07
ZnO	0,04	0,04	0,00	0,11	0,08	0,05	0,05	0,05
Sb_2O_3	0,28	0,20	0,22	0,75	5,36	12,31	0,53	0,04
P_2O_5	0,11	0,17	0,24	0,24	0,12	0,14	0,17	0,18
PbO	0,10	0,09	0,10	11,21	0,09	0,12	3,01	0,19
Total:	99,62	97,81	99,65	89,89	83,66	89,17	99,50	100,00

XVI. Anhang III

Analyse:	1 Einschluss	2 Einschluss	3 Einschluss	4 Einschluss	5 Einschluss	6 Einschluss	7 Einschluss	8 Einschluss	9 Einschluss
Kat. Nr.:	77	77	77	81	81	81	81	81	81
Tafel:	18,77	18,77	18,77	19,81	19,81	19,81	19,81	19,81	19,81
Typus/Profil:	Pfahlbau-tönnchen	Pfahlbau-tönnchen	Pfahlbau-tönnchen	Augenperle	Augenperle	Augenperle	Augenperle	Augenperle	Augenperle
Farbe:	op. dunkelblau	op. dunkelblau	op. dunkelblau	op. schwarz	op. schwarz	op. schwarz	op. schwarz	op. schwarz	op. schwarz
Oxide/Gew.%:									
Na_2O	0,26	0,00	0,00	3,55	3,44	2,17	1,72	3,36	3,30
MgO	0,11	0,08	0,12	12,50	17,17	25,78	24,75	12,38	12,39
Al_2O_3	0,19	0,06	0,01	1,21	0,40	1,75	0,52	0,38	0,64
SiO_2	1,93	0,07	0,04	51,80	49,75	46,21	46,09	52,95	52,45
Cl	0,01	0,03	0,00	0,06	0,00	0,12	0,05	0,00	0,00
K_2O	0,27	0,03	0,03	0,06	0,05	0,14	0,03	0,03	0,01
CaO	0,06	0,04	0,01	17,96	15,03	10,61	12,94	19,51	19,77
TiO_2	0,04	0,00	0,03	0,02	0,08	0,01	0,08	0,34	0,16
Cr_2O_3	0,02	0,00	0,00	0,01	0,01	0,05	0,00	0,00	0,03
MnO	0,02	0,00	0,00	0,03	0,01	0,00	0,00	0,00	0,02
Fe_2O_3	0,08	0,03	0,12	11,64	15,78	12,64	14,30	11,29	11,81
CoO	0,08	0,08	0,04	0,00	0,00	0,00	0,00	0,00	0,00
NiO	35,16	49,41	50,91	0,00	0,00	0,00	0,00	0,00	0,00
CuO	55,42	38,07	36,73	0,32	0,02	0,06	0,00	0,00	0,03
ZnO	0,00	0,00	0,00	0,00	0,11	0,00	0,00	0,04	0,04
Sb_2O_3	1,25	1,85	1,63	0,00	0,00	0,00	0,00	0,00	0,00
P_2O_5	0,02	0,07	0,00	0,42	0,09	0,44	0,16	0,05	0,00
PbO	0,09	0,10	0,17	0,24	0,09	0,02	0,10	0,00	0,14
Summe:	95,01	89,93	89,84	99,83	102,03	100,00	100,74	100,33	100,79

XV. Anhang III

Analyse:	10 Einschluss	11 Einschluss	12 Einschluss	13 Einschluss	14 Einschluss	15 Einschluss	16 Einschluss	17 Einschluss	18 Einschluss
Kat. Nr.:	81	81	81	82	82	87	89	89	72
Tafel:	19,81	19,81	19,81	19,82	19,82	20,87	21,89	21,89	18,72
Typus/Profil:	Augenperle	Augenperle	Augenperle	Augenperle	Augenperle	Streifenperle	Streifenperle	Streifenperle	Kreisaugenperle
Farbe:	op. schwarz	op. schwarz	op. schwarz	op. schwarz	op. schwarz	op. schwarz	op. schwarz	op. schwarz	op. weiß
Oxide/Gew.%:									
Na_2O	3,33	2,68	2,38	3,39	7,89	2,14	4,10	4,94	6,24
MgO	12,64	13,52	17,22	1,44	1,17	4,11	11,67	10,67	2,63
Al_2O_3	0,27	0,34	0,40	31,46	31,86	6,66	0,22	0,40	1,40
SiO_2	52,33	52,97	51,14	55,70	55,30	4,32	53,36	52,56	42,34
Cl	0,01	0,00	0,00	0,02	0,00	0,16	0,00	0,03	0,36
K_2O	0,00	0,01	0,02	2,45	2,63	0,21	0,00	0,03	0,73
CaO	19,61	20,76	19,63	0,04	0,02	0,37	17,61	16,51	8,09
TiO_2	0,26	0,32	0,85	0,28	0,25	0,29	0,38	0,34	0,20
Cr_2O_3	0,00	0,00	0,03	0,07	0,01	45,01	0,06	0,00	0,02
MnO	0,06	0,03	0,01	0,00	0,01	0,34	0,00	0,01	0,00
Fe_2O_3	11,64	10,39	9,70	2,17	1,83	37,52	12,99	14,71	0,38
CoO	0,00	0,00	0,00	0,00	0,00	0,00	0,00	0,00	0,00
NiO	0,02	0,04	0,00	0,01	0,05	0,15	0,03	0,00	0,00
CuO	0,04	0,00	0,04	0,06	0,05	0,02	0,00	0,00	0,00
ZnO	0,00	0,04	0,00	0,12	0,00	0,04	0,00	0,00	0,00
Sb_2O_3	0,00	0,00	0,09	0,00	0,05	0,00	0,04	0,05	32,19
P_2O_5	0,00	0,06	0,05	0,00	0,00	0,02	0,04	0,17	0,12
PbO	0,08	0,15	0,11	0,00	0,13	0,00	0,04	0,00	0,23
Summe:	100,29	101,32	101,67	97,20	101,26	101,34	100,53	100,41	94,92

XVI. Anhang III

Analyse:	19 Einschluss	20 Einschluss	21 Einschluss	22 Einschluss	23 Einschluss	24 Einschluss	25 Einschluss	26 Einschluss	27 Einschluss
Kat. Nr.:	77	78	78	78	78	78	78	85	85
Tafel:	18,77	18,78	18,78	18,78	18,78	18,78	18,78	20,85	20,85
Typus/Profil:	Pfahlbautönnchen	Pfahlbautönnchen	Pfahlbautönnchen	Pfahlbautönnchen	Pfahlbautönnchen	Pfahlbautönnchen	Pfahlbautönnchen	Streifenperle	Streifenperle
Farbe:	op. weiß	op. weiß	op. weiß	op. weiß	op. weiß	op. weiß	op. weiß	op. weiß	op. weiß
Oxide/Gew.%:									
Na_2O	3,61	1,98	2,32	2,02	4,62	0,77	0,43	3,40	3,36
MgO	0,63	10,53	9,25	8,39	0,61	4,41	5,58	1,89	0,16
Al_2O_3	4,15	1,18	5,81	1,64	1,32	0,09	0,05	0,82	0,11
SiO_2	58,79	40,20	41,83	39,76	66,08	34,33	36,27	28,84	2,47
Cl	0,04	0,02	0,00	0,01	0,02	0,02	0,00	0,17	0,16
K_2O	6,09	0,40	2,28	0,48	7,30	0,56	0,32	0,57	0,12
CaO	23,91	39,97	34,56	43,84	18,61	56,38	55,30	10,71	13,84
TiO_2	0,13	0,03	0,10	0,05	0,08	0,02	0,01	0,00	0,00
Cr_2O_3	0,03	0,05	0,07	0,00	0,00	0,00	0,12	0,07	0,00
MnO	0,03	0,04	0,04	0,07	0,00	0,06	0,01	0,00	0,05
Fe_2O_3	0,60	2,28	2,92	1,47	0,35	0,35	0,47	0,32	0,25
CoO	0,00	0,00	0,00	0,00	0,00	0,00	0,08	0,00	0,00
NiO	0,04	0,05	0,01	0,02	0,02	0,00	0,00	0,03	0,02
CuO	0,03	0,03	0,06	0,24	0,20	0,02	0,07	0,00	0,00
ZnO	0,00	0,08	0,06	0,02	0,00	0,01	0,04	0,05	0,01
Sb_2O_3	0,14	0,02	0,19	0,12	0,19	0,09	0,13	48,27	72,69
P_2O_5	0,22	2,09	0,30	2,23	0,20	1,92	1,05	0,04	0,03
PbO	0,20	0,06	0,02	0,04	0,00	0,05	0,22	0,12	0,07
Summe:	98,64	99,01	99,82	100,40	99,59	99,08	100,14	95,29	93,35

XVI. Anhang III

Analyse:	28 Einschluss	29 Einschluss	30 Einschluss	31 Einschluss	32 Einschluss	33 Einschluss
Kat. Nr.:	85	85	85	93	93	93
Tafel:	20,85	20,85	20,85	21,93	21,93	21,93
Typus/Profil:	Streifenperle	Streifenperle	Streifenperle	Tupfenperle	Tupfenperle	Tupfenperle
Farbe:	op. weiß	op. weiß	op. weiß	tr. orange	tr. orange	tr. orange
Oxide/Gew.%:						
Na_2O	7,40	6,39	8,47	0,07	0,15	0,82
MgO	1,35	1,33	0,85	0,00	0,04	0,13
Al_2O_3	0,72	0,73	0,55	0,15	0,15	0,29
SiO_2	22,49	18,74	14,34	0,37	0,46	1,74
Cl	0,41	0,51	0,31	0,06	0,06	0,09
K_2O	0,64	0,73	0,51	0,00	0,01	0,07
CaO	9,38	10,36	9,17	0,21	0,85	0,98
TiO_2	0,00	0,00	0,00	0,05	0,31	0,15
Cr_2O_3	0,08	0,01	0,00	0,07	0,06	0,07
MnO	0,00	0,00	0,01	0,05	0,00	0,11
Fe_2O_3	0,22	0,31	0,71	5,55	5,33	5,62
CoO	0,00	0,01	0,00	0,00	0,00	0,00
NiO	0,02	0,00	0,00	0,02	0,00	0,00
CuO	0,00	0,06	0,05	0,18	0,00	0,09
ZnO	0,06	0,06	0,00	0,00	0,13	0,00
Sb_2O_3	44,43	48,17	52,62	29,38	32,44	31,76
P_2O_5	0,02	0,04	0,03	0,00	0,02	0,06
PbO	0,03	0,25	0,17	61,38	57,77	54,60
Summe:	87,23	87,70	87,79	97,54	97,78	96,57

XVII. Katalog

Nr.1–140

Alle Größenangaben beziehen sich auf die maximalen Werte. Die Farbbeschreibungen der Glasperlen erfolgten nach MICHEL-Farbenführer. 36. Aufl. (München 1992).

1. Lanzenspitze Taf. 1,1

Tüllenlanzenspitze mit plastischer Verzierung. Die Schneidenblätter schwingen weit aus und verjüngen sich zur Spitze mit minimalem Einzug. Die bis zur Spitze durchlaufende Tülle ist unterhalb des Blattansatzes *fragmentiert*, auf einer Seite ist sie 0,35 cm länger erhalten; die entstandenen Kanten sind glatt und gleichmäßig patiniert, die kürzere Seite zeigt einen Biegesaum. *Korrosionsspuren* finden sich an der Spitze, am oberen und unteren Drittel der Schneiden und punktuell auf der Tülle und den Blättern. Der unterhalb der Spitze abgenommene Querschnitt zeigt eine leichte Verschiebung der *Gusshälften* gegeneinander. Vereinzelt finden sich *Gussfehler* als tiefere Kerben; im *Streiflicht* zeigen sich feine, gerade Linien auf den Schneidenblättern.

Die *Verzierung* der Tülle gliedert sich in zwei Teile; 6 bzw. 7cm unterhalb der Spitze befindet sich ein schmales Dreieck, dass durch ein vertieftes Feld plastisch hervorgehoben wird. Beide Verzierungen laufen am Blattansatz in geschweifte Enden aus, die tiefer liegende läuft bogenförmig um die Tülle herum. Im Bereich des Blattansatzes ist die Tülle mit plastischen Leisten verziert; oberhalb der Bruchkante hat sich partiell eine spitz zulaufende Verzierung erhalten, es folgt ein vertieftes Feld aus zwei geschweiften Leisten, die einen spitzen Winkel bilden. Daran schließen sich zwei erhabene geschweifte Leisten an, die ebenfalls im spitzen Winkel auslaufen; einseitig berühren sie sich in der Spitze nicht. Die *Patina* ist dunkelgrün und glatt, punktuell schimmert die Bronze durch.

Erhaltene Länge: 17,4 cm; Breite: 5,1 cm; Tiefe des Hohlraumes: 10,6 cm; Bronzestärke am Tüllenrand: 0,2 cm; Gewicht: 161,2 g.

Inv.-Nr.: 18.506

2. Beil Taf. 2,2

Oberständiges Lappenbeil mit geradem Nacken. Die Öse ist seitlich mitgegossen und hat einen fast kreisrunden Innenverlauf. Die Arbeitsfläche ist lang und schmal nach unten ausgezogen. Ein Lappen ist stellenweise *fragmentiert*, die hier entstandenen Kanten sind glatt und gleichmäßig patiniert. Leichte *Korrosionsspuren* zeigen sich an den Lappeninnenseiten, punktuell an den Schmalseiten der Arbeitsfläche und einseitig großflächig oberhalb der Schneide; hier ist die Oberfläche alt abgeplatzt. Die *Gussnähte* sind beidseitig im oberen Bereich deutlich zu sehen und kaum nachgearbeitet; im unteren Drittel sind sie gut geglättet. Die Naht verläuft über die Öse hinweg. *Gussfehler* sind rechts der Öse und einmalig als größeres Loch zwischen den Lappen zu erkennen. *Abnutzungsspuren* zeigen sich deutlich an der dadurch verkürzten Schneidenhälfte, die der Öse gegenüber liegt. Einseitig sind deutlich zahlreiche *Bearbeitungsspuren* auf der Arbeitsfläche zu erkennen, auf der anderen Seite nur vereinzelt. Die *Patina* ist dunkelgrün und glatt, punktuell schimmert die Bronze durch.

Länge: 13,8 cm; erhaltene Schneidenbreite: 3,7 cm; Gewicht: 277,3 g.

Inv.-Nr.: 18.503

3. Beil Taf. 3,3

Oberständiges Lappenbeil mit geradem Nacken. Die Öse ist seitlich mitgegossen und hat einen unregelmäßigen Innenverlauf. Die Arbeitsfläche ist breit und kräftig profiliert nach unten ausgezogen und abgesetzt. Ein Lappen ist stark *fragmentiert*, die hier entstandene Kante ist korrodiert; die Bronze schimmert durch. Leichte *Korrosionsspuren* zeigen sich im gesamten Schneidenbereich, an der Öse sind stärkere auszumachen, stellenweise ist die Oberfläche hier alt abgeplatzt. Die *Gussnaht* ist auf der Seite der Öse deutlich zu verfolgen und kaum geglättet; sie verläuft über die Öse hinweg. Auf der gegenüberliegenden Seite ist die Naht nur schwach zu sehen und deutlich geglättet. Leichte *Abnutzungsspuren* zeigt die der Öse gegenüberliegende Schneidenhälfte, sie ist etwas verkürzt und stumpfer. Einseitig sind deutlich zahlreiche *Bearbeitungsspuren* auf der Arbeitsfläche zu beobachten, auf der anderen wenige. Die *Patina* ist fleckig hell- und dunkelgrün, stellenweise sehr spröde, flächig schimmert die Bronze durch.

Länge: 13,5 cm; erhaltene Schneidenbreite: 4,5 cm; Gewicht: 352 g.

Inv.-Nr.: 18.504

4. Meißel Taf. 4,4

Tüllengeradmeißel mit kreisrundem Tüllenrand. Dieser ist durch eine umlaufende Wulst verstärkt, die zur Hälfte plastischer ausgeformt ist. Der runde *Querschnitt* geht ab der Mitte des Geräts in ein Rechteck über, dessen eine Langseite leicht gewölbt ist; die Schmalseiten sind hier bogenförmig abgesetzt. Die Schneide ist leicht geschwungen und auf einer Hälfte *fragmentiert*. Die hier entstandene Fläche ist patiniert. Auf der Rückseite befinden sich leichte *Korrosionsspuren*. Die geglätteten *Gussnähte* sind beidseitig bis zum Umbruch des Querschnitts zu sehen. Die *Pati-*

XVII. Katalog

na ist wechselnd hell- und dunkelgrün und glatt, punktuell schimmert die Bronze durch.

Länge: 11,4 cm; Durchmesser des Tüllenmundes: 2,2 cm; Gusskernlänge: 7,6 cm; Gewicht: 124,6 g.

Inv.-Nr.: 18.505

5. Kleines Gerät Taf. 4,5

Kleines Gerät mit wechselndem *Querschnitt*. Die obere Hälfte ist rhombisch, es folgt ein deutlicher Umbruch in der Mitte zu einem runden Querschnitt der unteren Hälfte. Der obere Teil läuft profiliert in einen Dorn aus, während die untere Hälfte gleichmäßig in einer Spitze endet. *Korrosionsspuren* zeigen sich nur am Dorn, hier ist ein Teil der Oberfläche abgeplatzt. Beide Enden sind durch *Abnutzung* heute stumpf, die *Patina* ist dunkelgrün und glatt.

Erhaltene Länge: 5,15 cm; Gewicht: 1,45 g.

Inv.-Nr.: 18.508

6. Kleines Gerät Taf. 4,6

Kleines Gerät mit wechselndem *Querschnitt*. Der obere Teil ist rhombisch und geht langsam in einen runden Querschnitt über; unten läuft das Gerät ungleichmäßig in einer Spitze aus. Das obere Ende ist *abgenutzt*, besaß wohl ehemals eine halbrunde Schneide. Die untere Spitze zeigt minimale *Korrosionen* und ist durch *Abnutzung* heute stumpf. Die *Patina* ist fleckig hell- und dunkelgrün und glatt, punktuell schimmert die Bronze durch.

Erhalten Länge: 6,7 cm; Gewicht: 4,4 g.

Inv.-Nr.: 18.509

7. Rasiermesser Taf. 4,7

Einschneidiges Rasiermesser mit seitlichem Ringgriff und halbmondförmiger Vertiefung im Rücken. Der Messerrücken verläuft zwischen Ringgriff und Vertiefung gerade, dahinter leicht konkav geschwungen. Die Klinge ist ebenso geschwungen. Der Ringgriff ist vom Blatt im Winkel abgesetzt und durch einen Steg mit diesem verbunden. Das Messer ist in zwei Teile *zerbrochen*, an den entstandenen Kanten *korrodiert*, heute geklebt. Der gesamte Schneidenverlauf ist ebenfalls *korrodiert*. Beidseitig finden sich in unterschiedlicher Zahl *Bearbeitungsspuren* auf der Oberfläche. Der Rand des Ringgriffes und der Messerrücken sind beidseitig mit schräggestellten, feinen Kerben *verziert*, diese werden von einer dem Umriss folgenden Linie eingefaßt. Die *Patina* ist dunkelgrün und glatt, nur im Bereich der Spitze ist sie grau-grün.

Länge: 9 cm; Rückenbreite: 0,1 cm; Höhe: 2,6 cm; erhaltene Schneidenbreite: 0,05 cm; Gewicht: 7,6 g.

Inv.-Nr.: 18.507

8. Ringgehänge Taf. 5,8

Massives fünfteiliges Ringgehänge, bestehend aus einem größeren Ring (Nr.1) in den vier kleinere Ringe (Nr. 1a–d) eingehängt sind. Alle Ringe besitzen einen T-förmigen *Querschnitt*, der nur bei dem größeren Ring scharf profiliert ist. Die *Patina* des größeren Ringes ist dunkelgrün, die der kleineren Ringe fleckig dunkel- bis mittelgrün, hier schimmert punktuell die Bronze durch. Die *Oberfläche* ist glatt.

Gesamtgewicht: 60 g.

Inv.-Nr.: 18.521

Ring 1: Der *Umriss* von Außen- und Innenrand ist kreisförmig, die *Profilgestaltung* ist heute unregelmäßig, da der Außenrand und der umlaufende Grat von *Abnutzung* und *Korrosion* gezeichnet sind. Die innenliegende *Gussnaht* ist gut geglättet und umlaufend zu sehen; hier finden sich im gesamten Innenverlauf senkrecht zur Naht verlaufende feine *Linien*. Die *Gusshälften* sind gegeneinander verschoben, entlang des Grates sind umlaufend feine und gröbere *Linien* zu erkennen.

Innendurchmesser: 6,41 cm; Außendurchmesser: 8,1 cm; Höhe: 1 cm.

Ring 1a: Der *Umriss* von Innen- und Außenrand ist nur annähernd kreisförmig, da am Außenrand deutlich *Gussüberstände* zu sehen sind. Die *Profilgestaltung* ist etwas unregelmäßig, der umlaufende Grat ist nur sehr flach ausgebildet. *Korrosionen* befinden sich vereinzelt am Außenrand. Die innenliegende *Gussnaht* ist stark geglättet und nur partiell zu erkennen. Die *Gusshälften* sind gegeneinander verschoben, umlaufend sind feine *Linien* zu sehen.

Innendurchmesser: 2,41 cm, Außendurchmesser: 3,2 cm; Höhe: 0,34 cm.

Ring 1b: Der *Umriss* von Innen- und Außenrand ist nur annähernd kreisförmig, da am Außenrand deutlich *Gussüberstände* zu sehen sind. Die *Profilgestaltung* ist etwas unregelmäßig, der umlaufende Grat nur sehr flach ausgebildet. *Korrosionen* befinden sich partiell am Außenrand. Die innen verlaufende *Gussnaht* ist nur partiell zu sehen und deutlich geglättet. Die *Gusshälften* sind gegeneinander verschoben, umlaufend sind feine *Linien* zu erkennen.

Innendurchmesser: 2,44 cm; Außendurchmesser: 3,24 cm; Höhe: 0,36 cm.

Ring 1c: Der *Umriss* von Innen- und Außenrand ist nur annähernd kreisförmig. Die *Profilgestaltung* ist sehr unregelmäßig, der umlaufende Grat ist nur sehr flach ausgebildet. *Korrosionen* haben sich entlang des Außenrandes gebildet, die *Gusshälften* sind gegeneinander verschoben. Umlaufend sind feine *Linien* zu sehen.

Innendurchmesser: 2,41 cm; Außendurchmesser: 3,28 cm; Höhe: 0,32 cm.

Ring 1d: Der *Umriss* von Innen- und Außenrand ist nur annähernd kreisförmig, da am Außenrand deutlich *Gussrückstände* zu erkennen sind. Die *Profilgestaltung* ist etwas unregelmäßig, der umlaufende Grat nur sehr flach ausgebildet. *Korrosionen* befinden sich entlang des Außenrandes; die *Gusshälften* sind gegeneinander verschoben, umlaufend sind feine *Linien* zu sehen.

Innendurchmesser: 2,49 cm; Außendurchmesser: 3,2 cm; Höhe: 0,35 cm.

9. Ringgehänge Taf. 7,9

Massives zwölfteiliges Ringgehänge, bestehend aus drei größeren Ringen (Nr. 1–3) in die jeweils drei kleine Ringe (Nr. 1a–c; 2a–c; 3a–c) eingehängt sind. Alle Ringe besitzen einen T-förmigen *Querschnitt*, dieser ist bei den größeren wesentlich schärfer profiliert. Alle Ringe sind fleckig dunkelgrün und mittelgrün *patiniert* und glatt, punktuell schimmert die Bronze durch.

Gesamtgewicht: 296 g.

Inv.-Nr.: 18.519

Ring 1: Der Innenrand verläuft kreisförmig, der *Umriss* des Außenrandes ist stellenweise verzogen. Die *Profilgestaltung* ist unregelmäßig, da der umlaufende Grat durch *Korrosion* und *Abnutzung* stellenweise flacher und unregelmäßig ist. Der umlaufende Grat ist einmalig flacher ausgebildet und hier im Verlauf verschoben. Minimale *Korrosionen* befinden sich beidseitig auf dem umlaufenden Grat und an einem Fünftel des Außenrandes, hier ist die Oberfläche rauh und patiniert. Die innenliegende *Gussnaht* ist gut geglättet und im gesamten Verlauf zu sehen. Die *Gusshälften* sind gegeneinander verschoben. Der Außenrand zeigt an zwei in etwa gegenüberliegenden Stellen *Gußrückstände*. Unterhalb der oberen befindet sich eine ca. 3,5 cm lange Kerbe. Im *Streiflicht* sind stellenweise umlaufende feine Linien zu sehen.

Innendurchmesser: 6,9 cm; Außendurchmesser: 8,9 cm; Höhe: 0,88 cm.

Ring 1a: Der *Umriss* von Innen- und Außenrand ist nur annähernd kreisförmig, da der Ring unterschiedlich breit und in der Form verzogen ist. Die *Profilgestaltung* ist sehr unregelmäßig. Der umlaufende Grat ist stellenweise durch *Abnutzung* nur sehr flach erhalten. *Korrosionen* befinden sich minimal am Außenrand, die innenliegende *Gussnaht* ist gut geglättet und nur stellenweise zu sehen. Die *Gusshälften* sind gegeneinander verschoben. Es findet sich ein *Gusszapfenrest*.

Innendurchmesser: 2,7 cm; Außendurchmesser: 3,8 cm; Höhe: 0,52 cm.

Ring 1b: Der *Umriss* von Innen- und Außenrand ist nur annähernd kreisförmig, da der Ring unterschiedlich breit und in der Form verzogen ist. Die *Profilgestaltung* ist sehr unregelmäßig, der umlaufende Grat ist durch *Abnutzung* nur sehr flach erhalten. Minimale *Korrosionen* befinden sich am Außenrand; die innenliegende *Gussnaht* ist gut geglättet und nur stellenweise zu sehen. Die *Gusshälften* sind gegeneinander verschoben. Einmalig ist ein *Gusszapfenrest* auszumachen.

Innendurchmesser: 2,75 cm; Außendurchmesser: 3,9 cm; Höhe: 0,51 cm.

Ring 1c: Der *Umriss* von Innen- und Außenrand ist nur annähernd kreisförmig, da der Ring unterschiedlich breit und in der Form verzogen ist. Die *Profilgestaltung* ist gleichmäßig, der umlaufende Grat ist durch *Abnutzung* nur sehr flach erhalten. Minimale *Korrosionen* befinden sich am Außenrand; die innenliegende *Gussnaht* ist gut geglättet und nur stellenweise zu sehen. Die *Gusshälften* sind gegeneinander verschoben, es findet sich ein *Gusszapfenrest*.

Innendurchmesser: 2,7 cm; Außendurchmesser: 3,8 cm; Höhe: 0,41 cm.

Ring 2: Der *Umriss* des Innenrandes ist annähernd kreisförmig, der Außenrand ist stellenweise verzogen, da der Ring hier breiter ist. Die *Profilgestaltung* ist unregelmäßig, da der umlaufende Grat durch *Korrosion* und *Abnutzung* unregelmäßig und stellenweise nur sehr flach erhalten ist. Stärkere *Korrosionsspuren* befinden sich an der oberen Hälfte des Außenrandes und beidseitig auf dem umlaufenden Grat. Die innenliegende *Gussnaht* ist insgesamt gut geglättet, sie ist nur stellenweise zu sehen. Eine umlaufende vertikale *Gussnaht* befindet sich im linken oberen Bereich, schräg gegenüber ist eine weitere jedoch nur einseitig zu erkennen. Die *Gusshälften* sind gegeneinander verschoben, einmal ist ein *Gusszapfenrest* zu sehen. Im *Streiflicht* sind umlaufend feine Linien zu sehen.

Innendurchmesser: 7 cm; Außendurchmesser: 8,9 cm; Höhe: 1,4 cm.

Ring 2a: Der *Umriss* von Innen- und Außenrand ist annähernd kreisförmig, eine Hälfte des Ringes besitzt einen breiteren Außenrand. Die *Profilgestaltung* ist unregelmäßig; der umlaufende Grat ist auf der Rückseite durch *Abnutzung* wesentlich flacher. *Korrosionsspuren* befinden sich einmalig am Außenrand und stellenweise auf dem Grat. Die innenliegende *Gussnaht* ist gut geglättet und nur stellenweise zu sehen. Die *Gusshälften* sind gegeneinander verschoben, es findet sich ein *Gusszapfenrest*.

Innendurchmesser: 2,7 cm; Außendurchmesser: 3,8 cm; Höhe: 0,47 cm.

Ring 2b: Der *Umriss* von Innen- und Außenrand ist annähernd kreisförmig, stellenweise ist der Außenrand breiter. Die *Profilgestaltung* ist sehr unregelmäßig; der umlaufende Grat ist auf der Rückseite durch *Abnutzung* teilweise flacher. *Korrosionsspuren* befinden sich am Außenrand. Die innenliegende *Gussnaht* ist gut geglättet und nur stellen-

XVII. Katalog

weise zu sehen. Die *Gusshälften* sind gegeneinander verschoben, es findet sich ein *Gusszapfenrest*.

Innendurchmesser: 2,7 cm; Außendurchmesser: 3,75 cm; Höhe: 0,44 cm.

Ring 2c: Der *Umriss* von Innen- und Außenrand ist annähernd kreisförmig, stellenweise ist der Außenrand breiter. Die *Profilgestaltung* ist unregelmäßig; der umlaufende Grat ist durch *Abnutzung* unterschiedlich hoch ausgebildet. Der Außenrand ist auf zwei Dritteln seines Umlaufes korrodiert. Die innenliegende *Gussnaht* ist gut geglättet und nur stellenweise zu sehen. Die *Gusshälften* sind gegeneinander verschoben, es findet sich ein *Gusszapfenrest*.

Innendurchmesser: 2,7 cm; Außendurchmesser: 3,75 cm; Höhe: 0,40 cm.

Ring 3: Der *Umriss* des Innenrandes ist kreisförmig, der Außenrand ist stellenweise verzogen, der Ring ist hier breiter. Die *Profilgestaltung* ist sehr unregelmäßig, da der umlaufende Grat durch *Korrosion* und *Abnutzung* stellenweise nur sehr flach erhalten ist. Stärkere *Korrosionsspuren* befinden sich im oberen Drittel des Außenrandes und punktuell auf dem umlaufenden Grat. Die innenliegende *Gussnaht* ist geglättet und umlaufend zu sehen. Die *Gusshälften* sind gegeneinander verschoben. Der Außenrand ist einmalig verdickt. Im *Streiflicht* sind stellenweise umlaufende feine Linien zu sehen.

Innendurchmesser. 6,9 cm; Außendurchmesser. 8,8 cm; Höhe: 1,1 cm.

Ring 3a: Der *Umriss* von Innen- und Außenrand ist nur annähernd kreisförmig, da der Ring in der Breite stark variiert und in der Form verzogen ist. Die *Profilgestaltung* ist sehr unregelmäßig, der umlaufende Grat ist auf der Rückseite durch *Abnutzung* nur sehr flach erhalten. Stärkere *Korrosionen* befinden sich an einem Drittel des Außenrandes. Die innenliegende *Gussnaht* ist gut geglättet und nur partiell zu sehen. Die *Gusshälften* sind gegeneinander verschoben, es findet sich ein *Gusszapfenrest*.

Inncndurchmcsscr: 2,8 cm; Außcndurchmcsscr: 3,8 cm; Höhe: 0,36 cm.

Ring 3b: Der *Umriss* von Innen- und Außenrand ist nur annähernd kreisförmig, da der Ring in der Form verzogen ist und in der Breite stark variiert. Die *Profilgestaltung* ist sehr unregelmäßig, der umlaufende Grat ist partiell durch *Abnutzung* nur sehr flach erhalten. Stärkere *Korrosionen* befinden sich entlang einer Hälfte des Außenrandes. Die innenliegende *Gussnaht* ist gut geglättet und nur partiell zu sehen. Die *Gusshälften* sind gegeneinander verschoben, es findet sich ein *Gusszapfenrest*.

Innendurchmesser: 2,75 cm; Außendurchmesser: 3,80 cm; Höhe: 0,40 cm.

Ring 3c: Der *Umriss* von Innen- und Außenrand ist nur annähernd kreisförmig, da der Ring in der Breite stark variiert und in der Form verzogen ist. Die *Profilgestaltung* ist sehr unregelmäßig, da der umlaufende Grat partiell durch *Abnutzung* nur sehr flach erhalten ist. *Korrosionsspuren* finden sich entlang des gesamten Außenrandes. Die innenliegende *Gussnaht* ist nur stellenweise zu sehen, ansonsten gut geglättet. Die *Gusshälften* sind gegeneinander verschoben.

Innendurchmesser: 2,8 cm; Außendurchmesser: 3,85 cm; Höhe: 0,41 cm.

10. Ringgehänge Taf. 7,10

Massives zwölfteiliges Ringgehänge, bestehend aus drei größeren Ringen (Nr.1–3), in die jeweils drei kleinere Ringe (Nr. 1a–c; 2a–c; 3a–c) eingehängt sind. Alle Ringe besitzen einen T-förmigen *Querschnitt*, die größeren Ringe sind schärfer profiliert. Die *Patina* ist fleckig dunkel-, mittel- und hellgrün, an Ring 2 stellenweise grün-gelb bis grün-weiß; teilweise schimmert an den großen Ringen die Bronze flächig durch. Die *Oberfläche* ist glatt bis rauh und spröde.

Gesamtgewicht: 348 g.

Inv.-Nr.: 18.518

Ring 1: Der *Umriss* des Innenrandes ist kreisförmig, der des Außenrandes ist verzogen, da ein Viertel des Ringes schmaler ist. Die *Profilgestaltung* ist unregelmäßig, da der umlaufender Grat durch Korrosion und Abnutzung nur partiell erhalten ist. *Korrosionsspuren* befinden sich entlang zwei Dritteln des Außenrandes und kleinere punktuell auf dem Ringkörper verstreut. Die innenliegende *Gussnaht* ist gut geglättet und stellenweise zu sehen. Im *Streiflicht* sind partiell umlaufende Linien zu sehen.

Innendurchmesser: 7,8 cm; Außendurchmesser: 9,55 cm; Höhe: 1,2 cm.

Ring 1a: Der *Umriss* von Innen- und Außenrand ist nur annähernd kreisförmig, da der Ring unterschiedlich breit und in der Form verzogen ist. Die *Profilgestaltung* ist unregelmäßig, der umlaufende Grat ist auf der Vorderseite flacher ausgebildet. *Korrosionen* befinden sich am Außenrand, die innenliegende *Gussnaht* ist gut zu sehen. Die *Gusshälften* sind gegeneinander verschoben.

Innendurchmesser: 3,35 cm; Außendurchmesser: 4,45 cm; Höhe: 0,55 cm.

Ring 1b: Der *Umriss* von Innen- und Außenrand ist nur annähernd kreisförmig, da der Ring einmalig breiter und insgesamt in der Form verzogen ist. Die *Profilgestaltung* ist unregelmäßig, der umlaufende Grat ist auf der Rückseite teilweise durch Abnutzung flacher erhalten. *Korrosionsspuren* befinden sich punktuell am Außenrand, die innenliegende *Gussnaht* ist gut zu sehen. Die *Gusshälften* sind gegeneinander verschoben.

Innendurchmesser: 3,4 cm; Außendurchmesser: 4,4 cm; Höhe: 0,51 cm.

Ring 1c: Der *Umriss* von Innen- und Außenrand ist nur annähernd kreisförmig, da der Ring in der Breite variiert und in der Form verzogen ist. Die *Profilgestaltung* ist unregelmäßig, der umlaufende Grat ist auf der Rückseite durch Abnutzung teilweise flacher. *Korrosionen* befinden sich punktuell am Außenrand; die innenliegende *Gussnaht* ist gut zu sehen. Die *Gusshälften* sind gegeneinander verschoben.

Innendurchmesser: 3,3 cm; Außendurchmesser: 4,45 cm; Höhe: 0,61 cm.

Ring 2: Der *Umriss* des Innenrandes ist kreisförmig, der des Außenrandes ist verzogen, da ein Viertel des Ringes schmaler ist. Die *Profilgestaltung* ist unregelmäßig, da der umlaufender Grat durch *Korrosion* und *Abnutzung* verändert ist. Minimale *Korrosionsspuren* finden sich punktuell auf dem Ringkörper; ein Drittel des Außenrandes weist stärkere *Korrosionen* auf, die Rückseite ist hier stärker korrodiert, die Oberfläche hat Löcher. Die innenliegende *Gussnaht* ist gut geglättet und stellenweise zu sehen. Die Rückseite zeigt eine größere Anzahl rezenter Bearbeitungsspuren und umlaufende Linien.

Innendurchmesser: 7,8 cm; Außendurchmesser: 9,4 cm; Höhe: 1,17 cm.

Ring 2a: Der *Umriss* von Innen- und Außenrand ist nur annähernd kreisförmig, da der Ring zu einem Viertel schmaler und in der Form verzogen ist. Die *Profilgestaltung* ist unregelmäßig und ein Drittel des Ringes ist stark *korrodiert*. Die innenliegende Gussnaht ist partiell gut zu sehen. Die *Gusshälften* sind gegeneinander verschoben, am Außenrand findet sich ein *Gusszapfenrest*.

Innendurchmesser: 3,2 cm; Außendurchmesser: 4,35 cm; Höhe: 0,5 cm.

Ring 2b: Der *Umriss* von Innen- und Außenrand ist nur annähernd kreisförmig, da der Ring zu einem Viertel schmaler und in der Form verzogen ist. Der Außenrand ist zweimal breiter ausgezogen. Die *Profilgestaltung* ist sehr unregelmäßig; der umlaufende Grat variiert in der Höhe. Minimale *Korrosionen* befinden sich punktuell auf dem Ringkörper. Die innenliegende *Gussnaht* ist partiell zu sehen, die *Gusshälften* sind gegeneinander verschoben. Einmalig zeigt der Außenrand *Gusszapfenreste*.

Innendurchmesser: 3,35 cm; Außendurchmesser. 4,45 cm; Höhe: 0,57 cm.

Ring 2c: Der *Umriss* von Innen- und Außenrand ist nur annähernd kreisförmig, da der Ring in der Breite variiert und in der Form verzogen ist. Die *Profilgestaltung* ist unregelmäßig, der umlaufende Grat ist einmalig im Verlauf verschoben. Der Außenrand ist an einer Stelle *korrodiert*, die innenliegende *Gussnaht* ist partiell gut zu sehen. Die *Gusshälften* sind gegeneinander verschoben, es findet sich ein *Gusszapfenrest* am Außenrand.

Innendurchmesser: 3,2 cm; Außendurchmesser: 4,3 cm; Höhe: 0,52 cm.

Ring 3: Der *Umriss* des Innenrandes ist kreisförmig, der des Außenrandes ist verzogen, da der Ring an einer Stelle breiter ist. Der umlaufende Grat ist hier im Verlauf verschoben. Die *Profilgestaltung* ist unregelmäßig. *Korrosionen* befinden sich an einem Drittel des Außenrandes; punktuell finden sich kleinere auf dem Ringkörper. Die innenliegende *Gussnaht* ist nur in der oberen Hälfte zu sehen. Die Rückseite zeigt eine größere Anzahl an rezenten Bearbeitungsspuren und feinen Linien.

Innendurchmesser: 7,8 cm; Außendurchmesser: 9,55 cm; Höhe: 1,14 cm.

Ring 3a: Der *Umriss* von Innen- und Außenrand ist nur annähernd kreisförmig, da der Ring an zwei gegenüberliegenden Stellen breiter und insgesamt in der Form verzogen ist. Die *Profilgestaltung* ist sehr unregelmäßig, der umlaufende Grat ist durch Abnutzung stellenweise kaum noch vorhanden. *Korrosionen* befinden sich einmalig am Außenrand. Die innenliegende *Gussnaht* ist partiell gut zu erkennen; die *Gusshälften* sind gegeneinander verschoben.

Innendurchmesser: 3,3 cm; Außendurchmesser: 4,45 cm; Höhe: 0,6 cm.

Ring 3b: Der *Umriss* von Innen- und Außenrand ist nur annähernd kreisförmig, da der Ring zur Hälfte breiter und in der Form verzogen ist. Die *Profilgestaltung* ist sehr unregelmäßig; der umlaufende Grat variiert durch Abnutzung heute in der Höhe. *Korrosionen* befinden sich stellenweise am Außenrand, die innenliegende *Gussnaht* ist partiell gut zu erkennen. Die *Gusshälften* sind gegeneinander verschoben.

Innendurchmesser: 3,4 cm; Außendurchmesser: 4,5 cm; Höhe: 0,51 cm.

Ring 3c: Der *Umriss* von Innen- und Außenrand ist nur annähernd kreisförmig, da der Ring zu einem Drittel schmaler und in der Form verzogen ist. Die *Profilgestaltung* ist unregelmäßig, der umlaufende Grat ist auf der Rückseite durch Abnutzung heute flacher ausgebildet. *Korrosionsspuren* befinden sich punktuell am Außenrand, die innenliegende *Gussnaht* ist teilweise gut zu erkennen. Die *Gusshälften* sind gegeneinander verschoben.

Innendurchmesser: 3,35 cm; Außendurchmesser: 4,45 cm; Höhe: 0,58 cm.

11. Ringgehänge   Taf. 8,11

Massives einundzwanzigteiliges Ringgehänge, bestehend aus drei größeren Ringen (Nr. 1–3) mit T-förmigem *Querschnitt*, in die jeweils drei kleinere *rundstabige* Ringe (Nr. 1a–c; 2a–c; 3a–c) eingehängt sind. In jeweils einen dieser Ringe sind widerum drei kleinere *rundstabige* Ringe (Nr. 1b1–3; 2b1–3; 3b1–3) eingehängt. Alle Ringe sind dunkelgrün und glatt *patiniert*.

Gesamtgewicht: 311 g.

Inv.-Nr.: 18.520

Ring 1: Der *Umriss* des Innenrandes ist kreisförmig, der des Außenrandes ist stellenweise verzogen, da der Ring im oberen Drittel schmaler ist. Die *Profilgestaltung* ist regelmäßig, der umlaufende Grat ist einmalig nur sehr schmal ausgebildet. *Korrosionsspuren* befinden sich entlang einer Hälfte des Außenrandes, minimale sind vereinzelt auf dem Ringkörper zu beobachten. Die innenliegende *Gussnaht* ist gut geglättet und als feine Linie umlaufend zu sehen. Reste einer vertikal verlaufenden *Gussnaht* sind im oberen linken Viertel einseitig vorhanden. Der Außenrand zeigt einen *Gusszapfenrest*, er ist einmalig im Viertel unten links verdickt und breiter. Stellenweise sind umlaufend feine Linien zu sehen.

Innendurchmesser: 7,5 cm; Außendurchmesser: 9,8 cm; Höhe: 1,48 cm.

Ring 1a: Der *Umriss* des Ringes ist annähernd kreisförmig, *Korrosionen* befinden sich punktuell auf der Oberfläche verstreut.

Innendurchmessser: 2,8 cm; Außendurchmesser: 3,5 cm; Stärke: 0,39 cm.

Ring 1b: Der *Umriss* des Ringes ist annähernd kreisförmig. Auf der Oberfläche verstreut finden sich *Korrosionsspuren*; der Außenrand weist einmalig eine *Verdickung* auf.

Innendurchmesser: 2,8 cm; Außendurchmesser: 3,5 cm; Stärke: 0,4 cm.

Ringe 1b1–3: Alle drei Ringe besitzen einen annähernd kreisförmigen *Umriss*. Teilweise ist die Oberfläche der Ringe alt abgeplatzt. Es findet sich jeweils eine *Verdickung* am Außenrand.

Innendurchmesser: 2 cm; Außendurchmesser: 2,5–2,7 cm; Stärke: 0,3–0,32 cm.

Ring 1c: Der *Umriss* des Ringes ist kreisförmig, ein Drittel weist *Korrosionen* auf. Einmalig ist der Außenrand *verdickt*.

Innendurchmesser: 2,71 cm; Außendurchmesser: 3,32 cm; Stärke: 0,4 cm.

Ring 2: Der *Umriss* von Innen- und Außenrand ist kreisförmig, die *Profilgestaltung* ist regelmäßig. Ein Drittel des Außenrandes ist stark *korrodiert*. Die innenliegende *Gussnaht* ist gut geglättet und als feine Linie umlaufend zu sehen. Einmalig ist am Außenrand ein *Gusszapfenrest* zu sehen. Eine vertikale *Gussnaht* ist umlaufend vorhanden. Partiell sind feine *Linien* zu sehen.

Innendurchmesser: 7,71 cm; Außendurchmesser: 9,62 cm; Höhe: 1,3 cm.

Ring 2a: Der *Umriss* des Ringes ist annähernd kreisförmig und partiell *korrodiert*; der Außenrand weist eine *Verdickung* auf.

Innendurchmesser: 2,72 cm, Außendurchmesser: 3,4 cm; Stärke: 0,34 cm.

Ring 2b: Der *Umriss* des Ringes ist annähernd kreisförmig, der Außenrand ist einmalig *verdickt*, stellenweise sind minimale *Korrosionen* zu sehen.

Innendurchmesser: 2,65 cm; Außendurchmesser: 3,4 cm; Stärke: 0,38 cm.

Ringe 2b1–3: Alle drei Ringe besitzen einen annähernd kreisförmigen *Umriss* und weisen jeweils eine *Verdickung* am Außenrand auf; partiell ist die Oberfläche alt abgeplatzt. Ring 2b1 ist an einer Stelle wesentlich schmaler.

Innendurchmesser: 1,92–2 cm; Außendurchmesser: 2,48–2,52 cm; Stärke: 0,3–0,34 cm.

Ring 2c: Der *Umriss* des Ringes ist annähernd kreisförmig, partielle *Korrosionen* sind zu sehen..

Innendurchmesser: 2,71 cm; Außendurchmesser: 3,4 cm, Stärke: 0,36 cm.

Ring 3: Der *Umriss* von Innen- und Außenrand ist kreisförmig, die *Profilgestaltung* ist regelmäßig. Der Ring ist einmalig *fragmentiert*, die entstandenen Bruchkanten sind patiniert. *Korrosionsspuren* befinden sich an einem Drittel des Außenrandes. Die innenliegende *Gussnaht* ist gut geglättet und partiell als feine Linie zu sehen. Ein *Gusszapfenrest* ist vorhanden. Stellenweise sind umlaufende feine *Linien* zu sehen.

Innendurchmesser. 7,7 cm; Außendurchmesser: 9,9 cm; Höhe: 1,3 cm.

Ring 3a: Der Umriss des Ringes ist annähernd kreisförmig, stellenweise ist er *korrodiert*. Der Außenrand ist einmalig *verdickt*.

Innendurchmesser: 2,62 cm; Außendurchmesser. 3,4 cm; Stärke: 0,35 cm.

Ring 3b: Der *Umriss* des Ringes ist annähernd kreisförmig, es finden sich minimale *Korrosionen*.

Innendurchmesser: 2,6 cm; Außendurchmesser: 3,4 cm; Stärke: 0,41 cm.

Ringe 3b1–3: Alle drei Ringe haben einen annähernd kreisförmigen *Umriss*, *Korrosionen* finden sich nur an Ring 3b3. Alle Ringe sind am Außenrand einmalig *verdickt*.

Innendurchmesser. 1,96–2,02 cm; Außendurchmesser: 2,55–2,7 cm; Stärke: 0,28–0,37 cm.

Ring 3c: Der *Umriss* des Ringes ist annähernd kreisförmig, es finden sich minimale *Korrosionen*.

Innendurchmesser: 2,68 cm; Außendurchmesser: 3,3 cm; Stärke: 0,4 cm.

12. Ring   **Taf. 9,12**

Massiver Ring mit T-förmigem *Querschnitt*. Der *Umriss* von Innen- und Außenrand ist annähernd kreisförmig, die *Profilgestaltung* ist gleichmäßig. Der umlaufende Grat ist auf der Rückseite flacher. *Korrosionsspuren* zeigen sich einmalig am äußeren Rand, die innenliegende *Gussnaht* ist im gesamten Verlauf deutlich zu sehen. Die zwei *Gusshälften* sind gegeneinander verschoben, die hier auf der Rückseite entstandenen Kanten am Außenrand sind gut geglättet worden. Im *Streiflicht* zeigen sich feine Linien entlang des Grates. Die *Patina* ist dunkelgrün und glatt.

Innendurchmesser: 2,88 cm; Außendurchmesser: 3,82 cm; Höhe: 0,39 cm; Gewicht: 9,05 g.

Inv.-Nr.: 18.522.1

13. Ring   **Taf. 9,13**

Massiver Ring mit T-förmigem *Querschnitt*. Der *Umriss* von Innen- und Außenrand ist annähernd kreisförmig, die *Profilgestaltung* ist sehr unregelmäßig. Es sind nur minimale *Korrosionen* entstanden, die innenliegende *Gussnaht* ist nur als feine Linie zu sehen, die gut geglättet wurde. Die zwei *Gusshälften* sind gegeneinander verschoben. Die *Patina* ist dunkelgrün und glatt.

Innendurchmesser: 2,96 cm; Außendurchmesser: 3,80 cm; Höhe: 0,30 cm; Gewicht: 6,25 g.

Inv.-Nr.: 18.522.2

14. Ring   **Taf. 9,14**

Massiver Ring mit T-förmigem *Querschnitt*. Der *Umriss* von Innen- und Außenrand ist annähernd kreisförmig, die *Profilgestaltung* ist sehr unregelmäßig. Auf der Vorderseite ist der umlaufende Grat zu einem Viertel breit zerflossen. Der Außenrand ist an zwei Stellen *fragmentiert*, die hier entstandenen Kanten sind patiniert. Die innenliegende *Gussnaht* ist partiell noch zu sehen, die zwei *Gusshälften* sind gegeneinander verschoben, der Außenrand ist einmal verdickt. Stellenweise sieht man feine *Linien* entlang des Grates. Die *Patina* ist dunkelgrün und glatt.

Innendurchmesser: 2,92 cm; Außendurchmesser: 3,87 cm; Höhe: 0,36 cm; Gewicht: 6,95 g.

Inv.-Nr.: 18.522.3

15. Ring   **Taf. 9,15**

Massiver Ring mit T-förmigem *Querschnitt*. Der *Umriss* von Innen- und Außenrand ist annähernd kreisförmig, die *Profilgestaltung* ist sehr unregelmäßig. Der Außenrand ist zweimalig *fragmentiert*, die hier entstandenen Kanten sind patiniert. Punktuell finden sich *Korrosionsspuren*. Die innenliegende *Gussnaht* ist nur als feine Linie zu sehen, die *Gusshälften* sind gegeneinander verschoben, der Außenrand ist einmal verdickt. Einseitig sind feine *Linien* umlaufend zu sehen. Die *Patina* ist dunkelgrün-grau und glatt, punktuell schimmert die Bronze durch.

Innendurchmesser: 2,89 cm; Außendurchmesser: 3,92 cm; Höhe: 0,35 cm; Gewicht: 7,1 g.

Inv.-Nr.: 18.522.4

16. Ring   **Taf. 9,16**

Massiver Ring mit T-förmigem *Querschnitt*. Der *Umriss* von Innen- und Außenrand ist fast kreisförmig, die *Profilgestaltung* ist unregelmäßig. Der Außenrand ist einmalig *fragmentiert*, die hier entstandenen Kanten sind patiniert; *Korrosionsspuren* finden sich punktuell auf dem umlaufenden Grat und im Innenverlauf. Die innenliegende *Gussnaht* ist fast umlaufend erhalten, *Gussüberstände* zeigen sich beidseitig im Bereich des fragmentierten Außenrandes. Die *Gusshälften* sind gegeneinander verschoben. Die *Patina* ist dunkelgrün und glatt.

Innendurchmesser: 2,87 cm; Außendurchmesser: 3,83 cm; Höhe: 0,40 cm; Gewicht: 7,95 g.

Inv.-Nr.: 18.522.5

17. Ring   **Taf. 9,17**

Massiver Ring mit T-förmigem *Querschnitt*. Der *Umriss* von Innen- und Außenrand ist fast kreisförmig, die *Profilgestaltung* ist unregelmäßig. Es sind nur minimale *Korrosionen* entstanden. Die innenliegende *Gussnaht* ist umlaufend zu sehen, die *Gusshälften* sind gegeneinander verschoben. Im *Streiflicht* sind umlaufend feine Linien zu sehen. Die *Patina* ist dunkelgrün und glatt.

Innendurchmesser: 2,91 cm; Außendurchmesser: 3,81 cm; Höhe: 0,37 cm; Gewicht: 7,5 g.

Inv.-Nr.: 18.522.6

18. Ring   **Taf. 9,18**

Massiver Ring mit T-förmigem *Querschnitt*. Der *Umriss* von Innen- und Außenrand ist annähernd kreisförmig, die *Profilgestaltung* ist unregelmäßig. Der umlaufende Grat ist einseitig nur sehr flach ausgebildet, *Korrosionen* sind stellenweise am äußeren Rand zu sehen. Die innenliegende *Gussnaht* ist zu einem Drittel erhalten, die *Gusshälften* sind gegeneinander verschoben. Im *Streiflicht* sind wenige feine Linien entlang des Grates zu sehen, die *Patina* ist dunkelgrün und glatt.

Innendurchmesser: 2,93 cm; Außendurchmesser: 3,85 cm; Höhe: 0,30 cm; Gewicht: 5,45 g.

Inv.-Nr.: 18.522.7

19. Ring   **Taf. 9,19**

Massiver Ring mit T-förmigem *Querschnitt*. Der *Umriss* von Innen- und Außenrand ist kreisförmig, die *Profilgestaltung* ist gleichmäßig. Minimale *Korrosionen* sind am

XVII. Katalog

äußeren Rand entstanden. Die innenliegende *Gussnaht* ist an wenigen Stellen als feine Linie zu sehen, die *Gusshälften* sind wenig gegeneinander verschoben, der Außenrand ist einmal verdickt. Im *Streiflicht* sind umlaufend feine Linien zu sehen, die *Patina* ist dunkelgrün und glatt.

Innendurchmesser: 2,90 cm; Außendurchmesser: 3,80 cm; Höhe: 0,34 cm; Gewicht: 5,95 g.

Inv.-Nr.: 18.522.8

20. Ring   **Taf. 10,20**

Massiver Ring mit T-förmigem *Querschnitt*. Der *Umriss* von Innen- und Außenrand ist annähernd kreisförmig, die *Profilgestaltung* ist unregelmäßig. Die innenliegende *Gussnaht* ist stellenweise zu sehen, die *Gusshälften* sind gegeneinander verschoben, der Außenrand ist einmal verdickt. Im *Streiflicht* zeigen sich stellenweise feine Linien entlang des Grates. Die *Patina* ist dunkelgrün und glatt.

Innendurchmesser: 2,91 cm, Außendurchmesser: 3,81 cm; Höhe: 0,37 cm; Gewicht: 6,75 g.

Inv.-Nr.: 18.522.9

21. Ring   **Taf. 10,21**

Massiver Ring mit T-förmigem *Querschnitt*. Der *Umriss* von Innen- und Außenrand ist gedrückt kreisförmig, die *Profilgestaltung* ist sehr unregelmäßig. Der äußere Rand ist im oberen Drittel *fragmentiert*, die hier entstandenen Kanten sind patiniert; der umlaufende Grat ist hier nur sehr flach ausgebildet. Es haben sich punktuell *Korrosionen* gebildet. Die innenliegende *Gussnaht* ist umlaufend erhalten, die *Gusshälften* sind gegeneinander verschoben, der Außenrand ist einmal verdickt. Die *Patina* ist dunkelgrün und glatt.

Innendurchmesser: 2,93 cm; Außendurchmesser: 3,85 cm; Höhe: 0,33 cm; Gewicht: 5,15 g.

Inv.-Nr.: 18.522.10

22. Ring   **Taf. 10,22**

Massiver Ring mit T-förmigem *Querschnitt*. Der *Umriss* von Innen- und Außenrand ist kreisförmig, im oberen Bereich ist der Ring etwas breiter ausgezogen. Die *Profilgestaltung* ist gleichmäßig. Es existieren wenige *Korrosionen*, die innenliegende *Gussnaht* ist zu einem Viertel vorhanden. Die *Gusshälften* sind gegeneinander verschoben, der Außenrand ist einmal verdickt. Im *Streiflicht* sind umlaufend feine Linien zu sehen. Die *Patina* ist dunkelgrün und glatt.

Innendurchmesser: 2,93 cm; Außendurchmesser: 3,75 cm; Höhe: 0,38 cm; Gewicht: 6,40 g.

Inv.-Nr.: 18.522.11

23. Ring   **Taf. 10,23**

Massiver Ring mit T-förmigem *Querschnitt*. Der *Umriss* von Innen- und Außenrand ist fast kreisförmig, die *Profilgestaltung* ist unregelmäßig. *Korrosionsspuren* finden sich punktuell am Außenrand und im Innenverlauf. Die innenliegende *Gussnaht* ist umlaufend zu sehen, die *Gusshälften* sind gegeneinander verschoben. Im *Streiflicht* zeigen sich umlaufend feine Linien. Die *Patina* ist mittelgrün-grau und glatt.

Innendurchmesser: 2,96 cm; Außendurchmesser: 3,82 cm; Höhe: 0,34 cm; Gewicht: 4,35 g.

Inv.-Nr.: 18.522.12

24. Ring   **Taf. 10,24**

Massiver Ring mit T-förmigem *Querschnitt*. Der *Umriss* von Innen- und Außenrand ist annähernd kreisförmig, die *Profilgestaltung* ist gleichmäßig. Stellenweise haben sich kleine *Korrosionen* gebildet. Die innenliegende *Gussnaht* ist zu einem Viertel zu erkennen, die *Gusshälften* sind gegeneinander verschoben. Die *Patina* ist dunkelgrün und glatt.

Innendurchmesser: 2,91 cm; Außendurchmesser: 3,83 cm; Höhe: 0,35 cm; Gewicht: 5,90 g.

Inv.-Nr.: 18.522.13

25. Ring   **Taf. 10,25**

Massiver Ring mit T-förmigem *Querschnitt*. Der *Umriss* von Innen- und Außenrand ist annähernd kreisförmig, die *Profilgestaltung* ist sehr unregelmäßig, stellenweise stark zerflossen. An zwei Stellen ist der Außenrand *korrodiert*. Die innenliegende *Gussnaht* ist sehr glatt und umlaufend zu sehen. Die *Gusshälften* sind stark gegeneinander verschoben. Im *Streiflicht* zeigen sich umlaufend feine Linien. Die *Patina* ist dunkelgrün und glatt.

Innendurchmesser: 2,45 cm; Außendurchmesser: 3,35 cm; Höhe: 0,41 cm; Gewicht: 5,1 g.

Inv.-Nr.: 18.522.14

26. Ring   **Taf. 10,26**

Massiver Ring mit T-förmigem *Querschnitt*. Der *Umriss* des Innenrandes ist annähernd kreisförmig, der Außenrand ist im oberen Viertel unregelmäßig und breit ausgezogen. Die *Profilgestaltung* ist unregelmäßig. *Korrosionen* finden sich im oberen Viertel und stellenweise im Innenverlauf. Die dort befindliche *Gussnaht* ist nur zu einem Viertel vorhanden, die *Gusshälften* sind gegeneinander verschoben. Im *Streiflicht* zeigen sich umlaufend feine Linien. Die *Patina* ist dunkelgrün und glatt.

Innendurchmesser: 2,42 cm; Außendurchmesser: 3,30 cm; Höhe: 0,41 cm; Gewicht: 5,45 g.

Inv.-Nr.: 18.522.15

27. Fragment eines Ringes Taf. 10,27

Erhaltenes Drittel eines massiven Ringes mit T-förmigem *Querschnitt*. Die *Profilgestaltung* ist unregelmäßig, die *Bruchkanten* sind patiniert. Der Außenrand ist stark *korrodiert*, die innenliegende *Gussnaht* ist deutlich erhalten. Im *Streiflicht* sind vereinzelt feine Linien zu sehen, die *Patina* ist hellgrün und glatt, am Außenrand spröde.

Erhaltene Höhe: 0,39 cm; erhaltenes Gewicht: 1,6 g.

Inv.-Nr.: 18.522.16

28. Zierblech Taf. 11,28

Verziertes Blech, der *Umriss* ist gedrungen oval, die Schmalseiten sind gerade und laufen beide in Fortsätze aus, deren Umriss heute nicht mehr zu bestimmen ist. Das Blech ist *fragmentiert*: das Viertel oben rechts fehlt gänzlich, sowie der gesamte linke Fortsatz und Teile des rechten. Die Langseiten sind ebenfalls partiell ausgebrochen. Vier annähernd senkrechte Knicke bzw. Brüche durchlaufen das Blech; es ist seit 1943 fest auf Karton montiert.

Die *Verzierung* besteht aus einem dem Rand folgenden, fünfteiligen Ritzlinienband, dessen zweite und fünfte Reihe von Reihen kleiner eingeschlagener Dreiecke begleitet werden. Dieses Band scheint auch die waagerechten Seiten der Fortsätze einzufassen, da es dem äußeren Rand folgend hier ausbiegt. Der senkrechte Rand des rechten Fortsatzes ist nur von vier Ritzlinien eingefaßt. Im Mittelpunkt der Dekorfläche befindet sich ein größerer getriebener Buckel, der von dreizehn eingeritzten Linien eingefaßt ist; zwischen der sechsten und siebten, sowie der zwölften und dreizehnten Linie wurde je eine Perlreihe herausgetrieben. Oberhalb des Buckels sind die Perlreihen durch unregelmäßig aplizierte Perlen miteinander verbunden. Die untere Hälfte des Bleches ist mit einem Mäandermuster verziert, das durch ein fünfteiliges Ritzlinienband, außen von je einer Perlreihe eingefaßt, gebildet wird. Das Motiv folgt dem Schwung der Langseite, dort wo es den Verlauf ändert, befindet sich je ein kleiner getriebener Buckel. Die obere Hälfte des Bleches scheint ähnlich verziert, hier hat sich eine Hälfte des Mäanders erhalten. Die zwei gegenüberliegenden Mäander sind auf der linken Hälfte durch drei Bögen verbunden, die ebenfalls aus sieben Ritzlinien mit einfassenden Perlreihen zwischen der ersten und zweiten, sowie der sechsten und siebten Ritzlinie bestehen. Auf der rechten Blechhälfte finden sich Reste eines solchen Bogens. Die nur fragmentarisch erhaltenen Fortsätze der Schmalseiten sind durch zwei bis drei waagerecht geführte, getriebene Rippen verziert, zwischen denen sich ein bis zwei Bänder aus geritzten Schräglinien befinden.

Die *Oberfläche* ist glatt, die *Patina* im Viertel unten links dunkelbronzefarben mit mittelgrünen Flecken, im Viertel unten rechts ist sie dunkelgrün. Das obere Viertel ist hellbronzefarben, rezent gereinigt ob der Kratzspuren. Zwei Fragmente, die sich im linken Fortsatz befinden, sind falsch eingefügt; die Verzierung und die dunkelgrüne Patinafärbung machen ein Einfügen am rechten Fortsatz wahrscheinlicher. Ebenso wurde das rechte Seitenstück falsch angefügt, es muss um ca. 0,4 cm weiter nach links verschoben werden.

Erhaltene Breite: 17,55 cm; erhaltene Höhe: 13,1 cm; Blechstärke: 0,06 cm.

Inv.-Nr.: 18.514

29. Zwei Blechfragmente Taf. 12,29

Ein mittelgrün und ein hellgrün patiniertes Fragment aus Bronzeblech; alle vier Seiten sind jeweils *fragmentiert*. Auf einer Seite des größeren Stückes befinden sich drei eingetiefte feine Linien, die übereinander angeordnet sind, auf der Rückseite drei eingetiefte Punkte in einer Reihe. Das kleinere Stück zeigt zwei Linien und zwei Punkte. Die horizontalen Kanten des größeren Exemplares sind leicht umgebogen.

Erhaltene Breite: 0,7 cm bzw. 0,3 cm; erhaltene Höhe: 0,5 cm; Blechstärke: 0,05 cm.

Inv.-Nr.: 18.551

30. Armring Taf. 12,30

Massiver, astragalierter Armring mit Stempelenden. Der *Umriss* beschreibt einen gedrückten, etwas verzogenen Kreis, der *Querschnitt* ist D-förmig. Die Ober- und Unterseite des Ringes sind an den Enden abgeflacht. Die Enden sind in der Höhe gegeneinander verschoben, sie berühren sich nicht. Nur an den Innenflächen der Enden zeigt sich leichte *Korrosion*. Die durch paarweise eingetiefte Kerben erzeugte *Verzierung* ist stark *abgenutzt* und nur noch in der Aufsicht deutlich zu sehen, auf dem übrigen Ringkörper haben sich nur vereinzelte Kerben erhalten, die im *Streiflicht* zu sehen sind. Die *Patina* ist fleckig mittelgrün bis grün-weiß, punktuell dunkelgrün und bronzefarben; die *Oberfläche* ist glatt.

Innendurchmesser: 6,25 cm; Außendurchmesser: 8,2 cm; Gewicht: 121,35 g.

Inv.-Nr.: 18.510

31. Armring Taf. 12,31

Massiver Armring mit strichverzierten überlappenden Enden. *Umriss* und *Querschnitt* sind annähernd D-förmig. Starke *Korrosionen* befinden sich im Bereich der Enden, die Oberfläche ist hier stellenweise abgeplatzt. Die *Verzierung* ist nur noch im Bereich der Enden und vereinzelt schwach auf dem Ringkörper zu sehen, es handelt sich um schräg und vertikal geführte Strichbündel. Die *Patina* ist zu zwei Dritteln dunkelgrün und glatt, im Bereich der Enden jedoch hellgrün bis gelb-weiß, hier ist die *Oberfläche* rauh.

XVII. Katalog

Innendurchmesser: 4,05 cm; Außendurchmesser: 5,25 cm; Gewicht: 33,55 g.

Inv.-Nr.: 18.511

32. Anhänger   **Taf. 12,32**

Rasiermesserförmiger Anhänger mit runder Öse. Die Öse ist dezentriert angebracht, so dass die Öffnung des Halbrundes seitlich verschoben ist; die Enden laufen rund aus. Der *Querschnitt* der Öse und des Halbrundes ist flach rechteckig mit flach zulaufenden Schmalseiten; Öse und Steg sind dicker ausgebildet, an der Stegrückseite ist eine Vertiefung. Die Öse ist im oberen Bereich am Außenrand *fragmentiert*, die hier entstandene Fläche ist patiniert. *Korrosionsspuren* befinden sich einmalig am äußeren Rand des Halbrundes, hier ist die Oberfläche stellenweise abgeplatzt. Am Innenverlauf der Öse und des Halbrundes zeigt sich eine Verschiebung der *Gusshälften* gegeneinander. Die *Patina* ist mittel- bis dunkelgrün und glatt.

Stärke: 0,13–0,19 cm; Gewicht: 4,75 g.

Inv.-Nr.: 18.523.1

33. Anhänger   **Taf. 12,33**

Rasiermesserförmiger Anhänger mit runder Öse. Die Öse ist dezentriert angebracht, so dass die Öffnung des Halbrundes seitlich verschoben ist; die Enden laufen rund aus. Der *Querschnitt* der Öse und des Halbrundes ist flach rechteckig mit flach zulaufenden Schmalseiten; Öse und Steg sind dicker ausgebildet, an der Stegrückseite ist eine Vertiefung. Die Öse ist einseitig am Außenrand *fragmentiert*, die entstandenen Kanten sind patiniert. *Korrosionsspuren* befinden sich am Innenverlauf der Öse, sowie am Innen- und Außenrand des Halbrundes. Eine Verschiebung der *Gusshälften* gegeneinander zeigt sich am Innenverlauf von Öse und Halbrund. Die *Patina* ist fleckig hell- bis mittelgrün und glatt.

Stärke: 0,13–0,16 cm; Gewicht: 3,75 g.

Inv.-Nr.: 18.523.2

34. Anhänger   **Taf. 12,34**

Rasiermesserförmiger Anhänger mit runder Öse. Die Öse ist dezentriert angebracht, so dass die Öffnung des Halbrundes seitlich verschoben ist; die Enden laufen rund aus. Der *Querschnitt* der Öse und des Halbrundes ist flach rechteckig mit flach zulaufenden Schmalseiten; Öse und Steg sind dicker ausgebildet, an der Stegrückseite ist eine Vertiefung. Die Öse ist im oberen Bereich des Außenrandes *fragmentiert*, die hier entstandene Kante ist patiniert. Hier ist ein umlaufender, oberflächiger Riß zu erkennen. Die beiden Enden des Halbrundes sind ebenfalls minimal *fragmentiert*. *Korrosionen* haben sich punktuell am Außen- und Innenrand des Halbrundes gebildet. Eine Verschiebung

der *Gusshälften* zeigt sich am Innenverlauf des Halbrundes. Die *Patina* ist fleckig hell- bis mittelgrün und glatt.

Stärke: 0,14–0,18 cm; Gewicht: 4,55 g.

Inv.-Nr.: 18.523.3

35. Anhänger   **Taf. 12,35**

Kleiner rasiermesserförmiger Anhänger mit länglicher Öse. Die beiden Hälften der Öse sind übereinander gelegt; die Öse ist annähernd zentriert angebracht, so dass die rund auslaufenden Enden des Halbrundes fast gleich lang herabhängen. Der *Querschnitt* der Öse ist linsenförmig, der des Halbrundes flach rechteckig mit flach zulaufenden Schmalseiten; Öse und Steg sind dicker ausgebildet. Punktuelle *Korrosionsspuren* befinden sich am Außenrand des Halbrundes und an einem seiner Enden. Die *Patina* ist dunkelgrün und glatt.

Stärke: 0,1–0,24 cm; Gewicht: 2,1 g.

Inv.-Nr.: 18.524

36. Ring   **Taf. 13,36**

Massiver kleiner Ring mit rundem *Querschnitt*. Die Oberfläche ist punktuell *korrodiert*; im *Streiflicht* zeigt sich im Innenverlauf eine feine umlaufende Linie. Die *Patina* ist wechselnd mittel- und dunkelgrün und glatt.

Innendurchmesser: 1,45 cm; Außendurchmesser: 2,1 cm; Gewicht: 3,10 g.

Inv.-Nr.: 18.525

37. Ring   **Taf. 13,37**

Massiver Ring mit linsenförmigem *Querschnitt*. Die Form ist an einer Stelle nach innen verzogen, gegenüberliegend ist am Innenverlauf ein *Gussüberstand* zu erkennen. Die *Patina* ist dunkelgrün und glatt.

Innendurchmesser. 2,06 cm; Außendurchmesser: 3 cm; Gewicht: 6,55 g.

Inv.-Nr.: 18.526

38. Knopfscheibe   **Taf. 13,38**

Gewölbte Scheibe mit Mittelbuckel und angegossener Öse. Der *Umriss* der Scheibe ist fast rund, im *Profil* zeigt sich, dass die Öse etwas dezentriert angebracht wurde, sie liegt nicht direkt unter dem Buckel. Der Außenrand ist minimal an vereinzelten Stellen *fragmentiert*, *Korrosionsspuren* zeigen sich im Bereich des Ösenanguß. Die Rückseite zeigt im Streiflicht feine, flache *Bearbeitungsspuren*. Die *Patina* ist auf der Vorderseite bronzefarben, im Bereich des Buckels punktuell dunkelgrün; der äußere Rand ist dunkelbraun bis schwarz, die *Oberfläche* ist glatt. Die Rückseite ist zu einem Teil kreisförmig bronzefarben, der Kreis erfaßt zwei Drittel der *Oberfläche*; der Rest ist dunkelbraun bis schwarz patiniert. Die *Oberfläche* ist matt und rauh.

Durchmesser: 6 cm; Blechstärke Außenrand: 0,1 cm; Blechstärke Ösenbereich: 0,18 cm; Ösenstärke: 0,4 cm; Gewicht: 29,75 g.

Inv.-Nr.: 18.512

39. Knopfscheibe   Taf. 13,39

Gewölbte Scheibe mit ausgebrochenem Mittelteil und zwei sekundär angebrachten Löchern. Der *Umriss* der Scheibe ist rund, im *Profil* zeigen sich Unregelmäßigkeiten der Wölbung. Das Mittelstück ist *fragmentiert*, die Bruchkanten sind glatt patiniert. Die Vorderseite lässt *Bearbeitungsspuren* erkennen; die *Patina* ist auf dieser Seite fleckig bronzefarben und dunkelgrün, die *Oberfläche* besitzt einen matten Glanz. Die Rückseite ist fleckig bronzefarben und dunkelgrün bis hellgrün-weiß *patiniert*, die *Oberfläche* ist matt und sehr rauh.

Durchmesser: 4,65 cm; Blechstärke: 0,15 cm; Lochdurchmesser: 0,15–0,2 cm; Gewicht: 11,15 g.

Inv.-Nr.:18.513

40. Drahtspirale   Taf. 14,40

Lockenspirale mit aufgezogener Kreisaugenperle. Die <u>Spirale</u> besitzt dreieinhalb Windungen, die alle die Perle durchlaufen. Von den Noppenenden ist eines einfach umgeschlagen, das andere umeinander gedreht. Der Draht ist im *Querschnitt* rundstabig und doppelt geführt. Das einfache Ende ist vor dem Umschlag rezent *fragmentiert*. Die *Patina* ist dunkelgrün und glatt.

Innendurchmesser: 3,2 cm; Stärke: 0,1–0,12 cm; Gesamtgewicht: 8,3 g.

Translucente mittelgrüne <u>Kreisaugenperle</u>; der *Umriss* ist tönnchenförmig, das *Profil* gestreckt D-förmig. Eine Basis verläuft konkav, die andere konvex. Die *Durchlochung* ist zylindrisch; die *Verzierung* besteht aus drei Kreisaugen, deren Einlagen bis auf einen gelblichen Rest verloren sind. Die *Glasoberfläche* ist rauh, stellenweise körnig, die *Glasmatrix* ist stark von kleinen Lufteinschlüssen durchzogen.

Höhe: 1,3 cm; Durchmesser. 1,4 cm; Lochungsdurchmesser: 0,51 cm.

Inv.-Nr.: 18.527

41. Drahtspirale   Taf. 14,41

Lockenspirale mit aufgezogener Kreisaugenperle. Die <u>Spirale</u> besitzt viereindrittel Windungen, davon durchlaufen zwei die Perle. Von den Noppenenden ist eines einfach umgeschlagen, das andere ist umeinander gedreht; der Draht ist im *Querschnitt* rundstabig und doppelt geführt. Die *Patina* ist dunkelgrün und glatt.

Innendurchmesser: 3,5 cm; Stärke: 0,1–0,12 cm; Gesamtgewicht: 9,05 g.

Translucente dunkelgrünlichblaue <u>Kreisaugenperle</u>; der *Umriss* ist tönnchenförmig, das *Profil* D-förmig. Eine Basis verläuft konkav, die andere konvex; die *Durchlochung* ist konisch. Die *Verzierung* besteht aus drei opaque gelblichweißen Kreisaugen, diese sind ungleichmäßig plaziert. Die *Oberfläche* des Grundkörpers ist glatt und die *Glasmatrix* ist hier stark von kleinen Lufteinschlüssen durchzogen; Die *Oberfläche* der Verzierung ist sehr rauh, körnig, stellenweise gebrochen; die *Matrix* ist von wenigen großen Luftblasen durchsetzt.

Höhe: 1,36 cm; Durchmesser: 1,43 cm; Lochungsdurchmesser: 0,43–0,51 cm.

Inv.-Nr.: 18.528

42. Drahtspirale   Taf. 14,42

Lockenspirale mit Noppenenden und dreieindrittel Windungen. Das eine Ende ist einfach umgeschlagen, das andere ist umeinander gedreht; der Draht ist im *Querschnitt* rundstabig und doppelt geführt. Die *Patina* ist dunkelgrün und glatt.

Innendurchmesser: 3,5 cm; Stärke: 0,13 cm; Gewicht: 6,2 g.

Inv.-Nr.: 18.529

43. Fragmentierte Drahtspirale   Taf. 14,43

Fünf rezente *Fragmente* einer Lockenspirale mit ehemals mindestens dreieindrittel Windungen. Ein umeinander gedrehtes Ende ist partiell erhalten; der Draht ist im *Querschnitt* rundstabig. Die *Patina* ist mittelgrün.

Innendurchmesser: 3,3–3,7 cm; Stärke: 0,08 cm; erhaltenes Gesamtgewicht: 2,7 g.

Inv.-Nr.: 18.530

44. Fragmentierte Drahtspirale   Taf. 15,44

Vier *Fragmente* einer Lockenspirale mit ehemals dreieinviertel Windungen. Die Bruchkanten sind patiniert. Beide einfach umgeschlagenen Enden sind erhalten, der Draht ist im *Querschnitt* rundstabig. Die *Patina* ist mittelgrün.

Innendurchmesser: 2,3–2,4 cm; Stärke: 0,08–0,1 cm; erhaltenes Gesamtgewicht : 2,05 g.

Inv.-Nr.: 18.531

45. Drahtspirale   Taf. 15,45

Kleine Drahtspirale mit Noppenenden und dreieinviertel Windungen. Der Draht ist im *Querschnitt* rundstabig und doppelt geführt; die Enden sind einfach umgeschlagen. Ein Draht der mittleren Windung ist partiell gedreht, hier ist ein Drahtstück hinzugefügt worden. Die *Patina* ist dunkelgrün und glatt.

XVII. Katalog

Innendurchmesser: 1,8 cm; Stärke: 0,07 cm; Gewicht: 2,15 g.

Inv.-Nr.: 18.532

46. Fragmentierte Drahtspirale   Taf. 15,46

Zwei rezente *Fragmente* einer Drahtspirale, ein umeinander gedrehtes Ende ist partiell erhalten. Der Draht ist im *Querschnitt* rundstabig, die *Patina* ist hell- bis mittelgrün.

Stärke: 0,07 cm; erhaltenes Gesamtgewicht: 0,45 g.

Inv.-Nr.: 18.533

47. Spiralröllchen   Taf. 15,47

Spiralröllchen mit fünfzehn Windungen. In der *Form* ist es zu einem Drittel verzogen. Der *Querschnitt* des Bronzebandes ist flach dreieckig. Die *Patina* ist dunkelgrün und glatt.

Länge: 4,45 cm; Breite des Bronzebandes: 0,26 cm; Innendurchmesser: 0,34–0,39 cm; Stärke: 0,12 cm; Gewicht: 3,7 g.

Inv.-Nr.: 18.544

48. Spiralröllchen   Taf. 15,48

Spiralröllchen mit fünfzehn Windungen. In der *Form* ist es in der Mitte etwas auseinander gezogen. Der *Querschnitt* des Bronzebandes ist flach dreieckig. Die *Patina* ist dunkelgrün und glatt.

Länge: 4,25 cm; Breite des Bronzebandes: 0,32 cm; Innendurchmesser: 0,41–0,46 cm; Stärke: 0,1 cm; Gewicht: 3,95 g.

Inv.-Nr.: 18.545

49. Spiralröllchen   Taf. 15,49

Spiralröllchen mit fünfzehn Windungen. Der *Querschnitt* des Bronzebandes ist flach dreieckig. Die *Patina* ist dunkelgrün und glatt.

Länge: 4,45 cm; Breite des Bronzebandes: 0,32 cm; Innendurchmesser: 0,3–0,4 cm; Stärke: 0,1 cm; Gewicht: 3,5 g.

Inv.-Nr.: 18.546

50. Spiralröllchen   Taf. 15,50

Spiralröllchen mit vierzehneinhalb Windungen. Auf der Rückseite sind zwei Windungen etwas auseinander gezogen. Der *Querschnitt* des Bronzebandes ist flach dreieckig. Die *Patina* ist fleckig dunkel- und mittelgrün und glatt.

Länge: 3,95 cm; Innendurchmesser: 0,4–0,48 cm; Stärke. 0,1 cm; Breite des Bronzebandes: 0,3 cm; Gewicht: 3,15 g.

Inv.-Nr.: 18.548

51. Fragmentiertes Spiralröllchen   Taf. 15,51

Spiralröllchen mit zehn erhaltenen Windungen. Die beiden Enden sind alt *fragmentiert*, einmalig wurde mit Bronze geflickt. Der *Querschnitt* des Bronzebandes ist flach dreieckig. Die *Patina* ist fleckig hellgrün bis grün-weiß und rauh.

Erhaltene Länge: 2,8 cm; Innendurchmesser. 0,46–0,47 cm; Stärke: 0,1 cm; Breite des Bronzebandes: 0,3 cm; Gewicht: 1,45 g.

Inv.-Nr.: 18.547

52. Fragmente eines Spiralröllchens   Taf. 15,52

Sechs Fragmente eines Spiralröllchens mit ehemals mindestens drei Windungen. Die entstandenen Bruchkanten sind patiniert. Der *Querschnitt* des Bronzebandes ist flach dreieckig. Die *Patina* ist fleckig hellgrün bis grün-weiß und rauh.

Erhaltene Breite des Bronzebandes: 0,26 cm; Stärke: 0,1 cm; erhaltenes Gewicht insgesamt: 0,2 g.

Inv.-Nr.: 18.549

Bemerkung: vermutlich zu Nr. 51 gehörig!

53. Fragmente eines Spiralröllchens   Taf. 15,53

Vier Fragmente eines Spiralröllchens mit ehemals mindestens sechseinhalb Windungen aus flachem Bronzeband. Die entstandenen Bruchkanten sind *patiniert*; die *Patina* ist hellgrün und glatt.

Innendurchmesser: ca. 0,7 cm; erhaltene Breite des Bronzebandes: 0,22 cm; Stärke: 0,04 cm; erhaltenes Gewicht insgesamt: 0,6 g.

Inv.-Nr. 18.550

54. Glasperle   Taf. 16,54

Translucente, grünlichblaue Melonenperle; von feinen Sprüngen durchzogen. Der *Umriss* ist annähernd konisch und durch sechs Einkerbungen *verziert*. Das *Profil* ist unregelmäßig, beide Basen verlaufen konkav. Die *Durchlochung* ist konisch; eine senkrechte *Naht* ist zu sehen. Die *Oberfläche* ist etwas rauh und die *Glasmatrix* ist stark von unterschiedlich großen Lufteinschlüssen durchzogen.

Höhe: 0,92 cm; Durchmesser: 1,08 cm; Lochungsdurchmesser: 0,36 und 0,38 cm; Gewicht: 1 g.

Inv.-Nr.: 18.538.4

55. Glasperle   Taf. 16,55

Translucente, dunkelgrünlichblaue Glasperle. Der *Umriss* ist tönnchenförmig, das *Profil* D-förmig. Die obere Basis verläuft konkav, die *Durchlochung* ist zylindrisch. Die *Oberfläche* ist sehr glatt, die horizontal zur Durchlochung verlaufende *Matrix* ist stark von kleinen Lufteinschlüssen durchsetzt.

Höhe: 1,22 cm; Durchmesser: 1,27 cm; Lochungsdurchmesser: 0,4 und 0,3 cm; Gewicht: 2,35 g.

Inv.-Nr.: 18.538.2

56. Glasperle   Taf. 16,56

Translucente, kobaltblaue Glasperle; in zwei Teile zer*brochen*, heute geklebt. Der *Umriss* ist konisch, das *Profil* unregelmäßig. Die obere Basis verläuft konkav, die *Durchlochung* ist zylindrisch. Die Perle wurde *gewickelt*, deutlich sind drei Windungen zu sehen. Die *Oberfläche* ist glatt, umlaufend sind feine *Rillen* zu erkennen. Die horizontal zur Durchlochung verlaufende *Matrix* ist stark von unterschiedlich großen Lufteinschlüssen durchzogen.

Höhe: 0,81 cm; Durchmesser: 1,29 cm; Lochungsdurchmesser: 0,49 und 0,43 cm; Gewicht: 1,7 g.

Inv.-Nr.: 18.538.1

57. Glasperle   Taf. 16,57

Translucente, dunkelgrünblaue Glasperle; *zerbrochen* und von einer Vielzahl von Sprüngen durchzogen, heute geklebt. Der *Umriss* ist konisch, das *Profil* unregelmäßig. Die obere Basis verläuft konvex, die untere konkav. Die *Durchlochung* ist zylindrisch. Die *Oberfläche* ist etwas rauh, die horizontal zur Durchlochung verlaufende *Glasmatrix* ist stark von unterschiedlich großen Luftblasen durchsetzt.

Höhe: 0,94 cm; Durchmesser: 1,15 cm; Lochungsdurchmesser: 0,36 cm; Gewicht: 1,3 g.

Inv.-Nr.: 18.538.3

58. Glasperle   Taf. 16,58

Translucente, dunkelgrünblaue Glasperle. Einmalig ist eine große offene Luftblase vorhanden, die Oberfläche ist hier *korrodiert*, feine Sprünge durchziehen die Perle. Der *Umriss* und das *Profil* sind gedrückt konisch. Die obere Basis verläuft konkav, die untere konvex. Die *Durchlochung* ist zylindrisch und die *Oberfläche* ist glatt. Die horizontal zur Lochung verlaufende *Glasmatrix* ist stark von unterschiedlich großen Lufteinschlüssen durchzogen.

Höhe: 0,7 cm; Durchmesser: 1 cm; Lochungsdurchmesser: 0,35 und 0,37 cm; Gewicht: 0,85 g.

Inv.-Nr.: 18.538.5

59. Glasperle   Taf. 16,59

Translucente, dunkeltürkisblaue Glasperle; von einem größeren *Sprung* durchzogen. Der *Umriss* ist gedrückt kugelig, das *Profil* ist D-förmig. Die obere Basis verläuft konvex, die untere konkav. Die *Durchlochung* ist konisch, hier finden sich braune *Versinterungen*. Eine senkrecht verlaufende *Naht* ist zu erkennen. Die *Oberfläche* ist rauh und die horizontal zur Lochung verlaufende *Glasmatrix* ist stark von unterschiedlich großen Lufteinschlüssen durchsetzt.

Höhe: 0,7 cm; Durchmesser: 0,97 cm; Lochungsdurchmesser: 0,34 und 0,3 cm; Gewicht: 0,75 g.

Inv.-Nr.: 18.538.6

60. Glasperle   Taf. 16,60

Translucente, grünblaue Glasperle; von vielen *Sprüngen* durchzogen, der obere Rand ist *fragmentiert*. Der *Umriss* ist annähernd zylindrisch, das *Profil* ist unregelmäßig. Die *Durchlochung* ist zylindrisch und die *Oberfläche* rauh, partiell versintert und körnig. Die *Glasmatrix* ist stark von feinen Luftblasen durchzogen.

Höhe: 0,72 cm; Durchmesser: 0,96 cm; Lochungsdurchmesser: 0,4 cm; Gewicht: 0,55 g.

Inv.-Nr.: 18.538.8

61. Glasperle   Taf. 17,61

Translucente, dunkelgrünlichblaue Glasperle; von vielen feinen Sprüngen durchzogen. Der *Umriss* ist unregelmäßig ringförmig, das *Profil* ist unregelmäßig. Die Basen verlaufen konkav, die *Durchlochung* ist konisch. Die *Oberfläche* ist rauh und die *Glasmatrix* ist stark von großen Lufteinschlüssen durchsetzt.

Höhe: 0,55 cm; Durchmesser: 1,04 cm; Lochungsdurchmesser: 0,38 und 0,32 cm; Gewicht: 0,6 g.

Inv.-Nr.: 18.538.7

62. Glasperle   Taf. 17,62

Translucente, dunkelgrünlichblaue Glasperle. Der *Umriss* ist gedrückt kugelig, das *Profil* ist D-förmig. Die *Durchlochung* ist zylindrisch und beide Basen verlaufen konkav. An der unteren sind umlaufende *Rillen* zu erkennen. Die *Oberfläche* ist rauh und die horizontal zur Lochung verlaufende *Glasmatrix* ist stark von unterschiedlich großen Lufteinschlüssen durchzogen.

Höhe: 0,58 cm; Durchmesser: 0,88 cm; Lochungsdurchmesser: 0,3 cm; Gewicht: 0,55 g.

Inv.-Nr.: 18.538.9

63. Glasperle   Taf. 17,63

Translucente, dunkeltürkisblaue Ringchenperle. Der *Umriss* ist ringförmig, das *Profil* flach D-förmig. Beide Basen verlaufen konkav, die *Durchlochung* ist zylindrisch. Der Perlenkörper ist nicht geschlossen, die *Oberfläche* ist rauh. Die horizontal zur Lochung verlaufende *Glasmatrix* ist stark mit großen Lufteinschlüssen durchsetzt.

Höhe: 0,55 cm; Durchmesser: 0,83 cm; Lochungsdurchmesser: 0,43 cm; Gewicht: 0,4 g.

Inv.-Nr.: 18.538.10

XVII. Katalog

64. Glasperle **Taf. 17,64**

Translucente, dunkeltürkisblaue Ringchenperle. Der *Umriss* ist annähernd ringförmig, das *Profil* ist D-förmig. Die *Durchlochung* ist zylindrisch, der Perlenkörper ist nicht geschlossen. Die *Oberfläche* ist rauh, stellenweise körnig. Die horizontal zur Lochung verlaufende *Glasmatrix* ist stark von kleinen Lufteinschlüssen durchzogen.

Höhe: 0,47 und 0,32 cm; Durchmesser: 0,89 cm; Lochungsdurchmesser: 0,39 cm; Gewicht: 0,35 g.

Inv.-Nr.: 18.538.11

65. Glasperle **Taf. 17,65**

Translucente, dunkelgrünlichblaue Ringchenperle. Die Perle ist zu einem Viertel *fragmentiert* und von zwei Sp*rüngen* durchzogen. Der *Umriss* ist ringförmig, das *Profil* ist flach D-förmig. Die *Durchlochung* ist annähernd zylindrisch. Eine senkrecht verlaufende *Naht* ist deutlich zu sehen. Die *Oberfläche* ist glatt und die *Glasmatrix* ist mit wenigen großen Lufteinschlüssen durchsetzt.

Höhe: 0,29 und 0,2 cm; Durchmesser: 0,82 cm; Lochungsdurchmesser: 0,33 cm; Gewicht: 0,2 g.

Inv.-Nr.: 18.538.12

66. Glasperle **Taf. 17,66**

Translucente, dunkelgrünlichblaue Ringchenperle; von zwei *Sprüngen* durchzogen. Der *Umriss* ist ringförmig, das *Profil* flach D-förmig, die *Durchlochung* zylindrisch, eine senkrecht verlaufende *Naht* ist zu erkennen. An beiden Basen sind umlaufende *Rillen* zu erkennen. Die *Oberfläche* ist etwas rauh und die horizontal zur Lochung verlaufende *Glasmatrix* ist stark mit kleinen Lufteinschlüssen durchsetzt.

Höhe. 0,41 cm; Durchmesser. 0,73 cm; Lochungsdurchmesser: 0,32 cm; Gewicht: 0,2 g.

Inv.-Nr.: 18.538.13

67. Glasperle **Taf. 17,67**

Translucente, dunkelgrünlichblaue Ringchenperle. Der *Umriss* ist ringförmig, auf einer Hälfte gedrückt. Das *Profil* ist flach D-förmig, die *Durchlochung* zylindrisch, eine senkrecht verlaufende *Naht* ist zu sehen. Beide Basen verlaufen konkav, die *Oberfläche* ist glatt und die *Glasmatrix* ist von wenigen kleinen Lufteinschlüssen durchzogen.

Höhe. 0,3 cm; Durchmesser. 0,71 cm; Lochungsdurchmesser: 0,33 cm; Gewicht: 0,15 g.

Inv.-Nr.: 18.538.14

68. Glasperle **Taf. 17,68**

Translucente, dunkelgrünlichblaue Ringchenperle. Der *Umriss* ist ringförmig, das *Profil* D-förmig und die *Durchlochung* zylindrisch. Die *Oberfläche* ist glatt und die horizontal zur Lochung verlaufende *Glasmatrix* ist stark von kleinen Lufteinschlüssen durchzogen.

Höhe: 0,25 cm; Durchmesser: 0,58 cm; Lochungsdurchmesser: 0,28 cm; Gewicht: 0,05 g.

Inv.-Nr.: 18.538.15

69. Fragmentierte Glasperle

Translucente, dunkelgrünlichblaue Glasperle, zur Hälfte *fragmentiert*. *Umriss* und *Profil* verlaufen konvex, die *Durchlochung* ist zylindrisch. Die Basen sind konkav, die *Oberfläche* ist etwas rauh und die horizontal zur Durchlochung verlaufende *Glasmatrix* ist von vielen kleinen Lufteinschlüssen durchzogen.

Erhaltene Höhe: 1,22 cm; erhaltener Durchmesser: 1,43 cm; Lochungsdurchmesser: 0,43 cm; erhaltenes Gewicht: 0,25 g.

Inv.-Nr.: 18.538.16

70. Fragmente einer Glasperle

Fünfzehn kleinste und vier größere Fragmente einer ehemals translucenten preußischblauen Glasperle. Die erhaltene *Oberfläche* ist rauh und von vielen Linien überzogen, die horizontal zur Durchlochung verlaufende *Glasmatrix* ist von vielen kleinen Luftblasen durchsetzt.

Inv.-Nr.: 18.538.17

71. Fragment einer Glasperle

Ein Fragment einer dunkelpreußischblauen Glasperle, senkrecht gekerbt, auf der Rückseite Reste einer senkrechten *Durchlochung*, so dass es ehemals eine Melonenperle war. Die erhaltene *Oberfläche* ist glatt, die *Glasmatrix* von wenigen Luftbläschen durchsetzt.

Erhaltene Maße: 0,58 x 0,64 cm.

Inv. Nr.: 18.538.18

72. Glasperle **Taf. 18,72**

Opaque grau-blauschwarze Kreisaugenperle. Der *Umriss* ist konisch, das *Profil* D-förmig. Die untere Basis verläuft stark konkav; die obere wird durch eine umlaufende Wulst gebildet, die zur Hälfte deutlich höher ausgeformt ist, umlaufend sind feine *Rillen* zu erkennen. Die Durchlochung ist konisch, die *Verzierung* besteht aus drei opaque weiß-gelblichweißen Kreisaugen, an zweien ist das Zusammenfügen des Glasfadens deutlich als Verdickung zu erkennen. Die dunkle *Glasoberfläche* ist sehr glatt und die horizontal zur Lochung verlaufende *Glasmatrix* ist von wenigen kleinen Lufteinschlüssen durchzogen. Die helle *Glasmatrix* ist von großen Luftblasen durchzogen; die *Oberfläche* ist hier rauh.

Höhe: 1,2 cm; Durchmesser: 1,63 cm; Lochungsdurchmesser: 0,46–0,49 cm; Gewicht: 3,9 g.

Inv.-Nr.: 18.539.1

73. Glasperle   Taf. 18,73

Opaque dunkelgrünblaue Pfahlbaunoppenperle. Die Perle ist *fragmentiert*, zwei Noppen fehlen gänzlich, zwei sind in der opaque gelbweißen Auflage partiell erhalten. Der *Umriss* ist scheibenförmig, das *Profil* gestaucht D-förmig, die Basen verlaufen konkav. Die *Durchlochung* ist zylindrisch. Die dunkle *Glasoberfläche* ist sehr glatt und die *Glasmatrix* ist stark von kleinen Lufteinschlüssen durchzogen. Die helle *Glasoberfläche* ist rauh und die *Glasmatrix* stark von größeren Luftblasen durchsetzt.

Erhaltene Höhe: 0,6 cm; Lochungsdurchmesser: 0,43 cm; Gewicht: 1,2 g.

Inv.-Nr.: 18.539.2

74. Glasperle   Taf. 18,74

Schwarzgraublaue Pfahlbaunoppenperle; die vier Noppen sind translucent, der Grundkörper ist opaque. Der *Umriss* ist annähernd scheibenförmig, das *Profil* gestaucht D-förmig. Die Basen verlaufen konkav, die *Durchlochung* ist zylindrisch. Die *Verzierung* besteht aus vier weiß-gelblichweißen und schwarzgraublauen Noppen, die unterschiedlich groß ausgeformt sind. Die *Oberfläche* ist gleichbleibend sehr glatt und die gesamte *Glasmatrix* ist stark von kleinen Lufteinschlüssen durchzogen.

Höhe: 0,52 cm; Lochungsdurchmesser: 0,3 cm; Gewicht: 0,9 g.

Inv.-Nr.: 18.539.3

75. Glasperle   Taf. 18,75

Preußischblaue Pfahlbaunoppenperle; die vier Noppen sind translucent, der Grundkörper ist opaque. Der *Umriss* ist unregelmäßig scheibenförmig, das *Profil* gestaucht D-förmig, die Basen verlaufen konkav. Die *Durchlochung* ist zylindrisch. Die *Verzierung* besteht aus vier gelblichweißen und preußischblauen Noppen, die unterschiedlich groß sind. Die *Oberfläche* ist gleichbleibend sehr glatt und die gesamte *Glasmatrix* ist von kleinen Lufteinschlüssen durchzogen.

Höhe: 0,52 cm; Lochungsdurchmesser: 0,34 cm; Gewicht: 0,95 g.

Inv.-Nr.: 18.539.4

76. Glasperle   Taf. 18,76

Translucente dunkelpreußischblaue Glasperle. Der *Umriss* ist gedrückt kugelig, das *Profil* unregelmäßig D-förmig, die Basen verlaufen konkav. Die *Durchlochung* ist konisch. Die *Verzierung* besteht aus drei aufgesetzten opaque blauschwarzen Noppen. Die *Oberfläche* ist rauh, körnig, stellenweise korrodiert. Die *Glasmatrix* ist stark von unterschiedlich großen Lufteinschlüssen durchzogen.

Höhe: 0,77 cm; Durchmesser: 1,09 cm; Lochungsdurchmesser: 0,42–0,52 cm; Gewicht: 0,75 g.

Inv.-Nr.: 18.539.7

77. Glasperle   Taf. 18,77

Opaque dunkellilaultramarinblaues Pfahlbautönnchen; eine Basis ist *fragmentiert*. Der *Umriss* ist tönnchenförmig, das *Profil* gestreckt D-förmig, die *Durchlochung* ist konisch. Die *Verzierung* besteht aus einer opaque hellgraugelben umlaufenden Spirale mit dreieinhalb Windungen. Die *Glasoberfläche* ist gleichbleibend sehr glatt und die gesamte *Glasmatrix* ist von wenigen kleinen Lufteinschlüssen durchzogen.

Erhaltene Höhe: 1,18 cm; Durchmesser: 0,72 cm; Lochungsdurchmesser: 0,25–0,28 cm; Gewicht: 0,65 g.

Inv.-Nr.: 18.539.5

78. Glasperle   Taf. 18,78

Translucentes dunkelpreußischblaues Pfahlbautönnchen. Der *Umriss* ist zylindrisch, das *Profil* gestreckt D-förmig. Die obere Basis verläuft konvex, die untere konkav. Die *Durchlochung* ist zylindrisch. Die *Verzierung* besteht aus einer opaque hellgraugelben umlaufenden Spirale mit viereinhalb Windungen. Die *Glasoberfläche* ist gleichbleibend sehr glatt und die gesamte *Glasmatrix* ist stark von kleinen Luftblasen durchsetzt.

Höhe: 0,95 cm; Durchmesser: 0,74 cm; Lochungsdurchmesser: 0,29 cm; Gewicht: 0,6 g.

Inv.-Nr.: 18.539.6

79. Glasperle   Taf. 19,79

Opaque schwarze Röhrenperle; *fragmentiert* an der oberen Basis, an der Bruchkante ist die Perle translucent dunkelolive. *Umriss* und *Profil* sind zylindrisch, die Basen verlaufen konkav. Die *Durchlochung* ist konisch. Die *Verzierung* besteht aus zwei übereinander angeordneten umlaufenden Zickzacklinien; stellenweise sind Reste einer türkisblauen Einlage erhalten. Die *Glasoberfläche* ist rauh, partiell korrodiert, die *Glasmatrix* ist von wenigen unterschiedlich großen Lufteinschlüssen durchzogen, die an der Oberfläche versintert sind.

Erhaltene Höhe: 1,7 cm; Durchmesser: 0,94 cm; Lochungsdurchmesser: 0,27–0,36 cm; Gewicht: 1,85 g.

Inv.-Nr.: 18.537.2

80. Glasperle   Taf. 19,80

Opaque schwarze Röhrenperle; an einer Basis *fragmentiert*, an der Bruchkante ist die Perle translucent dunkelolive. *Umriss* und *Profil* sind zylindrisch, die erhaltene Basis

XVII. Katalog

verläuft konvex, die *Durchlochung* ist konisch. Die *Verzierung* besteht aus zwei übereinander angeordneten umlaufenden Zickzacklinien; einmalig sind Reste einer chromgelben Einlage erhalten. Die *Oberfläche* ist korrodiert und rauh, die *Glasmatrix* von wenigen unterschiedlich großen Lufteinschlüssen durchzogen, die an der Oberfläche versintert sind.

Erhaltene Höhe: 1,58 cm; Durchmesser: 1 cm; Lochungsdurchmesser: 0,35–0,38 cm; Gewicht: 2,25 g.

Inv.-Nr.: 18.537.3

81. Glasperle   **Taf. 19,81**

Opaque schwarze Augenperle, *fragmentiert*. Der *Umriss* ist gedrückt kugelig und unregelmäßig, das *Profil* ist unregelmäßig D-förmig. Die obere Basis verläuft konvex, die untere konkav, die *Durchlochung* ist konisch. Die Perle wurde gewickelt, deutlich ist in der Aufsicht der Verlauf des dreimal gewickelten Glasfadens zu sehen, die Rückseite der Perle ist eingedrückt. Die *Verzierung* besteht aus einem doppelten Kreisauge, von der Einlage sind punktuell opaque dunkelgelblichorange Reste erhalten. Die *Glasoberfläche* ist rauh, die *Glasmatrix* ist stark von unterschiedlich großen Lufteinschlüssen durchzogen, die an der Oberfläche der Perle versintert sind.

Höhe: 1,5 cm; Durchmesser: 2,05 cm; Lochungsdurchmesser: 0,5–0,72 cm; Gewicht: 6 g.

Inv.-Nr.: 18.537.1

82. Glasperle   **Taf. 19,82**

Opaque schwarze Kreisaugenperle; *fragmentiert*. Der *Umriss* ist gedrückt kugelig, das *Profil* D-förmig. Die obere Basis verläuft konkav, die *Durchlochung* ist zylindrisch. Die *Verzierung* besteht aus drei Kreisaugen, von denen zwei intakt und opaque hellorangegelb eingelegt sind, eines hat die Farbeinlage verloren, hier erscheint die Perle translucent flaschengrün. Die Augen sind dezentriert angebracht. Die gesamte *Glasoberfläche* ist glatt, die *Glasmatrix* ist insgesamt stark von kleinen Lufteinschlüssen durchsetzt.

Höhe: 1,56 cm; Durchmesser: 1,56 cm; Lochungsdurchmesser: 0,36–0,38 cm; Gewicht: 4 g.

Inv.-Nr.: 18.537.4

83. Glasperle   **Taf. 20,83**

Opaque schwarze Kreisaugenperle, *fragmentiert*. Der *Umriss* ist gedrückt kugelig, das *Profil* D-förmig. Die obere Basis verläuft konvex, die untere konkav, die *Durchlochung* ist konisch. Die *Verzierung* besteht aus drei Kreisaugen, von denen eines in Resten der opaque hellorangegelben Farbeinlage erhalten ist. Die Augen sind dezentriert angebracht. Die *Glasoberfläche* ist glatt, auch im Bereich der ehemaligen Einlage und die *Glasmatrix* ist stark von unterschiedlich großen Luftblasen durchzogen.

Höhe: 1,46 cm; Durchmesser: 1,74 cm; Lochungsdurchmesser: 0,53–0,55 cm; Gewicht: 4,35 g.

Inv.-Nr.: 18.537.5

84. Glasperle   **Taf. 20,84**

Opaque schwarze Kreisaugenperle, *fragmentiert*. *Umriss* und *Profil* sind zylindrisch, die obere Basis verläuft konvex, die untere konkav, die *Durchlochung* ist konisch. Die *Verzierung* besteht aus drei Kreisaugen, von denen eines in Resten der opaque dunkelgelblichorangen Farbeinlage erhalten ist. Die *Glasoberfläche* ist sehr glatt und glänzend, die horizontal zur Lochung verlaufende *Glasmatrix* ist von wenigen kleinen Lufteinschlüssen durchzogen.

Höhe: 1,23 cm; Durchmesser: 1,37 cm; Lochungsdurchmesser: 0,46–0,54 cm; Gewicht: 2,7 g.

Inv.-Nr.: 18.537.6

85. Glasperle   **Taf. 20,85**

Opaque schwarze Glasperle. Der *Umriss* ist gedrückt kugelig, das *Profil* D-förmig. Beide Basen verlaufen konkav, die *Durchlochung* ist zylindrisch. Die *Verzierung* besteht aus einem opaque gelblichweißen umlaufenden Streifen, der nicht geschlossen ist. Die gesamte *Glasoberfläche* ist sehr glatt; die horizontal zur Lochung verlaufende *Glasmatrix* ist von wenigen kleinen Lufteinschlüssen durchsetzt.

Höhe: 1,06 cm; Durchmesser: 1,39 cm; Lochungsdurchmesser: 0,38 cm; Gewicht: 2,6 g.

Inv.-Nr.: 18.537.7

86. Glasperle   **Taf. 20,86**

Opaque schwarze Glasperle. Der *Umriss* ist gedrückt kugelig, das *Profil* D-förmig. Beide Basen verlaufen konkav, die *Durchlochung* ist zylindrisch. Die *Verzierung* besteht aus einem umlaufenden opaque gelblichweißen Streifen. Die *Glasoberfläche* ist glatt, punktuell im Bereich der Einlage korrodiert. Die horizontal zur Durchlochung verlaufende *Glasmatrix* ist stark von kleinen Lufteinschlüssen durchzogen.

Höhe: 0,98 cm; Durchmesser: 1,31 cm; Lochungsdurchmesser: 0,40 cm; Gewicht: 2,05 g.

Inv.-Nr.: 18.537.8

87. Glasperle   **Taf. 20,87**

Opaque schwarze Glasperle, in zwei Hälften *zerbrochen*, heute geklebt; *fragmentiert*. Der *Umriss* ist gedrückt kugelig, das *Profil* D-förmig. Die obere Basis verläuft konvex, die untere konkav, die *Durchlochung* ist zylindrisch. Die *Verzierung* besteht aus einem umlaufenden Streifen, dessen

Farbeinlage gänzlich fehlt. Die *Glasoberfläche* ist glatt und die horizontal zur Durchlochung verlaufende *Glasmatrix* ist stark von unterschiedlich großen Lufteinschlüssen durchzogen.

Höhe: 1,07 cm; Durchmesser: 1,42 cm; Lochungsdurchmesser: 0,4 cm; Gewicht: 1,95 g.

Inv.-Nr.: 18.537.9

88. Glasperle   Taf. 20,88

Opaque schwarze Glasperle, *fragmentiert*. Der *Umriss* ist gedrückt kugelig, die Rückseite der Perle ist rund eingedrückt. Das *Profil* ist D-förmig, beide Basen verlaufen konkav; die *Durchlochung* ist zylindrisch. Die *Verzierung* besteht aus einem umlaufenden Streifen, der in einem Rest der gelbweißen Farbeinlage erhalten ist. Die *Glasoberfläche* ist sehr glatt, die horizontal zur Durchlochung verlaufende *Glasmatrix* ist von wenigen kleinen Luftblasen durchzogen.

Höhe: 0,89 cm; Durchmesser: 1,23 cm; Lochungsdurchmesser: 0,32 cm; Gewicht: 1,9 g.

Inv.-Nr.: 18.537.10

89. Glasperle   Taf. 21,89

Opaque schwarze Glasperle; die Perle ist von zwei *Sprüngen* durchzogen. Der *Umriss* ist gedrückt kugelig, das *Profil* ist D-förmig. Beide Basen verlaufen konkav, die *Durchlochung* ist konisch. Die *Verzierung* besteht aus einem umlaufenden Streifen, der in seiner opaque weißen Farbeinlage zu drei Vierteln erhalten ist. Diese ist von rötlichen Partikeln durchsetzt und an der Oberfläche rauh. Die dunkle *Glasoberfläche* ist glatt und die horizontal zur Durchlochung verlaufende *Glasmatrix* ist stark von kleinen und großen Lufteinschlüssen durchzogen.

Höhe: 0,86 cm; Durchmesser: 1,6 cm; Lochungsdurchmesser: 0,43–0,48 cm; Gewicht: 2,65 g.

Inv.-Nr.: 18.537.11

90. Glasperle   Taf. 21,90

Opaque schwarze Glasperle, *fragmentiert*. Der *Umriss* ist gedrückt kugelig, das *Profil* D-förmig. Beide Basen verlaufen konkav, die *Durchlochung* ist zylindrisch. Die *Verzierung* besteht aus einem umlaufenden Streifen, der punktuell in der gelblichweißen Farbeinlage erhalten ist. Die *Glasoberfläche* ist sehr glatt, die horizontal zur Lochung verlaufende *Glasmatrix* ist von wenigen kleinen Lufteinschlüssen durchzogen.

Höhe: 0,83 cm; Durchmesser: 1,17 cm; Lochungsdurchmesser: 0,37 cm; Gewicht: 1,4 g.

Inv.-Nr.: 18.537.12

91. Glasperle   Taf. 21,91

Opaque schwarze Glasperle, *fragmentiert*. Der *Umriss* ist gedrückt kugelig, die Perle ist zweifach an gegenüberliegenden Stellen eingedrückt. Das *Profil* ist D-förmig. Die obere Basis verläuft konvex, die untere konkav, hier befindet sich ein 0,4 cm großer eckiger Abdruck. Die *Durchlochung* ist zylindrisch. In der mittleren Zone ist die Perle durch ein umlaufendes, unregelmäßig eingetieftes Band *verziert*, die Oberfläche ist hier glatt. Reste einer Farbeinlage sind nicht vorhanden. Die *Glasoberfläche* ist glatt, die *Glasmatrix* ist von wenigen kleinen Lufteinschlüssen und einer großen offenen Luftblase durchsetzt.

Höhe: 1,26 cm; Durchmesser: 1,18 cm; Lochungsdurchmesser: 0,37 cm; Gewicht: 4,75 g.

Inv.-Nr.: 18.537.16

92. Glasperle   Taf. 21,92

Opaque schwarzbraune Glasperle, *fragmentiert*. Der *Umriss* ist kugelig, das *Profil* D-förmig; die obere Basis verläuft konkav, die untere konvex. Die *Durchlochung* ist zylindrisch. Die *Verzierung* besteht aus drei umlaufenden Streifen; der obere und untere ist in Resten der opaque weißen Farbeinlage, der mittlere in Resten der opaque dunkelgelblichorangen Farbeinlage erhalten. Die dunkle *Glasoberfläche* ist glatt, die horizontal zur Durchlochung verlaufende *Glasmatrix* ist von wenigen kleinen Luftblasen durchzogen.

Höhe: 1,44 cm; Durchmesser: 1,78 cm; Lochungsdurchmesser: 0,44 cm; Gewicht: 5,2 g.

Inv.-Nr.: 18.537.20

93. Glasperle   Taf. 21,93

Opaque schwarze Glasperle, *fragmentiert*. Der *Umriss* ist kugelig, das *Profil* D-förmig. Die obere Basis verläuft konkav, die untere konvex. Die *Durchlochung* ist zylindrisch. Die *Verzierung* besteht aus unterschiedlich großen, eingerollten und translucenten Farbtupfen, in den Farben braunrot, dunkelgelblichorange, hellpreußischblau, ockerbraun; von fünf Tupfen fehlen die Farbeinlagen. Die gesamte *Glasoberfläche* ist glatt und die horizontal zur Durchlochung verlaufende *Glasmatrix* ist stark von kleinen Luftblasen durchsetzt.

Höhe: 1,29 cm; Durchmesser: 1,5 cm; Lochungsdurchmesser: 0,33 cm; Gewicht: 3,65 g.

Inv.-Nr.: 18.537.19

94. Glasperle   Taf. 21,94

Opaque schwarze Glasperle, zu einem Drittel *fragmentiert*. Der *Umriss* ist gedrückt kugelig, das *Profil* D-förmig. Die obere Basis verläuft konvex, die untere konkav, die *Durchlochung* ist zylindrisch. Die *Verzierung* besteht aus braunroten und mittelgelben eingerollten Farbtupfen. Die erhaltene *Oberfläche* ist sehr glatt und die horizontal zur Durchlochung verlaufende *Glasmatrix* ist von wenigen kleinen Lufteinschlüssen durchzogen.

Höhe: 0,9 cm; Durchmesser: 1,22 cm; Lochungsdurchmesser: 0,33 cm; Gewicht: 1,65 g.

Inv.-Nr.: 18.537.23

95. Glasperle   Taf. 22,95

Opaque schwarze Glasperle, in zwei Hälften *zerbrochen*, heute geklebt; *fragmentiert*. Der *Umriss* ist kugelig, das *Profil* D-förmig. Beide Basen verlaufen konvex, die *Durchlochung* ist zylindrisch. Die *Verzierung* besteht aus drei umlaufenden Streifen, oberer und unterer sind nicht geschlossen, sowie einzelnen Farbtupfen. Die zwei äußeren Streifen und die Tupfen haben eine opaque gelblichweiße Farbeinlage; der mittlere Streifen ist punktuell in Resten der opaque mittelrotorangen Farbeinlage erhalten. Die gesamte *Glasoberfläche* ist glatt, punktuell korrodiert. Die *Glasmatrix* verläuft horizontal zur Durchlochung und ist von wenigen unterschiedlich großen Luftblasen durchzogen.

Höhe: 1,21 cm; Durchmesser: 1,38 cm; Lochungsdurchmesser: 0,3 cm; Gewicht: 2,8 g.

Inv.-Nr.: 18.537.13

96. Glasperle   Taf. 22,96

Opaque schwarze Glasperle, *fragmentiert*. Der *Umriss* ist gedrückt kugelig, das *Profil* D-förmig. Die obere Basis verläuft konvex, die untere konkav; die *Durchlochung* ist zylindrisch. Die *Verzierung* besteht aus zwei umlaufenden Streifen, der obere umfasst die Perle eineinhalb Mal; die Farbeinlage ist opaque gelblichweiß und nur teilweise erhalten. Zwischen den Streifen befinden sich zwei opaque braunrote größere Tupfen, diese sind ebenfalls nur partiell erhalten. Die *Glasoberfläche* ist glatt, partiell korrodiert; die horizontal zur Durchlochung verlaufende *Glasmatrix* ist von wenigen kleinen Lufteinschlüssen durchzogen.

Höhe: 1,08 cm; Durchmesser: 1,38 cm; Lochungsdurchmesser: 0,4 cm; Gewicht: 2,6 g.

Inv.-Nr.: 18.537.14

97. Glasperle   Taf. 22,97

Opaque schwarze Glasperle, *fragmentiert*. *Umriss* und *Profil* sind bikonisch, die untere Basis verläuft konkav. Die *Durchlochung* ist konisch. Die *Verzierung* erstreckt sich auf die Mittelzone der Perle, hier sind sechs Schrägrillen zu einem umlaufenden Band zusammengesetzt. Wenige Reste einer mittelgelben Farbeinlage sind erhalten. Die Hälfte der *Perlenoberfläche* ist *fragmentiert*, der Rest stark korrodiert. Die *Glasmatrix* ist von kleinen und großen Luftblasen durchzogen.

Höhe: 1,57 cm; Durchmesser: 1,48 cm; Lochungsdurchmesser: 0,3–0,33 cm; Gewicht: 3,25 g.

Inv.-Nr.: 18.537.21

98. Glasperle   Taf. 22,98

Opaque schwarze Glasperle, *fragmentiert*. *Umriss* und *Profil* sind bikonisch, beide Basen verlaufen konkav. Die *Durchlochung* ist konisch. Die *Verzierung* ist zum Großteil fragmentiert, bestand ehemals wohl aus neun Schrägrillen, die ein umlaufendes Band um die Mitte der Perle bildeten. Reste von mittelgelben Farbeinlagen sind erhalten. Die *Glasoberfläche* ist stark korrodiert, die *Glasmatrix* ist stark von kleinen und großen Lufteinschlüssen durchsetzt.

Höhe: 1,61 cm; Durchmesser: 1,61 cm; Lochungsdurchmesser: 0,41–0,46 cm; Gewicht: 4,4 g.

Inv.-Nr.: 18.537.22

99. Glasperle   Taf. 22,99

Opaque schwarze Glasperle. Der *Umriss* ist kugelig, das *Profil* D-förmig, beide Basen verlaufen konvex, die obere ist an zwei Stellen ausgezogen. Die *Durchlochung* ist konisch. Die *Glasoberfläche* ist zu zwei Dritteln korrodiert, ein Drittel ist glatt. Die horizontal zur Durchlochung verlaufende *Glasmatrix* ist von wenigen kleinen Luftblasen durchzogen.

Höhe: 1,42 cm; Durchmesser: 1,64 cm; Lochungsdurchmesser: 0,33–0,37 cm; Gewicht: 4,7 g.

Inv.-Nr.: 18.537.18

100. Glasperle   Taf. 22,100

Opaque schwarze Glasperle, *fragmentiert*. Der *Umriss* ist kugelig, das *Profil* D-förmig. Die obere Basis verläuft konvex, die untere konkav, die *Durchlochung* ist konisch. Die *Glasoberfläche* ist fast ganz korrodiert, die mittlere Zone der Perle ist umlaufend stark fragmentiert. Punktuell finden sich hier gelbe und rote Reste einer vielleicht ehemals umlaufenden Farbeinlage. Die *Glasmatrix* verläuft horizontal zur Durchlochung und ist von wenigen kleinen und großen Lufteinschlüssen durchzogen.

Höhe: 0,98 cm; erhaltener Durchmesser: 1,27 cm; Lochungsdurchmesser: 0,42–0,47 cm; Gewicht: 1,75 g.

Inv.-Nr.: 18.537.15

101. Glasperle   Taf. 22,101

Opaque schwarze Glasperle, *fragmentiert*. Der *Umriss* ist gedrückt kugelig, das *Profil* unregelmäßig. Die obere Basis verläuft konvex, die untere konkav, die *Durchlochung* ist konisch. Die Perle ist in der mittleren Zone umlaufend fragmentiert, partiell nur korrodiert. Hier finden sich gelbe und rote Reste von Farbeinlagen. An den Bruchkanten ist die Perle translucent flaschengrün. Die verbleibende *Ober-

fläche ist glatt und die horizontal zur Durchlochung verlaufende *Glasmatrix* ist stark von unterschiedlich großen Lufteinschlüssen durchzogen.

Höhe: 1,22 cm; erhaltener Durchmesser: 1,5 cm; Lochungsdurchmesser: 0,45–0,5 cm; Gewicht: 2,95 g.

Inv.-Nr.: 18.537.17

102. Fragmente einer Glasperle

Fünf kleine Fragmente einer opaque schwarzen Perle, eines zeigt Reste einer Durchlochung. Die erhaltene *Oberfläche* ist glatt, die *Glasmatrix* von wenigen Lufteinschlüssen durchzogen. An den Bruchkanten ist die Perle translucent flaschengrün.

Inv.-Nr.: 18.537.24

103. Bernsteinperle   Taf. 23,103

Opaque hellbraungelbe Bernsteinperle, an zwei Stellen *fragmentiert*. *Umriss* und *Profil* sind konisch, die Oberseite ist flach, die Unterseite leicht gewölbt. Die *Durchlochung* ist zylindrisch. Die *Oberfläche* ist glatt, der Bernstein ist von vielen kleinen Rissen durchzogen.

Höhe: 1,39 cm; Durchmesser: 3,3 cm; Lochungsdurchmesser: 0,3 cm; Gewicht: 5,3 g.

Inv.-Nr.: 18.517

104. Bernsteinperle   Taf. 23,104

Opaque mittelbraune Bernsteinperle, *fragmentiert*. Es finden sich kleine Ausbrüche und mehrere Risse. Der *Umriss* ist flach oval, das *Profil* D-förmig. Beide Basen verlaufen konkav, die *Durchlochung* ist zylindrisch. Die erhaltene *Oberfläche* ist glatt und der Bernstein ist von vielen kleinen Rissen durchzogen.

Höhe: 1,2 cm; Breite: 2 cm; Länge: 2,75 cm; Lochungsdurchmesser: 0,22 cm; Gewicht: 4,15 g.

Inv.-Nr.: 18.516

105. Bernsteinperle   Taf. 23,105

Opaque fleckig mittel-dunkelbraune Bernsteinperle; zur Hälfte *fragmentiert*. Ehemals wohl flach ovaler *Umriss*, das erhaltene *Profil* ist flach D-förmig. Die *Durchlochung* ist zylindrisch, jedoch schräg geführt. Die erhaltene *Oberfläche* ist stumpf, der Bernstein ist von vielen Rissen durchzogen.

Erhaltene Höhe: 1,2 cm; erhaltener Lochungsdurchmesser: 0,4 cm; Gewicht: 4,65 g.

Inv.-Nr.: 18.515

106. Bernsteinperle   Taf. 23,106

Opaque hell-mittelbraune Bernsteinperle; rezent zerbrochen, heute geklebt. Der *Umriss* ist gedrückt kugelig, das *Profil* ist D-förmig. Die *Durchlochung* ist zylindrisch, die *Oberfläche* ist glatt. Der Bernstein ist von vielen Rissen durchzogen.

Höhe: 0,9 cm; Durchmesser: 1,5 cm; Lochungsdurchmesser: 0,4 cm; Gewicht: 1 g.

Inv.-Nr.: 18.534.1

107. Bernsteinperle   Taf. 23,107

Opaque hell-mittelbraune Bernsteinperle; der *Umriss* ist gedrückt kugelig, das *Profil* annähernd D-förmig. Die *Durchlochung* ist konisch, die *Oberfläche* sehr glatt.

Höhe: 0,6 cm; Durchmesser: 1,06 cm; Lochungsdurchmesser: 0,35–0,22 cm, Gewicht: 0,25 g.

Inv.-Nr.: 18.534.2

108. Bernsteinperle   Taf. 23,108

Opaque hell-mittelbraune Bernsteinperle; der *Umriss* ist gedrückt kugelig, das *Profil* annähernd D-förmig. Die *Durchlochung* ist zylindrisch, die *Oberfläche* ist glatt. Der Bernstein ist von Rissen durchzogen.

Höhe: 0,6 cm; Durchmesser: 1,03 cm; Lochungsdurchmesser: 0,34 cm; Gewicht: 0,4 g.

Inv.-Nr.: 18.534.3

109. Bernsteinperle   Taf. 23,109

Opaque hell-mittelbraune Bernsteinperle; der *Umriss* ist annähernd zylindrisch, das *Profil* ist unregelmäßig. Die *Durchlochung* ist zylindrisch, die *Oberfläche* ist glatt. Der Bernstein ist von Rissen durchzogen und besitzt eine größere Fehlstelle.

Höhe: 0,63 cm; Durchmesser: 1,1 cm; Lochungsdurchmesser: 0,33 cm; Gewicht: 0,4 g.

Inv.-Nr.: 18.534.4

110. Bernsteinperle   Taf. 23,110

Opaque hell-mittelbraune Bernsteinperle, rezent zerbrochen, heute geklebt. Der *Umriss* ist gedrückt kugelig, das *Profil* annähernd D-förmig. Die *Durchlochung* ist zylindrisch, die *Oberfläche* ist glatt. Der Bernstein ist von wenigen Rissen durchzogen.

Höhe: 0,66 cm; Durchmesser: 1,15 cm; Lochungsdurchmesser: 0,4 cm; Gewicht: 0,45 g.

Inv.-Nr.: 18.534.5

111. Bernsteinperle   Taf. 23,111

Opaque hell-mittelbraune Bernsteinperle, der *Umriss* ist gedrückt kugelig, das *Profil* D-förmig. Die *Durchlochung* ist zylindrisch, eine Basis verläuft konvex; die *Oberfläche* glatt.

XVII. Katalog

Höhe: 0,6 cm, Durchmesser: 1,04 cm; Lochungsdurchmesser: 0,3 cm; Gewicht: 0,35 g.

Inv.-Nr.: 18.534.6

112. Bernsteinperle　　　　　　　　Taf. 23,112

Opaque hell-mittelbraune Bernsteinperle, der *Umriss* ist gedrückt kugelig, das *Profil* D-förmig. Die *Durchlochung* ist zylindrisch, jedoch schräg geführt, die *Oberfläche* ist glatt.

Höhe: 0,54 cm; Durchmesser: 1 cm; Lochungsdurchmesser: 0,38 cm; Gewicht: 0,2 g.

Inv.-Nr.: 18.534.7

113. Bernsteinperle　　　　　　　　Taf. 23,113

Opaque hell-mittelbraune Bernsteinperle, der *Umriss* ist flach kugelig, das *Profil* D-förmig. Die *Durchlochung* ist zylindrisch, jedoch schräg geführt. Die *Oberfläche* ist glatt. Der Bernstein ist von wenigen Rissen durchzogen.

Höhe: 0,54 cm; Durchmesser: 0,94 cm; Lochungsdurchmesser: 0,3 cm; Gewicht: 0,2 g.

Inv.-Nr.: 18.534.8

114. Bernsteinperle　　　　　　　　Taf. 23,114

Opaque hell-mittelbraune Bernsteinperle, der *Umriss* ist flach kugelig, das *Profil* D-förmig. Die *Durchlochung* ist zylindrisch, die *Oberfläche* ist sehr glatt.

Höhe: 0,52 cm; Durchmesser: 1,02 cm; Lochungsdurchmesser: 0,44 cm; Gewicht: 0,2 g.

Inv.-Nr.: 18.534.9

115. Bernsteinschieber　　　　　　　Taf. 24,115

Opaque mittel-dunkelbrauner Bernsteinschieber, an vier Stellen leicht *fragmentiert*. Der *Umriss* ist lang rechteckig. Vier Bohrungen, parallel zu den Schmalseiten geführt, liegen auf einer Langseite annähernd in einer Ebene, auf der anderen sind sie dezentriert. Die Bohrungen sind annähernd zylindrisch, jedoch unterschiedlich schräg geführt. Die acht Basen verlaufen konkav. Die *Oberfläche* ist glatt, der Bernstein von vielen kleinen Rissen durchzogen.

Höhe: 1,4 cm; Breite: 1,9 cm; Länge: 4,55 cm; Lochungsdurchmesser: 0,45–0,56 cm; Gewicht: 8,15 g.

Inv.-Nr.: 18.541

116. Bernsteinschieber　　　　　　　Taf. 24,116

Opaque mittel-dunkelbrauner Bernsteinschieber, in der Mitte *zerbrochen*, heute geklebt. Der *Umriss* ist lang rechteckig. Eine Schmalseite ist stark *fragmentiert*, die Bohrung ist hier zu einem Drittel erhalten, die danebenliegende zur Hälfte, hier ist der Boden einseitig ausgebrochen. Die parallel zu den Schmalseiten geführten vier Bohrungen liegen nicht in einer Ebene, sie sind annähernd zylindrisch, jedoch schräg geführt. Die acht Basen verlaufen konkav. Die *Oberfläche* ist glatt bis spröde und der Bernstein ist von vielen kleinen Rissen durchzogen.

Höhe: 1,2 cm; Breite: 1,8 cm; erhaltene Länge: 3,5 cm; Lochungsdurchmesser: 0,48–0,5 cm; Gewicht: 4,75 g.

Inv.-Nr.: 18.540

117. Bernsteinschieber　　　　　　　Taf. 24,117

Opaque hellbraungelber Bernsteinschieber, in der Mitte *zerbrochen*, heute geklebt. Der *Umriss* ist halbmondförmig. Eine Schmalseite ist *fragmentiert*, hier ist die Bohrung zu zwei Dritteln erhalten. Die geschwungene Langseite ist zur Hälfte bestoßen, teilweise ausgebrochen. Den parallel zu den Schmalseiten geführten Bohrungen entsprechen auf der einen Seite vier, auf der anderen fünf Öffnungen. Die neun Basen verlaufen konkav, die *Oberfläche* ist glatt. Der Bernstein ist von vielen kleinen Rissen durchzogen.

Höhe: 1 cm; Breite: 1,9 cm; Länge: 3,8 cm; Lochungsdurchmesser: 0,3–0,36 cm; Gewicht: 4,45 g.

Inv.-Nr.: 18.542

118. Fragmente eines Bernsteinschiebers
　　　　　　　　　　　　　　　　Taf. 24,118

Drei *Fragmente* eines opaque mittelbraunen Bernsteinschiebers, mit ehemals halbmondförmigem Umriss. Das Mittelstück ist rezent in drei Teile zerbrochen, heute geklebt. Die weiteren Bruchkanten sind glatt, ehemals waren mindestens sechs Bohrungen vorhanden. Die Basen verlaufen z. T. konkav, die erhaltene *Oberfläche* ist glatt, der Bernstein ist von vielen kleinen Rissen durchzogen.

Erhaltene Höhe: 1 cm; Breite: 1,2 cm; erhaltenes Gesamtgewicht: 3,55 g.

Inv.-Nr.: 18.543.3

119. Bernsteinfragment

Opaque mittelbraunes Fragment, Reste einer Bohrung sind erhalten. Eine rezente Bruchkante, die erhaltene *Oberfläche* ist glatt und von kleinen Rissen durchzogen.

Erhaltene Maße: 0,65 x 0,42 cm.

Inv.-Nr.: 18.543.1

120. Bernsteinfragment

Opaque hellbraungelbes Fragment, Reste einer Bohrung sind erhalten.

Erhaltene Maße: 0,48 x 0,62 cm.

Inv.-Nr.: 18.543.2

121. Gagatperle   **Taf. 24,121**

Schwarze Gagatperle, der *Umriss* ist ringchenförmig, die Unterseite ist plan. Die obere Basis ist konvex, die *Durchlochung* ist zylindrisch. Die *Oberfläche* ist sehr glatt, das Material von Rissen durchzogen.

Höhe: 0,44 cm; Durchmesser: 0,94 cm, Lochungsdurchmesser: 0,3 cm; Gewicht: 0,25 g.

Inv.-Nr.: 18.536.1

122. Gagatperle   **Taf. 24,122**

Schwarze Gagatperle, der *Umriss* ist gedrückt kugelig, das *Profil* D-förmig, die *Durchlochung* zylindrisch. Die *Oberfläche* ist glatt, das Material von Rissen durchzogen.

Höhe: 0,54 cm; Durchmesser: 0,9 cm; Lochungsdurchmesser: 0,3 cm; Gewicht: 0,2 g.

Inv.-Nr.: 18.536.2

123. Gagatperle   **Taf. 24,123**

Schwarze Gagatperle, der *Umriss* ist gedrückt kugelig, das *Profil* D-förmig, die *Durchlochung* zylindrisch. Die *Oberfläche* ist glatt, das Material von Rissen durchzogen.

Höhe: 0,5 cm; Durchmesser: 0,64 cm; Lochungsdurchmesser: 0,2 cm; Gewicht: 0,1 g.

Inv.-Nr.: 18.536.3

124. Gagatperle   **Taf. 24,124**

Schwarze Gagatperle, der *Umriss* ist kugelig, das *Profil* D förmig, die *Durchlochung* zylindrisch. Die *Oberfläche* ist glatt, das Material von Rissen durchzogen.

Höhe: 0,54 cm; Durchmesser: 0,64 cm; Lochungsdurchmesser: 0,2 cm; Gewicht: 0,1 g.

Inv.-Nr.: 18.536.4

125. Gagatperle   **Taf. 24,125**

Schwarze Gagatperle, einmalig *fragmentiert*. *Umriss* und *Profil* sind zylindrisch. Die *Durchlochung* ist ebenfalls zylindrisch. Die *Oberfläche* ist glatt, das Material von kleinsten Fehlstellen durchzogen.

Höhe: 0,52 cm; Durchmesser: 0,7 cm; Lochungsdurchmesser: 0,2 cm; Gewicht: 0,2 g.

Inv.-Nr.: 18.536.5

126. Gagatperle   **Taf. 24,126**

Schwarze Gagatperle, *Umriss* und *Profil* sind zylindrisch. Die *Durchlochung* ist ebenfalls zylindrisch. Die *Oberfläche* ist glatt, das Material von kleinsten Fehlstellen durchzogen.

Höhe: 0,5 cm; Durchmesser: 0,78 cm; Lochungsdurchmesser: 0,2 cm; Gewicht: 0,15 g.

Inv.-Nr.: 18.536.6

127. Gagatperle   **Taf. 24,127**

Schwarze Gagatperle, der *Umriss* ist ringchenförmig, das *Profil* D-förmig, die *Durchlochung* zylindrisch. Die *Oberfläche* ist glatt, das Material von Rissen durchzogen.

Höhe: 0,33 cm; Durchmesser: 0,64 cm; Lochungsdurchmesser: 0,26 cm; Gewicht: 0,1 g.

Inv.-Nr.: 18.536.7

128. Gagatperle   **Taf. 24,128**

Schwarze Gagatperle, der *Umriss* ist gedrückt kugelig, das *Profil* D-förmig; beide Basen verlaufen konvex, die *Durchlochung* ist zylindrisch. Die *Oberfläche* ist sehr glatt.

Höhe: 0,4 cm; Durchmesser: 0,7 cm; Lochungsdurchmesser: 0,22 cm; Gewicht: 0,1 g.

Inv.-Nr.: 18.536.8

129. Gagatperle   **Taf. 24,129**

Schwarze Gagatperle, der *Umriss* ist gedrückt kugelig, das *Profil* D-förmig; die *Durchlochung* ist zylindrisch. Die *Oberfläche* ist sehr glatt.

Höhe: 0,5 cm; Durchmesser: 0,6 cm; Lochungsdurchmesser: 0,2 cm; Gewicht: 0,1 g.

Inv.-Nr.: 18.536.9

130. Gagatperle   **Taf. 24,130**

Schwarze Gagatperle, rezent *fragmentiert*; der *Umriss* ist gedrückt kugelig, das *Profil* D-förmig; die *Durchlochung* ist zylindrisch. Die *Oberfläche* ist glatt.

Höhe: 0,4 cm; Durchmesser: 0,55 cm; Lochungsdurchmesser: 0,2 cm; Gewicht: < 0,1 g.

Inv.-Nr.: 18.536.10

131. Gagatperle   **Taf. 24,131**

Schwarze Gagatperle, rezent *fragmentiert*. *Umriss* und *Profil* sind zylindrisch. Die *Durchlochung* ist ebenfalls zylindrisch. Die *Oberfläche* ist glatt.

Höhe: 0,4 cm; Durchmesser: 0,45 cm; Lochungsdurchmesser: 0,15 cm; Gewicht: < 0,1 g.

Inv.-Nr.: 18.536.11

132. Gagatperle   **Taf. 24,132**

Schwarze Gagatperle, *Umriss* und *Profil* sind zylindrisch. Die *Durchlochung* ist ebenfalls zylindrisch. Die *Oberfläche* ist sehr glatt.

Höhe: 0,4 cm; Durchmesser: 0,7 cm; Lochungsdurchmesser: 0,2 cm; Gewicht: < 0,1 g.

Inv.-Nr.: 18.536.13

XVII. Katalog

133. Fragmente einer Gagatperle

Zwei Fragmente einer Gagatperle, erhaltener *Umriss* und *Profil* sind zylindrisch. Die *Durchlochung* ist ebenfalls zylindrisch. Die erhaltene *Oberfläche* ist glatt.

Erhaltene Höhe: 0,58 cm.

Inv.-Nr.: 18.536.14

134. Fragmente einer Gagatperle

Zwei Fragmente einer Gagatperle, *Umriss* und *Profil* sind zylindrisch, ebenso die *Durchlochung*. Die erhaltene *Oberfläche* ist sehr glatt.

Höhe: 0,44 cm.

Inv.-Nr.: 18.536.12

135. Fragmente von Gagatperlen

Vier größere und zweiundvierzig kleine Fragmente von ehemals mindestens sechs Gagatperlen.

Inv.-Nr.: 18.536.15

136. Scheibenperle

Der *Umriss* der Perle ist scheibenförmig.

Höhe: 0,25 cm; Durchmesser: 0,9 cm; Lochungsdurchmesser: 0,35 cm.

Inv.-Nr.: 18.535.1

137. Scheibenperle

Der *Umriss* der Perle ist scheibenförmig.

Höhe: 0,25 cm; Durchmesser: 0,77 cm; Lochungsdurchmesser: 0,15 cm.

Inv.-Nr.: 18.535.2

138. Scheibenperle

Der *Umriss* der Perle ist scheibenförmig.

Höhe: 0,22 cm; Durchmesser: 0,7 cm; Lochungsdurchmesser: 0,15 cm.

Inv.-Nr.: 18.535.3

139. Scheibenperle

Der *Umriss* der Perle ist scheibenförmig.

Höhe: 0,22 cm; Durchmesser: 0,7 cm; Lochungsdurchmesser: 0,15 cm.

Inv.-Nr.: 18.535.4

140. Scheibenperle

Der *Umriss* der Perle ist scheibenförmig. Rezent zerstört zwecks Analyse.

Höhe: 0,22 cm; Durchmesser: 0,7 cm; Lochungsdurchmesser: 0,15 cm.

Inv.-Nr.: 18.535.5

Tafel 1

1

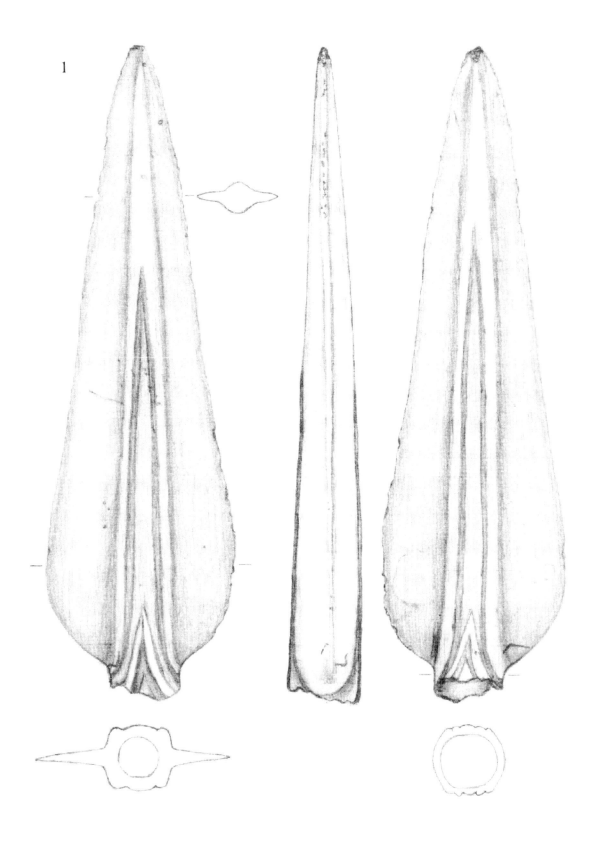

Lanzenspitze M = 1 : 1

Tafel 2

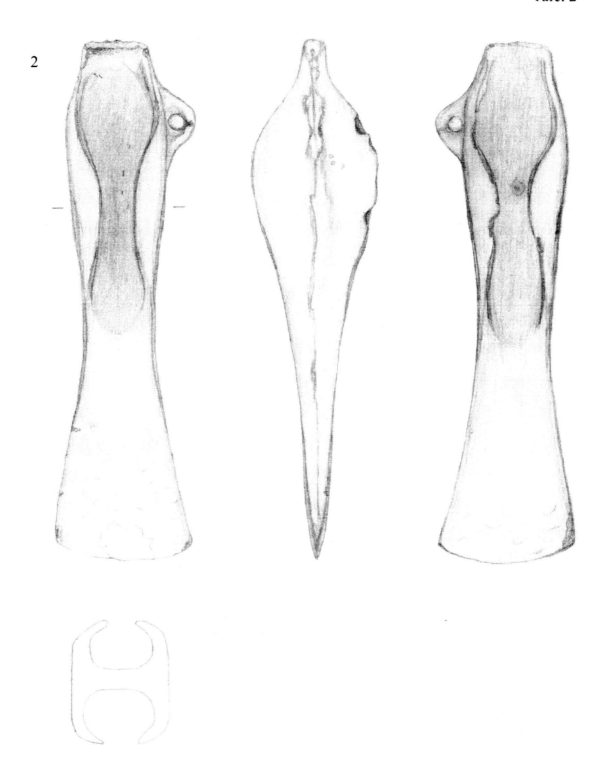

Lappenbeil M = 1 : 1

Tafel 3

3

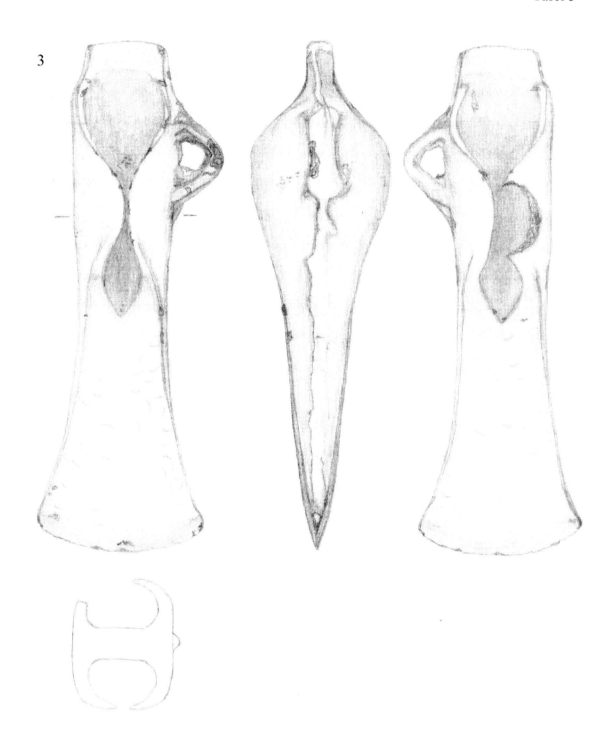

Lappenbeil M = 1 : 1

Tafel 4

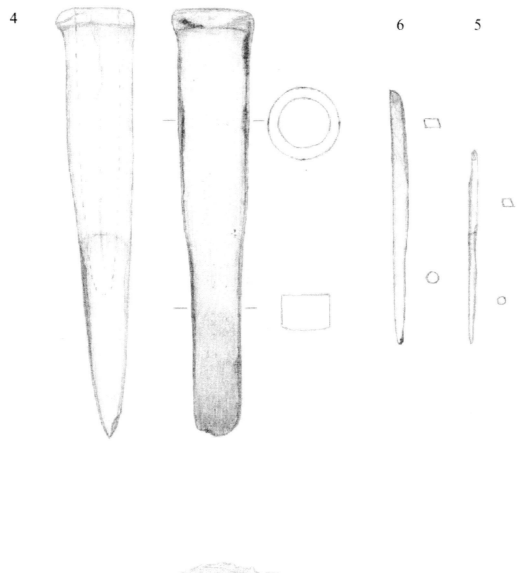

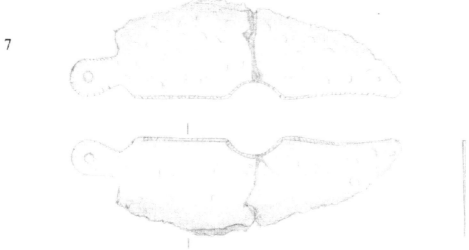

Tüllenmeißel, kleine Geräte, Rasiermesser M = 1 : 1

Tafel 5

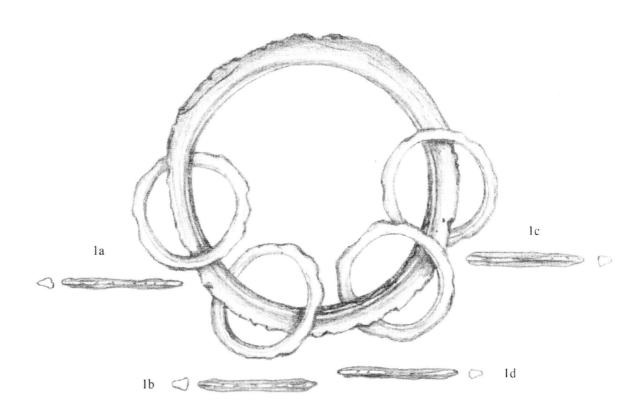

Ringgehänge Nr. 8 M = 1 : 1

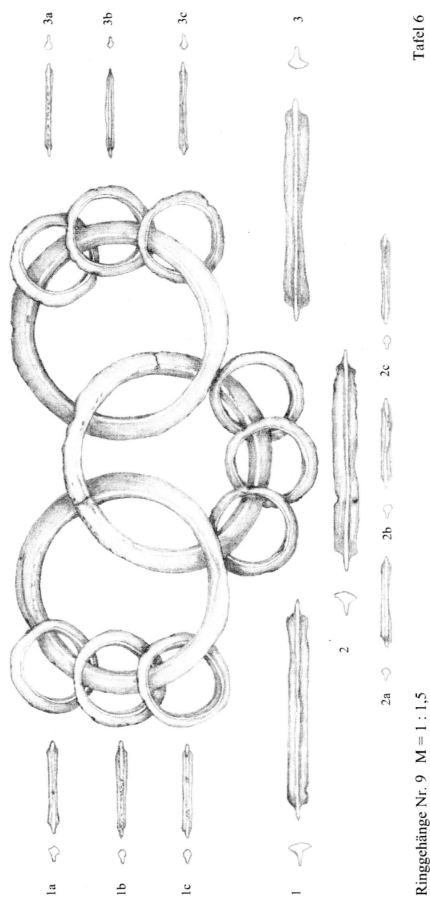

Ringgehänge Nr. 9 M = 1 : 1,5

Tafel 6

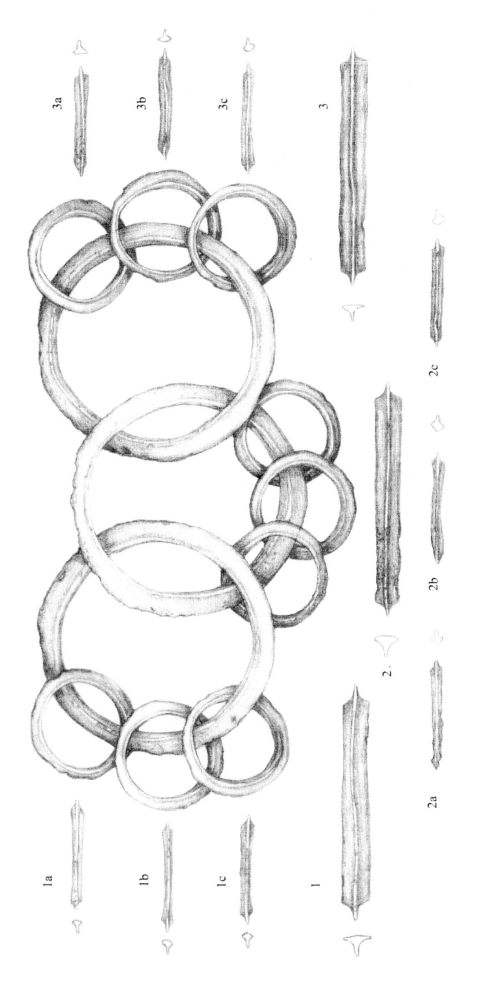

Ringgehänge Nr. 10 M = 1 : 1,5

Tafel 7

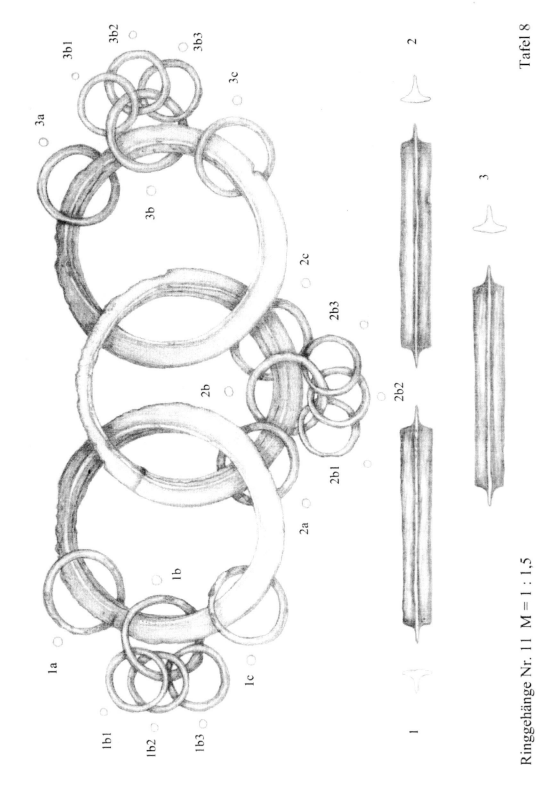

Ringgehänge Nr. 11 M = 1 : 1,5

Tafel 8

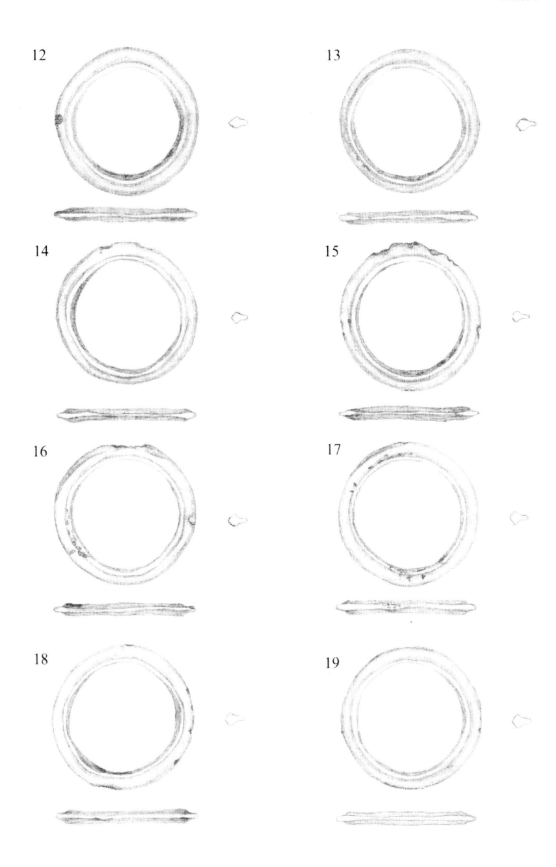

Tafel 9

Ringe M = 1 : 1

Tafel 10

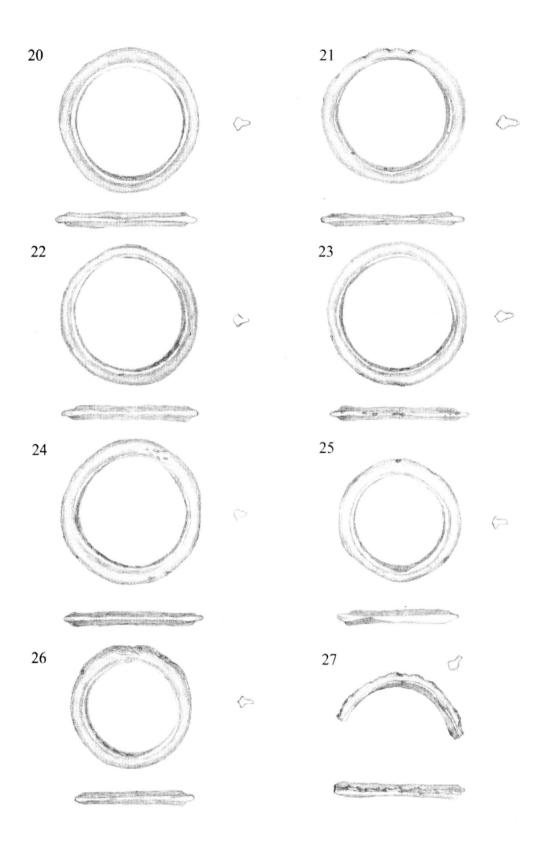

Ringe M = 1 : 1

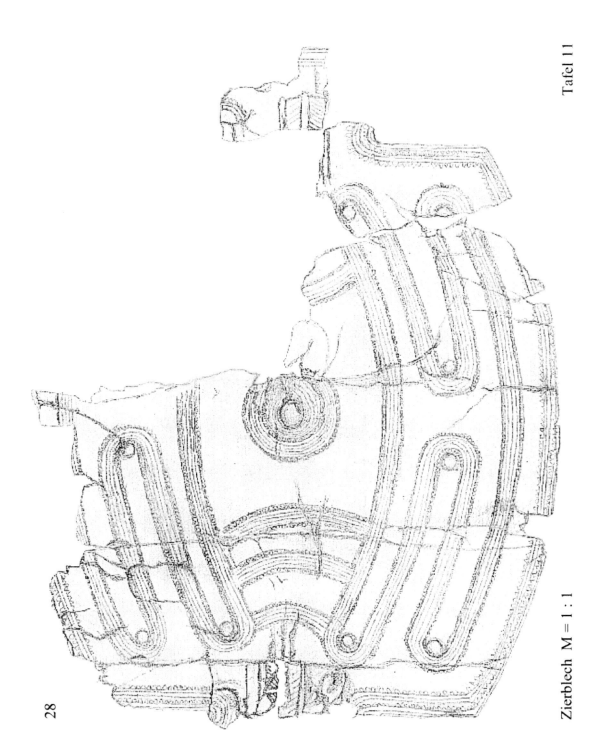

28

Zierblech M = 1 : 1

Tafel 12

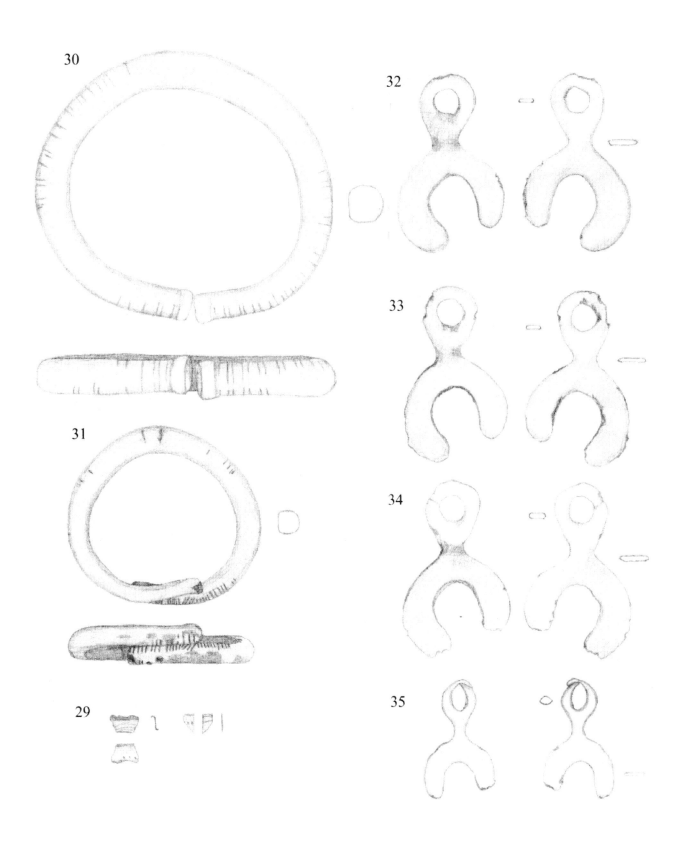

Armringe, Anhänger, Blechfragmente M = 1 : 1

Tafel 13

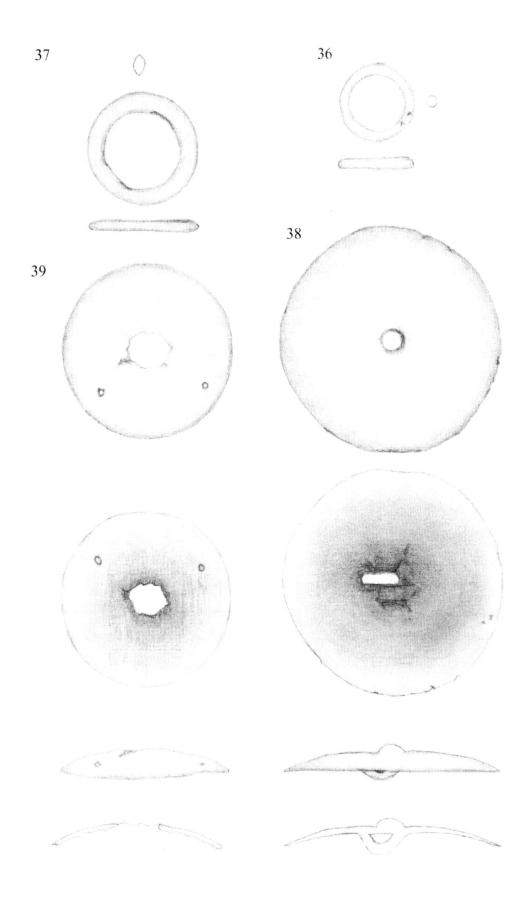

Ringe, Knopfscheiben M = 1 : 1

Tafel 14

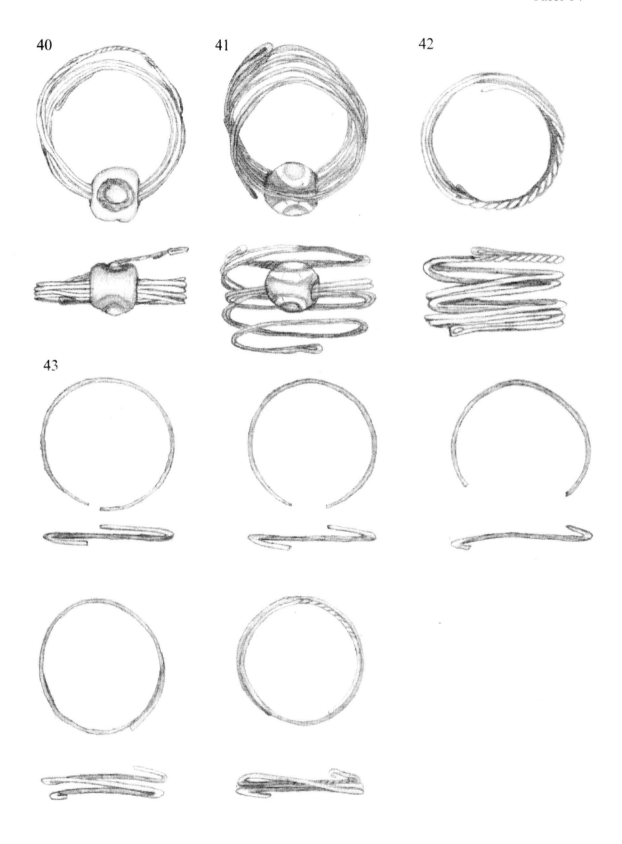

Drahtspiralen M = 1 : 1

Tafel 15

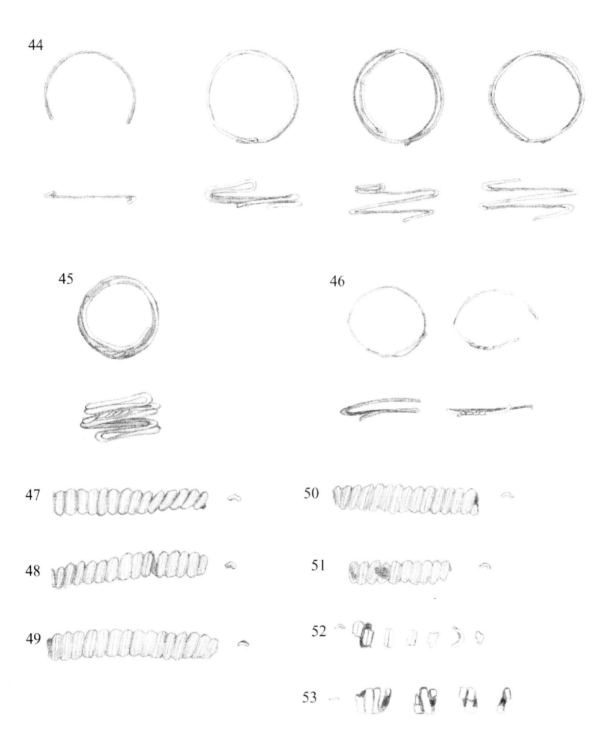

Drahtspiralen, Spiralröllchen M = 1 : 1

Tafel 16

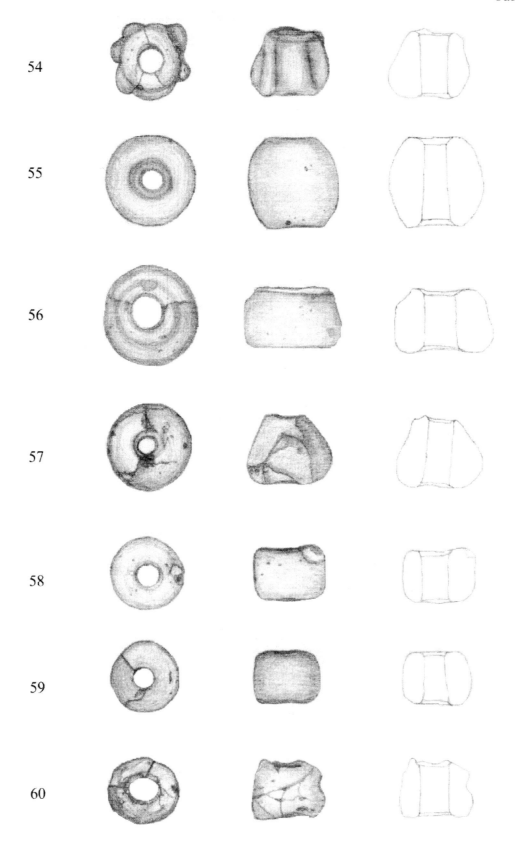

monochrome Glasperlen - Farbe blau   M = 2 : 1

Tafel 17

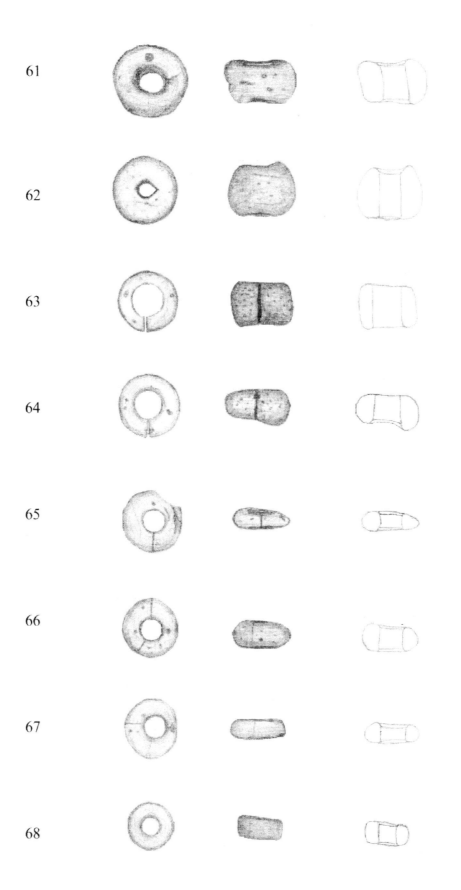

61
62
63
64
65
66
67
68

monochrome Glasperlen - Farbe blau   M = 2 : 1

Tafel 18

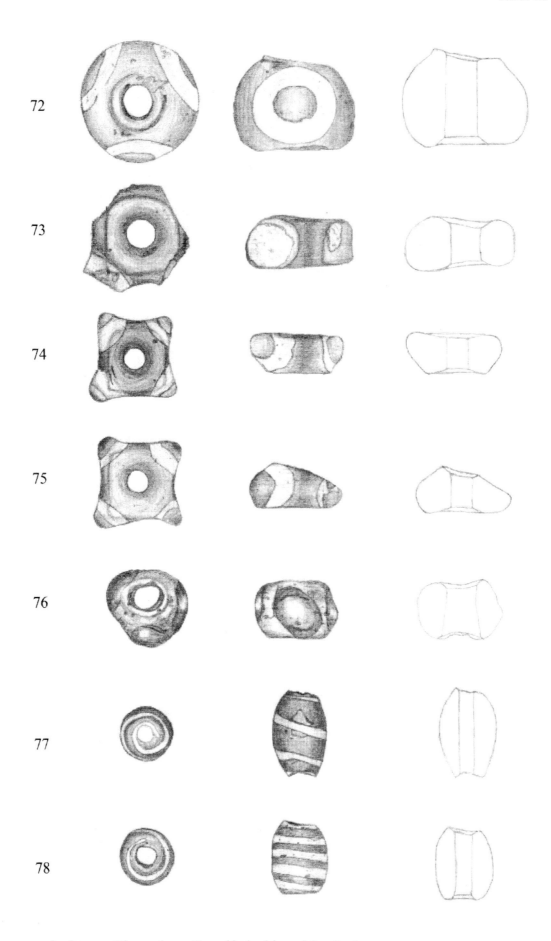

polychrome Glasperlen - Grundfarbe blau   M = 2 : 1

Tafel 19

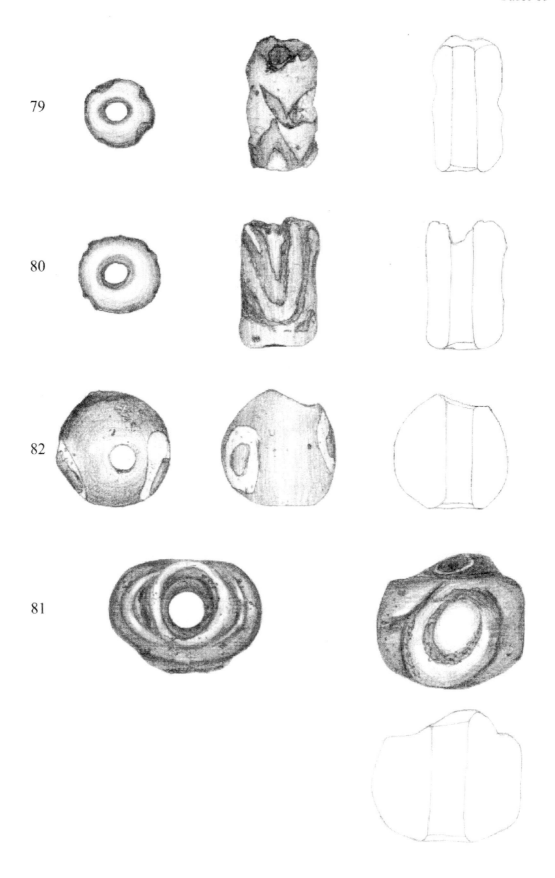

polychrome Glasperlen - Grundfarbe schwarz   M = 2 : 1

Tafel 20

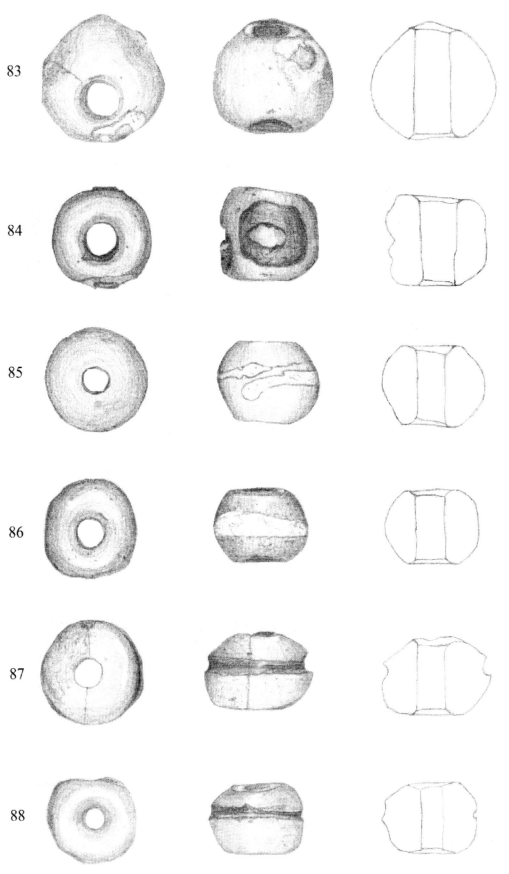

83

84

85

86

87

88

polychrome Glasperlen - Grundfarbe schwarz   M = 2 : 1

Tafel 21

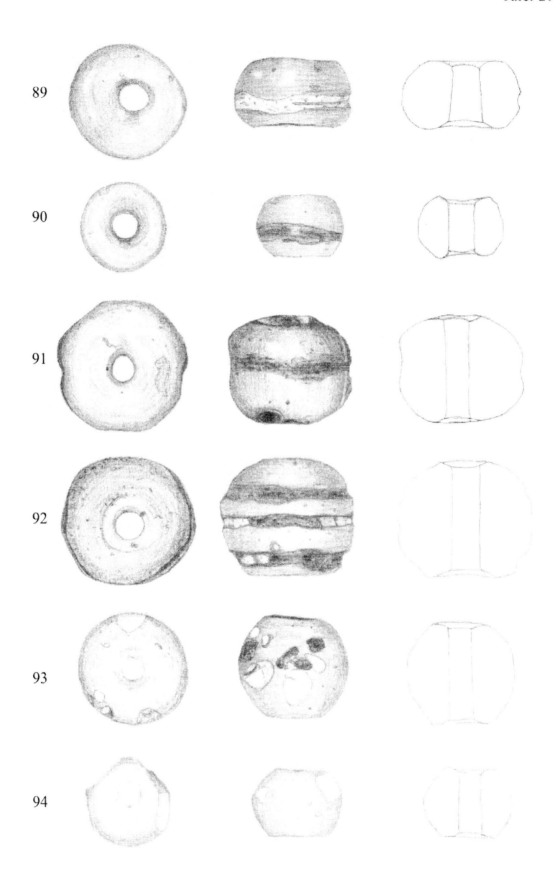

polychrome Glasperlen - Grundfarbe schwarz   M = 2 : 1

Tafel 22

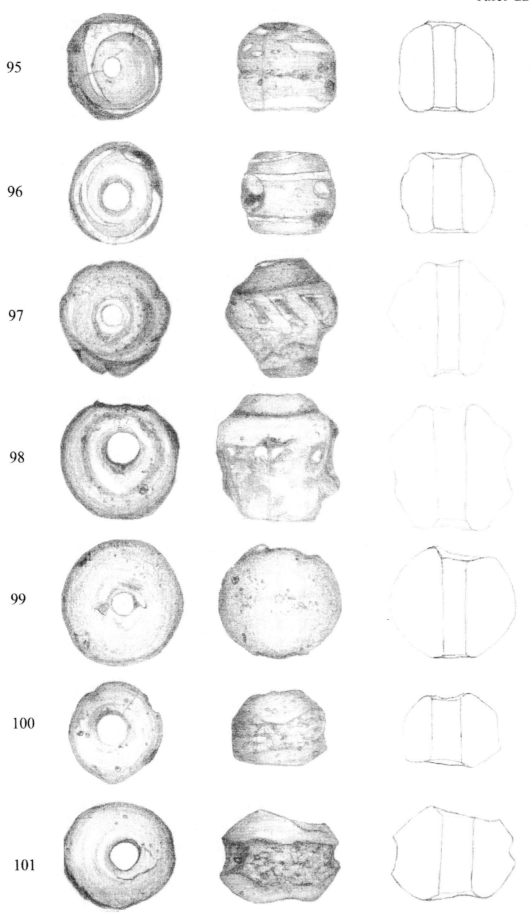

polychrome Glasperlen - Grundfarbe schwarz   M = 2 : 1

Tafel 23

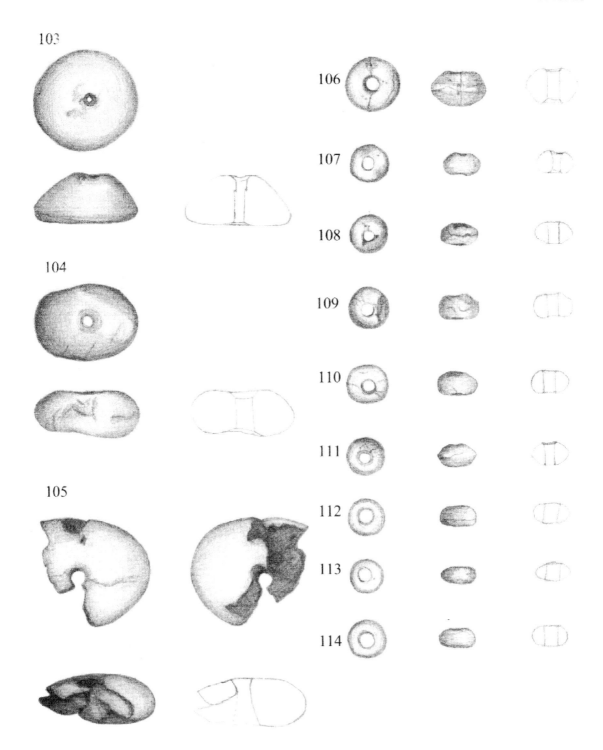

Bernsteinperlen M = 1 : 1

Tafel 24

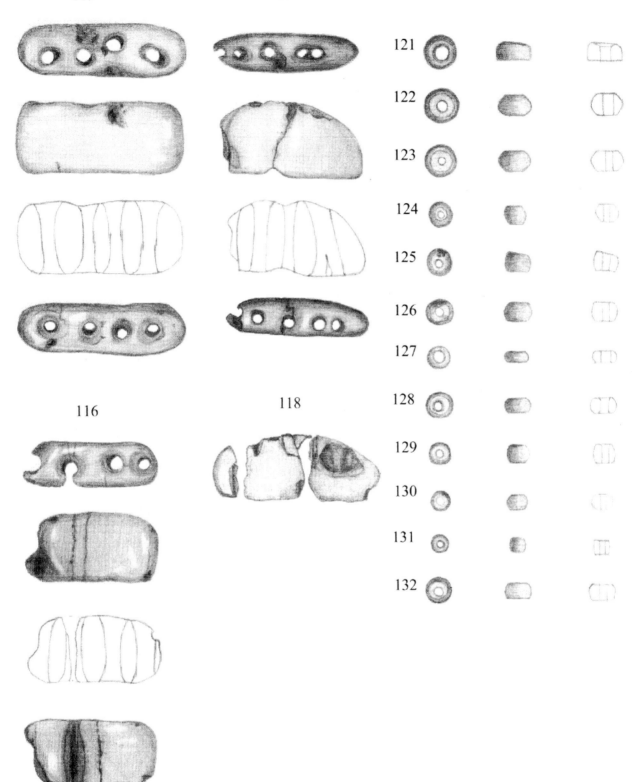

Bernsteinschieber, Gagatperlen M = 1 : 1

Archäologische Berichte

herausgegeben von der Deutschen Gesellschaft für Ur- und Frühgeschichte e.V. (DGUF)

Bände 1-4 und 7 sind vergriffen, Band 10 nur noch über Dr. Rudolf Habelt GmbH zu bekommen.

Archäologische Berichte 5 - Andreas Heege, „Die Keramik des frühen und hohen Mittelalters aus dem Rheinland. Stand der Forschung - Typologie, Chronologie, Warenarten". 101 S. mit 44 Abb. und Taf. ISBN 3-86097-138-7. HOLOS. Bonn 1995. 25,-- EUR*. **Für DGUF-Mitglieder 17,10 EUR*.**

Archäologische Berichte 6 - Johannes Müller und Reinhard Bernbeck (Herausgeber), „Prestige - Prestigegüter - Sozialstrukturen. Beispiele aus dem europäischen und vorderasiatischen Neolithikum". 133 S. mit 56 Abb., 16 Tab. ISBN 3-86097-140-9. HOLOS. Bonn 1996. 28,60 EUR*. **Für DGUF-Mitglieder 19,60 EUR*.**

Archäologische Berichte 8 - Eric Biermann, „Großgartach und Oberlauterbach. Interregionale Beziehungen im süddeutschen Mittelneolithikum". Mit Beiträgen von Jürgen Richter und Bernhard Weninger. 138 S. mit 31 Abb., 12 Taf., 5 Karten. Mit einer Gesamtkartierung der Großgartacher Gruppe. Französischsprachiges Résumé. ISBN 3-7749-2837-1. In Kommission bei Dr. Rudolf Habelt. Bonn 1997. 27,10 EUR*. **Sonderpreis nur für DGUF-Mitglieder 10,-- EUR*.**

Archäologische Berichte 9 - Rolf-Dieter Bauche, „Die Keramik des 12. Jahrhunderts zwischen Köln und Aachen". 232 S. mit 25 Abb., 31 Tab., 99 Taf. ISBN 3-7749-2841-X. In Kommission bei Dr. Rudolf Habelt. Bonn 1997. 39,40* EUR. **Sonderpreis nur für DGUF-Mitglieder 15,-- EUR*.**

Archäologische Berichte 11 - Martin Schmidt (Hrsg.), „Geschichte heißt: So ist's gewesen! abgesehen von dem wie's war... Geburtstagsgrüße für Günter Smolla". Beiträge von Dirk H.R. Spennemann, Ulrike Sommer, Günter Bernhardt, Rudolf Gerharz, Martin Schmidt, Karin Weiner und Peter-René Becker. 158 Seiten mit 92 Abb. ISBN 3-7749-2881-9. In Kommission bei Dr. Rudolf Habelt. Bonn 1998. 24,50 EUR*. **Sonderpreis nur für DGUF-Mitglieder: 5,-- EUR*.**

Archäologische Berichte 12 - P.J. (Sjeuf) Felder, P. Cor M. Rademakers & Marjorie E.Th. de Grooth (eds.), „Excavations of Prehistoric Flint Mines at Rijckholt-St. Geertruid (Limburg, The Netherlands) by the ‚Prehistoric Flint Mines Working Group' of the Dutch Geological Society, Limburg Section." 98 S. mit 38 Abb. ISBN 3-7749-2907-6. Deutschsprachige Zusammenfassung. In Kommission bei Dr. Rudolf Habelt. Bonn 1998. 21,50 EUR*. **Sonderpreis nur für DGUF-Mitglieder: 5,-- EUR*.**

Archäologische Berichte 13 - Jasper von Richthofen, „Fibelgebrauch - gebrauchte Fibeln. Studien zu Fibeln der Römischen Kaiserzeit". 150 S. mit 170 Abb., 4 Taf. und 4 Beilagen. ISBN 3-7749-3010-4. In Kommission bei Dr. Rudolf Habelt. Bonn 2000. 30,70 EUR*. **Für DGUF-Mitglieder 21,-- EUR*.**

Archäologische Berichte 14 - Birgit Gehlen, Martin Heinen & Andreas Tillmann (Hrsg.), „Zeit-Räume. Gedenkschrift für Wolfgang Taute". 2 Bände, 53 AutorInnen, 682 Seiten, zahlreiche Abb. und Fotos, 2 Falttafeln. In Kommission bei Dr. Rudolf Habelt. Bonn 2001. 70,-- EUR*. **Für DGUF-Mitglieder: 49,-- EUR*.**

Archäologische Berichte 15 - Erika Riedmeier-Fischer, „Die Hirschgeweihartefakte von Yverdon, Avenue des Sports."234 Seiten, inkl. Katalog, 57 Tafeln, 35 Abbildungen, 40 Tabellen, 21 Diagramme. Französischsprachiges Résumé. ISBN 3-7749-3130-5. Bonn 2002. 37, 20 EUR*. **Für DGUF-Mitglieder 26,-- EUR*.**

Archäologische Berichte 16 - Ronald Bakker, „The emergence of agriculture on the Drenthe Plateau - A palaeobotanical study supported by high-resolution 14C dating." 312 S., 80 SW-Abb., 7 Farbabb., 25 Tab. Deutschsprachige Zusammenfassung. ISBN 3-7749-3198-4. In Kommission bei Dr. Rudolf Habelt. Bonn 2003. 45,-- EUR*. **Für DGUF-Mitglieder 31,50 EUR*.**

Archäologische Berichte 17 - Birgit Herren, „Die alt- und mittelneolithische Siedlung von Harting-Nord, Kr. Regensburg /Oberpfalz - Befunde und Keramik aus dem Übergangshorizont zwischen Linearbandkeramik und Südostbayerischem Mittelneolithikum (SOB)". 270 S., 209 Abbildungen und Tabellen, 2 Beilagen. Ausführlicher Befundkatalog, Zusammenfassung in englischer Sprache. ISBN 3-7749-3224-7. Selbstverlag der Deutschen Gesellschaft für Ur- und Frühgeschichte e.V. (DGUF). In Kommission bei Dr. Rudolf Habelt. Bonn 2003. 44,00 EUR*. **Für DGUF-Mitglieder 29,50 EUR*.**

Archäologische Berichte 18 - Thorsten Uthmeier, „Micoquien, Aurignacien und Gravettien in Bayern – Eine regionale Studie zum Übergang vom Mittel- zum Jungpaläolithikum". 580 Seiten, zahlreiche Abbildungen und Tafeln, kartonierte, fadengeheftete Ausgabe. Ausführliche englischsprachige Zusammenfassung. ISBN 3-7749-3241-7. Selbstverlag der Deutschen Gesellschaft für Ur- und Frühgeschichte e.V. (DGUF). In Kommission bei Dr. Rudolf Habelt. Bonn 2004. 78,-- EUR*. **Für DGUF-Mitglieder 54,60 EUR*.**

Archäologische Berichte 19 - Barbara Kraus, „Befund Kind: Überlegungen zu archäologischen und anthropologischen Untersuchungen an Kinderbestattungen". 90 Seiten, 29 Textabbildungen, davon 4 in Farbe. In Kommission bei Dr. Rudolf Habelt. Bonn 2006. ISBN-10: 3-7749-3397-9, ISBN-13: 978-3-7749-3397-2. Digitaldruck. 26,-- EUR*. **Für DGUF-Mitglieder 18,80 EUR*.**

Archäologische Berichte 20 - Andrea Lorenz, „Der spätbronzezeitliche Hortfund von Stadtallendorf unter besonderer Berücksichtigung seiner Gläser". 176 Seiten, inkl. 17 Diagramme (z.T. farbig), 10 Textabbildungen, 28 Tabellen und 24 Tafeln. In Kommission bei Dr. Rudolf Habelt. Bonn 2006. ISBN-10: 3-7749-3401-0, ISBN-13: 978-3-7749-3401-6. 30,-- EUR*. **Für DGUF-Mitglieder 21,00 EUR*.**

Archäologische Berichte 21 - Arbeitskreis Archäologie im Schulbuch der Deutschen Gesellschaft für Ur- und Frühgeschichte (Hrsg.): „Literaturempfehlungen zur Archäologie. Fachliteratur, Sachbücher, Kinder- und Jugendliteratur". 120 Seiten, Format A5. In Kommission bei Dr. Rudolf Habelt. Bonn 2006. ISBN-13: 978-3-7749-3461-0, ISBN-10: 3-7749-3461-4. Digitaldruck. Preis: 19,80 *. **Für DGUF-Mitglieder 13,80 EUR*.**

Weitere Bände sind in Vorbereitung.   * Preise zzgl. Porto und Verpackung

Bände 8 f. Bestellungen richten an:
Dr. Rudolf Habelt GmbH, Am Buchenhang 1, D - 53115 Bonn, Tel. 0228/9 23 83-22, Fax 02228/9 23 83-23; verlag@habelt.de.

Bände 5 und 6, DGUF-Mitglieder (alle Bände) bestellen bei: Dr. des. Birgit Gehlen, Archäologie & Graphik, An der Lay 4, D - 54578 Kerpen-Loogh. Tel. 06593/543, Fax 06593/989 643, e-mail: bgehlen.archgraph@t-online.de